秦汉国家管理思想

On the Management Thoughts during Qin and Han Dynasty

龚贤 著

图书在版编目（CIP）数据

秦汉国家管理思想/龚贤著．—北京：经济管理出版社，2019.6
ISBN 978-7-5096-6571-8

Ⅰ.①秦… Ⅱ.①龚… Ⅲ.①管理学－思想史－中国－秦汉时代 Ⅳ.①C93-92

中国版本图书馆 CIP 数据核字（2019）第 084172 号

组稿编辑：杜　菲
责任编辑：杜　菲
责任印制：黄章平
责任校对：董杉珊

出版发行：经济管理出版社
　　　　　（北京市海淀区北蜂窝 8 号中雅大厦 A 座 11 层　100038）
网　　址：www.E-mp.com.cn
电　　话：（010）51915602
印　　刷：三河市延风印装有限公司
经　　销：新华书店
开　　本：720mm×1000mm/16
印　　张：14.75
字　　数：243 千字
版　　次：2019 年 6 月第 1 版　2019 年 6 月第 1 次印刷
书　　号：ISBN 978-7-5096-6571-8
定　　价：78.00 元

·版权所有　翻印必究·

凡购本社图书，如有印装错误，由本社读者服务部负责调换。
联系地址：北京阜外月坛北小街 2 号
电　话：（010）68022974　邮编：100836

总 序
为解决人类管理问题提供中国方案

文明因交流而多彩，文明因互鉴而丰富。共同建设美丽地球家园、共同构建人类命运共同体，需要推动跨国界、跨时空、跨文明的交流互鉴，从不同文明中寻求智慧、汲取营养，以文明交流超越文明隔阂、以文明互鉴超越文明冲突、以文明共存超越文明优越，推动人类文明进步和世界和平发展。

中华文明，是在中国大地上产生的文明，也是同其他文明不断交流互鉴而形成的文明，历经5000多年的历史变迁，始终一脉相承，是中华民族的精神血脉，需要薪火相传、代代守护，更需要与时俱进、勇于创新。今天，时代的进步推动中华文明创造性转化和创新性发展，激活其生命力，是摆在我们面前的重要课题。

当今时代，人类生活在不同文化、不同种族、不同肤色、不同宗教和不同社会制度所组成的世界中，各国人民形成了"你中有我、我中有你"的命运共同体。面对世界百年未有的大变局，面对全球经济治理中与日俱增的风险挑战，携手解决人类共同面临的各种挑战，中国发挥什么样的作用，成为全世界关注的焦点，也是摆在我们面前的重要课题。

70年来的奋斗实践，中国取得了举世瞩目的历史性成就，中华民族"站起来""富起来"最终必然"强起来"的伟大复兴梦想正日益成为现实。国际上理性看待中国的人越来越多，为中国点赞的人也越来越多。进入新时代，中国管理学者必须增强底气、鼓起士气，树立世界眼光，立足中国大地，用中国理论解读中国实践，用中国话语讲好中国故事，为解决人类管理问题奉献中国智慧，为丰富人类管理思想提供中国方案，为改善人类管理实践展现中国力量，形成同我国综合国力相适应的国际话语权。

为此，我们一方面需要面向实践、瞻望未来，积极面对中外管理实践中面临的新情况、新问题、新挑战，汲取不同文明土壤中的管理思想，提出管理的新观点、新理论、新思想。另一方面也需要回顾历史、鉴古知今，系统整理中华优秀传统文化中所蕴含的管理思想，以中华民族独有的爱国精神、社会理想、生命境界、处世哲学、道德规范、心性修养和改革精神等为底蕴想问题、观大势、思管理。因为中华优秀传统文化一直是中华民族的力量之源、情感之源、动力之源和信心之源，也是今天治国理政、发展经济和改善管理实践的重要思想源泉。今天，中华优秀传统文化早已走向世界，越来越受到国际社会的认可，中华优秀传统文化中蕴含着解决当今国际社会共同面临的一系列管理难题的重要启示，值得全人类共同学习、珍视和爱护。

中国古代管理思想源远流长、博大精深。光辉灿烂的中华文明留下无数传世经典，凝聚着独具特色的中国管理智慧。中华民族修建万里长城、开凿大运河、治理黄河等伟大管理实践，也积累了丰富的管理经验。系统整理中国古代管理思想，用独特的视角、概念和精神提出不同于西方的管理理论体系，服务当代管理实践，已经成为时代的迫切需要，也是历史赋予当代中国管理学者的光荣使命。

正是基于以上认识，我们决定撰写《中国管理思想精粹》丛书，其核心目的有二：一是从现代管理的视角系统解读中华优秀传统文化中的管理思想，深入总结中国管理的经验与智慧，推动中国管理思想走向世界，提升中国文化软实力；二是系统总结中国古代企业经营和公共管理的实践，提炼出有别于美国式管理、日本式管理的中国管理模式，建构有中国特色、中国气派的现代管理理论体系，推动世界管理理论的创新与变革。

本丛书拟分为五辑："（原）理"系列、"（朝）代"系列、"（学）派"系列、"（诸）子"系列、"商（帮）"系列，共20多本。"（原）理"系列，包括《中国管理思想史》《中国古典管理哲学》《中国管理学原理》等著作，主要是通过对于中国管理思想发展脉络的梳理和核心管理概念的创新，构建中国管理理论体系的基础。"（朝）代"系列，包括《先秦政府治理思想》《秦汉国家管理思想》《近代管理思想》等著作，主要是通过深入分析各个历史阶段的重要管理思想，展现中国管理思想的发展演变历史过程。"（学）派"系列，包括《兵家战略管理》《儒家行为管理》《儒家伦理管理》等著作，主要是通过对中国传统某一个学派的某类管理思想的专题剖析，准确传达各学派管理思想的精髓和当代运用要领。"（诸）子"系列，包括《老子管理思想》《孙子竞争战略》《管子管理思想》等著作，主要是通过对某个著名思想家或某部典籍的管理学构建，力求完整剖析和深入研究其某类管理思想。"商（帮）"系列，包括《赣商管理思想》《晋商管理思想》《徽商管理思想》等著作，主要是通过对中国古代不同商帮的商业竞争与企业经营思想的系统解读，提炼中国古代的企业经营管理智慧。

总体上，我们期望本套丛书能够体现以下几个特点：

第一，管理学与历史学视角的融合。 既强调从管理学学科架构去分析中国古代管理思想，发现其内在的逻辑规律，为创立中国自己的管理理论提供重要支撑；又将中国古代管理文献视为确定的历史事实，通过研究者的工作还原不同历史时期的管理环境、管理实践和管理思想。管理思想的产生和发展也离不开环境的影响，历史学视角的研究将探讨中国管理思想与中国文明的关系，研究中国管理思想发展的内在规律，揭示中国古代管理思想与中国古代文明高度发达之间的关系。

第二，跨文化比较的视角。 将中国古代管理思想视为人类有目的的思维活动的一部分，和西方管理思想一样，都是人类管理思维活动的集中体现。主要通过对不同社会文化背景中产生的管理思想、管理模式以及管理效果进行多维度的分析和比较，探讨它们之间的异同和不同文化背景中的管理理论与实践的可转移性。与此同时，通过内容分析与哲学思辨的方法，探究中国古代管理文献的思想意涵及其文化源流，比较其与西方管理思想之间的差异。

第三，多维立体的管理思想体系。 既有对中国古代管理思想史的纵向梳理，又有对同一时期各个不同思想流派管理思想的横向探索；既有对管理哲学、管理原理等基础之基础的研究，也有对古代管理实践之解析。

本套丛书的撰写始于2008年，至今已逾十载，可谓"十年磨一剑"。丛书作者，是一批对中华优秀传统文化具有浓厚兴趣、有志于用中国古代管理思想为世界贡献智慧的学者。十年来，团队为了丛书的编写召开了20多次专题会议，出版社的编辑等多次参与丛书的讨论，许多博士、硕士研究生也为此付出了辛勤的汗水，在此一并表示感谢！丛书还得到了国家社会科学出版基金、国家出版基金的大力支持，对此，团队感到十分的欣慰和感激。

心怀梦想，勉力十年，但工作仍属起步，尚需不忘初心，笃力前行。希望我们的研究能够启迪广大读者的管理学习、管理研究和管理实践。当然，由于水平有限，我们的研究难免存在问题，敬请批评、指正，以求不断完善。

整理国故，弘扬中国管理文化是一项系统工程。中国古代管理思想中尚有许多经典命题亟待做出"创造型转化、创新性发展"，时不待我，但非一日之功，亟待当代中国人的文化自觉、责任担当，希望有更多学科越来越多的学者共同持续地努力。

吴照云
2019年4月2日

序

在一些已经出版的著作和发表的论文中,已经不同程度涉及秦汉管理思想这一研究领域。从总体上看,这些研究大致可分为三种类型:其一是一些管理思想史、经济思想史、政治思想史类论著。管理思想史类较有代表性的如苏东水的《东方管理》,吴照云的《中国管理思想史》,陆进等人的《中国传统管理思想概论》,何炼成的《中国经济管理思想史》,张文昌等人的《东西方管理思想史》等;经济思想史类较有代表性的如胡寄窗的《中国经济思想史》,赵靖的《中国经济思想通史》,叶世昌的《古代中国经济思想史》,孙文学的《中国赋税思想史》等;政治思想史类较有代表性的如刘泽华的《中国古代政治思想史》,张分田的《民本思想与中国古代政治思想》,陶希圣的《中国政治思想史》等。这些论著的秦汉部分涉及秦汉政治管理思想和经济管理思想。其二是一些关于汉代的断代专题史类论著,其中较有代表性的如吕思勉的《秦汉史》,崔瑞德等人的《剑桥中国秦汉史》,金春峰的《汉代思想史》,许倬云的《汉代农业:中国农业经济的起源及特性》,余英时等人的《汉代贸易与扩张》,雷戈的《秦汉之际的政治思想与皇权主义》,李玉福的《秦汉制度史论》等。这些论著在论述秦汉政治、经济、思想、制度时亦涉及秦汉政治经济管理思想。其三是一些关于秦汉政治家、政论家、思想家思想研究的论文,其中较有代表性的如李元的《论秦始皇的法治主义》,李森的《李斯治国方略简论》,林中坚的《论董仲舒的"礼治"思想》,李海东的《汉武帝时期官营工商业政策探析》,焦俊霞的《贾谊经世济世思想探析》,陈金凤的《汉光武帝民族政策论略》,周云的《王符社会治理思想研究》等。这些论文也涉及秦汉一些政治家和思想家的管理思想。上述三类成果在其关注的领域内进行了深入系统的研究,做出了重要贡献,部分研究在目前仍然处于领先水平。但是,由于这些论著主要在从事本领域研究时涉及相关的管理思想，所以存在一些不足。概括起来，这些不足主要有以下四个方面：一是上述研究或从通史的角度考察，或从政治、经济等专题的角度考察，或从政治家、思想家思想专题的角度进行考察，对秦汉管理思想及其发展变迁缺乏系统的论述。二是上述研究主要从社会基础的层面进行研究，这是正确的和必要的，但思想的产生和发展还应该包含社会思潮和政治家、思想家个人因素的重要影响，这正是以前研究存在的薄弱环节。三是由于研究视角和方法的局限，上述研究对秦汉管理思想的分析，有待于重新认识和评价。四是以前的研究较少探讨秦汉管理思想的当代价值和意义。

龚贤的《秦汉国家管理思想》实际上弥补了上述研究的不足，是迄今为止第一部较为全面系统研究秦汉管理思想的专著。著者以秦汉著名政治家和思想家的管理思想为主要研究对象，深入论述了秦汉管理思想的发展演进，并探讨这些思想的当代价值和启示。其中有诸多特色，主要有以下三个方面：

第一，注重解决该领域的前沿问题，提出自己的独到见解。著者对西汉管理思想和东汉管理思想的发展分别划分为三个阶段，打破了学界的旧有划分。认为西汉前期道家无为而治的思想居于主导地位，但是德治和法治并用的思想仍具有重要影响，文帝能够兼取诸家思想的长处并贯彻到具体的国家管理实践中。西汉中期司马迁提出了具体的商业管理和货币管理的措施。西汉后期王莽竖起儒家的大旗实行新政，通过一系列旨在加强国家对关系国计民生重要行业垄断的改革，企图缓解当时尖锐的社会矛盾和化解其统治危机，结果反而进一步激化了社会矛盾，直接导致绿林、赤眉大起义。东汉前期管理思想的主要特点是黄老道家无为而治的思想为指导，班固在经济方面认为食足而后货通，应加强工商业管理。东汉中期王符认为应发展工商和加强边疆管理，崔寔认为应以德治平以法理乱，多样经营以发展经济。东汉后期荀悦提出以道为纲以及谨权量、审法度的思想，等等，这些论点皆在前人研究的基础上，结合了著者对有关秦汉时期管理思想文献的准确把握而做出的合理诠释。

第二，从当代的角度和当代人的眼光阐释秦汉管理思想。著者在方法论方面一是注重文献学和阐释学的方法相结合；二是注重分析法和综合法相结合，通过对有关秦汉文献及案例的阐释和分析，发现秦汉管理思想的重点环节，然后综合其发展变迁。

第三，该著具有较强的学术性，文笔洗练流畅，对于一般读者来说有较好的趣味性和可读性，达到了雅俗共赏的效果。

最后必须指出的是，江西财经大学副校长、博士生导师吴照云教授以其高瞻远瞩的学术眼光和恢宏的气魄，不仅亲自编纂了《中国管理思想史》一书，而且组织了一批年富力强的中青年学者，主编了这套淹贯上下三千年历史的"中国管理思想精粹"丛书，让中国管理思想走向世界。这为中国管理思想的研究和传播做了一件功德无量的事。

中国管理思想博大深邃，该著只是这一研究领域中承前启后的一块基石。希望研究者们以更大的投入，使充满智慧和人性的东方管理思想普惠宏宇。

2018 年 11 月 5 日于江西财经大学蛟桥园西区寓所

Abstract

My work was built on the background of politics, economy and ideological trend during Qin and Han dynasty, and my research was divided into seven chapters on the politicians, ideologists and the scholars on politics in the period. Taoism had been on the dominant position in the practice for national political management in the earlier stage of West-Han and East-Han dynasty. And had made great contribution to the relaxation of social contradictions, and also had made an important contributionto to the recovery and development for the social economy which was on the brink of bankruptcy. Confucianism had become the orthodoxy position in field of management thoughts from the period of Emperor Wu of Han, although in the earlier stage of West-Han dynasty gain no official advocacy. And this situation had continued throughout the feudal society in China, although the politicians would thought preference in the specific management practice, but officials always advocated Confucianism from then on. From the period of Emperor Wu of Han, the successful country managers han chosen Legalism, although on the surface they worshiped Confucianism. They used the penalty system of laws to strengthen the control subjects, and to establish the monarch absolute authority, and the Legalist also played a irreplaceable role which the Confucian and Taoist could not. The management thoughts during Qin and Han dynasty can provide many valuable reference and enlightenment for the management today.

目 录

第一章　秦代管理思想 …………………………………………… 1
第一节　秦代管理思想概论 ………………………………… 1
第二节　秦始皇的管理思想 ………………………………… 6
第三节　李斯的管理思想 …………………………………… 12

第二章　西汉前期的管理思想 …………………………………… 21
第一节　西汉前期管理思想概述 …………………………… 21
第二节　陆贾的管理思想 …………………………………… 29
第三节　贾谊的管理思想 …………………………………… 38
第四节　汉文帝的管理思想 ………………………………… 46
第五节　《淮南子》的管理思想 …………………………… 51

第三章　西汉中期的管理思想 …………………………………… 61
第一节　西汉中期管理思想概述 …………………………… 61
第二节　董仲舒的管理思想 ………………………………… 69
第三节　汉武帝的管理思想 ………………………………… 87
第四节　司马迁的管理思想 ………………………………… 101
第五节　《盐铁论》的管理思想 …………………………… 110

第四章　西汉后期的管理思想 …………………………………… 121
第一节　西汉后期管理思想概述 …………………………… 121

第二节　王莽的管理思想 …………………………………… 129

第五章　东汉前期的管理思想 …………………………………… 139
　　第一节　东汉前期管理思想概述 …………………………… 139
　　第二节　光武帝的管理思想 ………………………………… 144
　　第三节　班固的管理思想 …………………………………… 156

第六章　东汉中期的管理思想 …………………………………… 171
　　第一节　东汉中期管理思想概述 …………………………… 171
　　第二节　王符的管理思想 …………………………………… 175
　　第三节　崔寔的管理思想 …………………………………… 186

第七章　东汉后期的管理思想 …………………………………… 195
　　第一节　东汉后期管理思想概述 …………………………… 195
　　第二节　荀悦的管理思想 …………………………………… 200
　　第三节　仲长统的管理思想 ………………………………… 206

参考文献 ………………………………………………………… 215

后　记 …………………………………………………………… 217

CATALOGUE

The first chapter   The management thoughts in Qin dynasty ·············· 1
   The first section   Introduction ·· 1
   The second section   The management thoughts of First Emperor
      of Qin ·· 6
   The third section   The management thoughts of Ly-See ················ 12

The second chapter   The management thoughts in the earlier stage of
West-Han dynasty ·· 21
   The first section   Introduction ·· 21
   The second section   The management thoughts of Lu-Gue ············ 29
   The third section   The management thoughts of Jia-yee ·············· 38
   The fourth section   The management thoughts of Emperor Wen
      of Han ··· 46
   The fifth section   The management thoughts of Huainanzee ············ 51

The third chapter   The management thoughts in the metaphase of
West-Han dynasty ·· 61
   The first section   Introduction ·· 61
   The second section   The management thoughts of Dong-Zongshu ··· 69
   The third section   The management thoughts of Emperor Wu of Han ··· 87
   The fourth section   The management thoughts of See-Maqing ······ 101
   The fifth section   The management thoughts of the Discussion
      on Salt and Iron ··· 110

The fourth chapter   The management thoughts in the later stage of West-Han dynasty ·· 121
    The first section   Introduction ·· 121
    The second section   The management thoughts of Wang-Mang ······ 129

The fifth chapter   The management thoughts in the earlier stage of East-Han dynasty ·· 139
    The first section   Introduction ·· 139
    The second section   The management thoughts of Emperor Wu of Guang ·· 144
    The third section   The management thoughts of Ban-Gu ············ 156

The sixth chapter   The management thoughts in the metaphase of East-Han dynasty ·· 171
    The first section   Introduction ·· 171
    The second section   The management thoughts of Wang-Fu ·········· 175
    The third section   The management thoughts of Cui-Shee ············ 186

The seventh chapter   The management thoughts in the later stage of East-Han dynasty ·· 195
    The first section   Introduction ·· 195
    The second section   The management thoughts of Xun-Yue ·········· 200
    The third section   The management thoughts of Zhong-Changtong ······ 206

Main bibliography ·· 215

Epilogue ·· 217

第一章 秦代管理思想

秦代即秦朝，是在中国疆域内由战国后期的秦国发展起来的统一国家。秦朝的统一结束了自春秋以来500年间诸侯列强分裂割据的状态，建立了中国历史上第一个多民族统一的封建地主阶级专政的中央集权国家。秦代自秦始皇传至子婴，共历三帝15年。

■ 第一节
秦代管理思想概论

公元前249年，秦庄襄王即位，任吕不韦为丞相。庄襄王卒，吕不韦辅佐年幼的太子嬴政立为秦王，被尊为相邦，专制朝政。公元前238年，21岁的秦始皇开始亲理朝政，并在次年罢免吕不韦。始皇重用李斯、尉缭等，自公元前230～前221年，先后灭韩、赵、魏、楚、燕、齐六国，完成了统一全中国的大业，建立起一个以汉族为主体、多民族统一的中央集权的强大国家。但秦王朝在始皇及二世的苛法暴政下，公元前206年在农民起义的烽火中灭亡。

一、秦代管理思想的形成

秦王嬴政先后在吕不韦、李斯、王剪等文武大臣的辅佐下，于公元前221年扫灭六国。但是，他管理的国家并不太平，威胁主要来自原来东方六国管辖的地区。秦国采用军功爵制，激励全国将士奋勇作战，从而赢得了统一战争的胜利。同时给原东方六国人民带来了深重灾难，六国旧贵族更不甘心就此失去昔日的荣华富贵，他们活动于各地，伺机而动。秦始皇也清醒地认识到这种局面，因此，要巩固统一，稳定统治，他必须在短时期内将秦国原来行之有效的制度推广到东方六国地区，以秦俗化天下。另外，他也必须正视关东六国地区与原秦国统治区域的差异，要建立一套适用于整个秦王朝统治范围内的政策。嬴政称始皇后的第一件大事就是推终始五德之传，说周朝是火德，秦代周，自然就是水德，"更名河曰德水，以为水德之始。刚毅戾深，事皆决于法，刻削毋仁恩和义，然后合五德之数"（《秦始皇本纪》）。① 其用意在于要迅速而准确地将秦的法治原则推广到全国。

李斯在秦始皇统一六国及其他重要的政治活动中发挥了重要作用，他原本是战国末期儒学大师荀子的学生。荀子从当时现实政治出发对儒学进行了发挥和改造，使之更适合新兴地主阶级的需要，思想上比较接近法家，其管理思想方面认为要"隆礼重法"，这些方面对李斯法家思想的形成产生了重要影响。

二、秦代管理思想的代表人物

秦代严刑峻法，管理思想的代表人物主要是秦始皇和李斯。

（一）秦始皇

秦始皇（公元前259～前210年），即嬴政，出生于赵国都城邯郸（今河北省邯郸市），秦庄襄王之子。他13岁即秦王位，但因年幼，朝政由太后和吕不韦等掌控。公元前238年他开始亲理朝政，并设法除掉了吕不韦、嫪毐等人，重用李斯、尉缭。公元前230～前221年，先后灭掉东方的韩、赵、魏、楚、燕、齐六国，结束了500年来诸侯争战的局面，建立了中国历史上第一个统一的封建王朝，定都咸阳。他认为自己的功劳超过了上古时代的三皇五帝，自称"始皇帝"。自此之后，"皇帝"就成为中国地主阶级专政国家最高统治者的称谓。为了更有效地管理国家，他吸取了战国时代设置官职的一些具体经验，建立了一套完整的中央集权制度和政权机构。中央设丞相、太尉、御史大夫，合称"三公"。"三公"之下是分掌具体政务的"九卿"，即奉常、郎中令、卫尉、太仆、廷尉、典客、宗正、治粟内史、少府。他还采纳李斯的建议，废

---

① （西汉）司马迁撰：《史记》，中华书局1959年版，第238页。

除分封制，改行郡县制。他下令李斯等人进行文字的整理工作，将"秦篆"（又称"小篆"）作为官方的规范文字，同时废除其他异体字。他还统一了度量衡和货币；实行"行同伦"，建立起统一的伦理道德和行为规范；实行"车同轨"，一车可通行全国。他在原先秦、赵、魏长城的基础上修建了万里长城。命史禄开凿运河灵渠，使之成为两千多年来岭南与中原地区水路的交通要道。从公元前222年开始，他开始修筑以咸阳为中心向四面八方延伸出去的驰道，以沟通全国各地。他采纳了李斯的建议，"焚书坑儒"，加强对思想的控制。公元前210年，秦始皇东巡途中驾崩于沙丘（今河北省邢台市），明代思想家李贽誉之为"千古一帝"。

（二）李斯

李斯（公元前280～前208年），字通古，战国末年楚国上蔡（今河南上蔡西南）人。早年为郡小吏，后从学于荀子，学成入秦。李斯到了秦国以后，很快就得到秦相吕不韦的器重，被任为郎。后来他劝说秦王政扫灭六国成就帝业，被任为长史。秦王采纳了他的计谋，遣使持金玉游说六国，离间各国君臣，又任他为客卿。秦王政十年（公元前237年）下令驱逐客卿，李斯上《谏逐客书》劝阻，被秦王采纳。秦国坚持接纳任用客卿的国策，对其经济、政治、军事、文化的迅速发展，都起到了重要作用。

李斯在秦王政统一六国的事业中贡献卓著。秦统一天下后，他与王绾等人议定尊秦王政为皇帝，制定有关的礼仪制度。还成功抵制了分封制，实行郡县制，并被任为丞相。他建议拆除郡县城墙和销毁民间的兵器，以加强对民众的统治。又建议焚烧民间收藏的《诗》、《书》、百家语，禁止私学；加强法治，严刑峻法，以法为教，以吏为师。他还参与制定了法律，统一车轨、文字、度量衡制度。他的建议都被秦始皇采纳，可以说，李斯是秦始皇的各项重要政策法令的主要设计者。始皇死后，他与赵高合谋迫使始皇长子扶苏自杀，立少子胡亥为二世皇帝。后为赵高陷害，于秦前208年被腰斩于咸阳，并夷三族。

三、秦代管理思想的特点

秦始皇和李斯管理思想的特点主要包含两个方面：一是采用郡县制管理全国；二是实行法治主义。

（一）推行郡县制

秦始皇统一中国进一步促进了华夏民族的融合。但是，当时的整个社会依然广泛存在着与统一政权相矛盾的分裂思想和事实，后来确实也成了秦朝灭亡的重要客观原因之一。

从秦王朝统一开始，便在围绕着如何建立地方行政机构，以保持社会稳定和王朝的长治久安这一重要问题展开过激烈争论：以丞相王绾、博士淳于越等人为主要代表，主张实行分封制。秦始皇二十六年（公元前221年）秦初并天下，王绾等向始皇建议："诸侯初破，燕、齐、荆地远，不为置王，毋以填之。请立诸子，唯上幸许。"（《秦始皇本纪》）① 之后始皇三十三年，博士淳于越又进奏："臣闻殷、周之王千余岁，封子弟功臣，自为枝辅。今陛下有海内，而子弟为匹夫，卒有田常、六卿之臣，无辅弼，何以相救哉？事不师古而能长久者，非所闻也。"（《秦始皇本纪》）② 但是，秦始皇和李斯坚决主张在全国范围内推行郡县制，以建立中央集权专制政治体系，认为只有国家权力高度集中，才能消除战争和保持社会稳定。李斯驳斥王绾："周文、武所封子弟同姓甚众，然后属疏远，相攻击如仇雠，诸侯更相诛伐，周天子弗能禁止。今海内赖陛下神灵一统，皆为郡县，诸子功臣以公赋税重赏赐之，甚足易制。天下无异意，则安宁之术也。置诸侯不便。"始皇当场赞同李斯的建议，还进一步说明："天下共苦战斗不休，以有侯王。赖宗庙，天下初定，又复立国，是树兵也，而求其宁息，岂不难哉！廷尉议是。"（《秦始皇本纪》）③ 于是，废除分封制，改行郡县制。地方行政机构分郡、县两级，主要官吏由中央任免。郡设守、尉、监（监御史），郡守掌治其郡，郡尉辅佐郡守并典兵事，郡监司监察。万户以上的县设县令，万户以下的县设县长，县令、长领有丞、尉及其他属员。开始时将全国分为36郡，后来又陆续增设至41郡。

历史事实证明，实行郡县制取得了巨大成功，"秦无尺土之封，不立子弟为王，功臣为诸侯者，使后无战攻之患"（《李斯列传》）。④ 秦王朝推行郡县制标志着中国古代地主阶级专制从地方分权演进为强干弱枝的中央集权，有利于

---

① （西汉）司马迁撰：《史记》，中华书局1959年版，第238页。
② （西汉）司马迁撰：《史记》，中华书局1959年版，第254页。
③ （西汉）司马迁撰：《史记》，中华书局1959年版，第239页。
④ （西汉）司马迁撰：《史记》，中华书局1959年版，第2546页。

保持全国稳定和政治统一；也有利于在全国推行改革，如统一度量衡、货币，实行书同文、车同轨；还有利于中央统一调用全国的人力物力兴建大型工程；在国防方面，有利于抵御匈奴的侵扰，为后来两千多年的地方行政体制奠定了坚实的基础。

（二）严刑峻法

秦国自商鞅变法以来，一直在法家思想的指导下管理国家。始皇统一天下之后，也以法家治国，主张"事皆决于法"（《秦始皇本纪》），[①] 高扬"法治主义"。李斯虽从学于荀子，但荀子的思想是继承前期儒家思想的基础上，兼采各家，包括法家思想的长处，这对李斯法家思想的形成产生了积极影响。李斯入秦，得遇始皇，可谓得其所遇，为其法家思想找到了用武之地。李斯配合实施了秦始皇的法治主义，他建议始皇"焚书坑儒"，严刑峻法。秦二世时，他上书云："故韩子曰：'慈母有败子而严家无格虏'者，何也？则能罚之加焉必也。故商君之法，刑弃灰于道者。夫弃灰，薄罪也，而被刑，重罚也。彼唯明主为能深督轻罪。夫罪轻且督深，而况有重罪乎？故民不敢犯也。"（《李斯列传》）[②] 认为慈母出败子，而家法严厉才没有强悍的奴仆，是因为对有过失者处以重罚。商鞅之法就是要从小的过失中看到严重的后果，轻罪重罚。倘若轻罪受到重罚，就没有人敢犯重罪了。为了进一步说明严刑峻法的必要性，李斯还进一步举例说明："城高五丈，而楼季不轻犯也；泰山之高百仞，而跛羊牧其上。夫楼季也而难五丈之限，岂跛羊也而易百仞之高哉？峭堑之势异也。"善于腾跳的勇士楼季不敢翻越高五丈的城墙，而跛脚的羊却能轻易到达百仞之高的泰山之顶，是因为城墙陡直而山坡平缓的缘故，即"峭堑之势异也"。法律也如此，刑轻则有人敢于践法，严刑峻法则无人敢犯。因此李斯认为，国君之所以能够"久处尊位，长执重势"，"独擅天下之利"，就要"能独断而审督责，必深罚，故天下不敢犯也"（《李斯列传》），[③] 有罪必罚，罚之必重，使天下臣民不敢犯法。李斯严刑峻法的思想正合始皇"重刑主义"的内在要求，将法律变成他们"举错暴众"、与民为敌的工具。

[①] （西汉）司马迁撰：《史记》，中华书局1959年版，第238页。
[②] （西汉）司马迁撰：《史记》，中华书局1959年版，第2555页。
[③] （西汉）司马迁撰：《史记》，中华书局1959年版，第2556页。

第二节
秦始皇的管理思想

秦始皇自公元前230～前221年，先后灭韩、赵、魏、楚、燕、齐六国，完成了统一全中国的大业，建立起一个以汉族为主体、多民族统一的中央集权的强大国家。但秦王朝在始皇及二世的苛法暴政下，公元前206年在农民起义的烽火中灭亡。李斯在始皇统一六国及其他重要的政治活动中发挥了重要作用。秦统一天下后，他为丞相。他建议加强法治，严刑峻法；反对分封制，坚持郡县制；建议"焚书坑儒"，以加强专制主义中央集权的统治，这些建议都被秦始皇采纳。可以说，李斯是秦始皇的各项重要政策法令的主要设计者。

一、家天下

秦始皇从统一全国开始，就通过一系列政策措施来加强对国家的管理，以巩固统一成果，最终目的是将全国的一切权力集中到他一人身上，真正实现"一家天下"，即家国天下的目的。这一思想还被刻在石头上。如峄山刻石有"乃今皇帝，一家天下"[1]之语，琅琊刻石上有"六合之内，皇帝之土。西涉流沙，南尽北户。东有东海，北过大夏。人迹所至，无不臣者"（《秦始皇本纪》）[2]之语。"六合"即天地四方，泛指天下或宇宙。"六合之内，皇帝之土"，即秦始皇把全国土地看作是自己一人的；"人迹所至，无不臣者"表明他把全国人民看成是自己的私人奴仆。如果说周天子的"溥天之下，莫非王土。率土之滨，莫非王臣"（《诗经·小雅·北山》）还停留在理想层面，秦始皇却是第一个实际把天下的人民财产都变成是自己私产的最高统治者。

秦始皇要实现自己家天下的目的，就要建立一套自上而下完整的体制来保障。他统一全国后，在国家行政体制的建立上没有走分封制的老路，而是在全国普遍推行郡县制。因为在分封制下，中央分封的各诸侯具有很大程度的独立

---

[1]（元）吾邱衍撰：《周秦刻石释音》，中华书局1983年版，第5页。
[2]（西汉）司马迁撰：《史记》，中华书局1959年版，第245页。

性，可以拥有独立的政治权力和军事力量，中央政权仅仅是一个共主制下的松散联合体，不能实现对各路诸侯的有效控制。秦始皇清楚地认识到这一点，认为"天下共苦战斗不休，以有侯王。"(《秦始皇本纪》)① 分封制在管理国家的政治权力上，天子的权力被诸侯及卿大夫等贵族分割，不能真正实现对全国的控制和管理。因此，秦始皇废除了分封制，在秦国及六国原有郡县设置的基础上将郡县制推广到全国。在郡县制下，全国的立法、行政、司法、经济、军事等一切大权完全集于他一人之身，除了得到他的授予，其他人不能分享。对日常政务的处理，他也事无巨细，"天下之事无小大皆决于上"(《秦始皇本纪》)。② 他在拥有绝对的权力后，把家国天下的思想推向极端，不顾天怒民怨，大兴土木，修长城，建阿房宫，横征暴敛，任意奴役天下人民，肆意挥霍国家财产，真正实现了国家天下为他一家的私产。

为了使全国上下贯彻他的政策措施，秦始皇焚书坑儒，统一思想，还统一了文字、货币、度量衡、车轨等，修筑了全国的水陆交通网络。这些措施对实现自上而下的政令畅通，以及政策的推行起到了重要作用。其最终目的就是要实现一家天下，并希望这样的统治永远持续下去。

二、上农除末

"上农除末"即重农抑商，这是秦国自商鞅变法以来一直实行的经济政策。到秦始皇统一全国后，丞相李斯在建议"焚书"时提出："今天下已定，法令出一，百姓当家则力农工。"③ 秦始皇采纳了这一提议，将"上农除末"作为国家要推行的一种政策指导方针向全国公布。始皇二十八年（公元前219年）的琅琊台刻石云："皇帝之功，勤劳本事，上农除末，黔首是富。"(《秦始皇本纪》)④ "上农"就是重视和鼓励农业、手工业等生产活动，"除末"就是抑制打击商业及其他与农业生产无关的活动。"上农"与"除末"相辅相成，要"上农"就必须"除末"，"除末"就是为了"上农"，不"除末"，"上农"政策就不能得到很好的贯彻实施。

---

① （西汉）司马迁撰：《史记》，中华书局1959年版，第239页。
② （西汉）司马迁撰：《史记》，中华书局1959年版，第258页。
③ （西汉）司马迁撰：《史记》，中华书局1959年版，第255页。
④ （西汉）司马迁撰：《史记》，中华书局1959年版，第245页。

为了贯彻实施"上农"政策，始皇二十八年，"徙黔首三万户琅玡台下，复十二岁（免除十二年劳役）"；① 始皇三十五年又"徙黔首三万家丽邑，五万家云阳，皆复不事十岁（免除十年徭役）"；② 始皇三十六年又"迁北河榆中三万家，拜爵一级"。③ 这些迁徙百姓到劳动力不足的地方去垦殖的优惠政策，在一定程度上促进了农业的发展。秦始皇实行"焚书"政策时，"所不去者，医药卜筮种树之书"。④"种树之书"等有关农业生产的书籍得以幸存，可见秦始皇对发展农业的重视。始皇在"上农"的同时"除末"，对商人商业歧视打击。《秦始皇本纪》云："三十三年，发诸尝逋亡人、赘婿、贾人略取陆梁地，为桂林、象郡、南海，以適遣戍。"⑤ 他把商人跟赘婿（就婚于女家的男子）和逃亡的罪犯划归为一类，还发配他们戍边。不仅如此，商人的子孙后代也难逃厄运。这在汉文帝时晁错在上书中还说道："秦之戍卒不能其水土，戍者死于边，输者偾于道。秦民见行，如往弃市，因以谪发之，名曰'谪戍'。先发吏有谪及赘婿、贾人，后以尝有市籍者，又后以大父母、父母尝有市籍者，后入闾，取其左。"（《爰盎晁错传》）⑥ 秦代商人的户籍称为"市籍"。可见，"上农除末"并非空话，而是切实实施的政策。

秦始皇实行"上农除末"的政策不仅是为了发展经济，也有基于政治方面的思考。他鼓励发展农业，尽可能让更多的民众从事农业生产，从而形成以小农自然经济为基础的社会结构。因为小农阶层具有封闭性和相互隔离的特点，使他们难以形成一股统一的力量来对抗强大的封建政权，这是秦始皇所要达到的另一个目的。而商人是"一个革命的要素"，⑦ 从事商业活动的商人具备增加社会横向联系的能力，可以打破彼此地域界线的隔离，从而形成具有较强组织性的阶级，即容易形成力量强大的社会集团，对封建管理者是一个潜在的威

---

① （西汉）司马迁撰：《史记》，中华书局1959年版，第244页。
② （西汉）司马迁撰：《史记》，中华书局1959年版，第256页。
③ （西汉）司马迁撰：《史记》，中华书局1959年版，第259页。
④ （西汉）司马迁撰：《史记》，中华书局1959年版，第255页。
⑤ （西汉）司马迁撰：《史记》，中华书局1959年版，第253页。
⑥ （东汉）班固撰：《汉书》，中华书局1962年版，第2284页。
⑦ 马克思著：《资本论》，郭大力、王亚南译，人民出版社1966年版，第1056页。

胁，这也是秦始皇不断打压商人商业的原因。

三、极端法治

嬴政即位后，主张"事皆决于法"（《秦始皇本纪》），① 高扬"法治主义"管理天下。他的"法治主义"与今天的法治主义自然有极大的距离，那么，其"法治主义"的内涵是什么呢？

周王朝到了春秋时代，整个社会"礼坏乐崩"，传统的"礼"已经不能用来规范社会成员的行为了，社会陷入空前的失序状态。在这种纷乱失序中，社会精英们都面对一个重要问题，即如何建立新的社会秩序？在"百家争鸣"中，诸子各派竞相提出不同的主张。其中法家学派提出了一套理论引起了秦孝公及其后的秦国历代君主的重视。法家的基本理论是"暴力万能论"和"君权绝对论"，在这个前提下，法家力主将过去作为"礼"辅助手段的"刑"提升到主导地位上来，用以规范社会成员的行为，取代渐趋失去效用的"礼"。法家把经过他们改造过的"刑"称为"法"，认为要"不别亲疏，不殊贵贱，一断于法。"（《太史公自序》）② 但此"法"既不是宪法，也不是宪法之下的民事法、经济法或行政法，而是适应战国时期战争状态的军法和刑法，其目的就是要使这种"法"成为用暴力手段实现国家意志的唯一工具。可见，这种具有时代特色的"法"，从其诞生就渗透了暴力。

始皇极力主张"事皆决于法"，但是又"天下之事无大小皆决于上"（《秦始皇本纪》），③ 实际上对于秦始皇来说，这二者之间不仅不矛盾，而且可以说是统一的。秦始皇自认为他就是"法"的化身。他是立法者，又是司法者，还是执法者，代表了三位一体的国家意志。因此，不论是"事皆决于法"，还是"事皆决于上"，对秦始皇来说根本没有区别，"法治"就是"人治"，而"人治"也就是"法治"，二者就是统一的。这就是秦始皇"法治主义"的本质特点。

秦始皇实行"法治主义"的原因又是什么呢？虽然诸子百家提出各种不同

---

① （西汉）司马迁撰：《史记》，中华书局1959年版，第238页。
② （西汉）司马迁撰：《史记》，中华书局1959年版，第3291页。
③ （西汉）司马迁撰：《史记》，中华书局1959年版，第258页。

的政治主张，但是到了战国晚期，七雄之间如火如荼的兼并战争清楚地说明，只有实行"法治主义"，才能够在这场夺取天下领导权的斗争中取得最终胜利。这一时期，"法治主义"成为一股强劲的社会思潮，即使是弘扬"仁义"的儒家思想家荀子也将"法治主义"的部分思想融入其学说之中，他的弟子韩非和李斯甚至弃儒投法，就更能说明这一时代思潮的强大影响力。在这样的时代氛围中，秦始皇难免受到这种风气的影响。这是其一。其二，在战国七雄的长期争战中，秦国逐渐取得了优势地位，尤其到秦始皇即位时，这种优势已然成为定局。这表明秦国自孝公以来实行的"法治主义"的巨大成功。考察历史，秦自孝公以来的各位君主都践行这种"法治主义"。这一治国传统的形成不是因为秦国历代君主都是天生的"法治主义"者，最重要的原因是商鞅变法使得"法治主义"在秦国成为一种既定的治国方略，并在社会各个领域的不同层面形成了一整套系统稳定、具有可操作性的制度。这套制度又反过来制约和支配着秦国历代君主的思想行为，使他们朝着秦国既定的"法治主义"轨道管理国政。其三，实行"法治主义"也有着秦始皇个人因素的重要原因。握有绝对权力的专制君王的个性人格对历史进程有着重要影响。此处试比较一下秦始皇与吕不韦，如果是吕不韦当了秦国国君，全国统一后是否会出现像秦始皇统治下的那种暴政呢？答案当然是否定的。从反映吕不韦管理思想的《吕氏春秋》中可知，吕不韦主张实行开明的君主专制，反对严刑峻法，倡导黄老思想，允许思想领域的自由化和多元化，等等。这些治国主张基本上与秦始皇的治国方略大不相同，甚至矛盾对立。可事实上成为秦国皇帝的不是吕不韦，而是他的私生子嬴政。嬴政从年轻时起就表现出极强的"法治主义"精神，他阅读了众多的法家文章，对韩非极为钦佩，到处网罗法家人物，按照法家"君主极权论"和"暴力万能论"来管理国家，并推行武力统一中国的政策。"法治主义"在很大程度上充分体现了他的强力意志和权势欲望。

秦始皇的"法治主义"能够产生如此令人慑服的威力，最关键之处在于其"法治主义"的重点是"重刑主义"。他在完成全国统一之后，就将"专任刑罚"定为帝国管理国家事务的指导思想。"重刑主义"就是轻罪重罚，用恐怖手段制造一种威慑力量，强迫民众就范。"重刑主义"一直是法家学说重要的理论支柱。商鞅主张："以战去战，虽战可也；以杀去杀，虽杀可也；以刑去刑，虽重刑可也。"(《商君书·画策》)① 商鞅主张在"重刑"之外辅以"厚赏"，主张在"重刑"的同时没有丢弃"重刑"的道义基础"去刑"。但是，商鞅的"重刑主义"在秦国后来的政治管理中被改变了，其"重罚厚赏"逐渐演变成"重罚轻赏"。到了秦统一全国前夕的韩非则极力主张"重罚少赏"。《韩非子·饬令》云："重罚少赏，上爱民，民死赏。多赏轻刑，上不爱民，民不死赏。"② 韩非还认为："用赏过者失民，用刑过者民不畏。"(《韩非子·饰邪》)③ 认为无论赏罚都要有个合理的限度，否则，赏罚就会失去效用。可是到了秦始皇，"重刑主义"的道义基础与合理限度被完全抛弃，他既不主张"以刑去刑"，也不主张"重刑厚赏"或是"重刑少赏"，而是"专任刑罚"与"重刑不赏"。可见，秦始皇的"法治主义"已经完全偏离了韩非"法治主义"的方向。《韩非子·奸劫弑臣》云："正明法，陈严刑，将以救群生之乱，去天下之祸，使强不凌弱，众不暴寡，耆老得遂，幼孤得长，边境不侵，群臣相亲，父子相保，而无死亡系虏之患，此亦功之至厚者也。"④ 韩非"法治主义"的目的还是救济群生，达到天下大治，秦始皇的"法治主义"则变成了他专制独裁、"举错暴众"、与民为敌的野蛮工具。

秦始皇的"法治主义"如同一把时刻高悬在秦帝国数千万臣民的头上的利剑，迫使他们按照始皇的绝对意志去修建宏伟的阿房宫和豪华的骊山墓，去构筑世界闻名的万里长城和四通八达的驰道，去远征匈奴南越等不臣之番，去跟随始皇巡游全国寻找长生不老药，甚至妄杀无辜和焚书坑儒，等等。这种"繁刑严诛"极为严苛，光死刑名目就有戮刑、磔刑、弃市、定杀、生埋、赐死、枭首、腰斩、凿颠、抽肋、绞、剖腹、族刑、具五刑等，其他刑罚名目就更不胜枚举了。他在这种"法治主义"思想主导下，在全国制造恐怖气氛，把法律当成可以随心所欲滥用的刑具；法律不仅不是制止犯罪、保证社会安全的工具，却成了制造"犯罪"的工具。为了遏制"犯罪"和"罪犯"，他"专任刑罚"、"刑而不赏"，把"重刑主义"推向

---

① （战国）商鞅撰，（清）严万里校注：《商君书》，第31页，见《诸子集成》（第五册），中华书局2006年。本著所引《商君书》，语句，皆出自《诸子集成》本，下文同。
② （清）王先慎著：《韩非子集解》，见《诸子集成》（第五册），第364页，中华书局2006年。本著所引《韩非子集解》语句，皆出自《诸子集成》本，下文同。
③ （清）王先慎：《韩非子集解》，第90页。
④ （清）王先慎：《韩非子集解》，第72页。

极端，把本已十分严酷的秦法变得更加严酷。全国统一后，他接连颁布了"妄言法"、"挟书令"、"焚书令"、"诽谤法"等苛法，还加大已有刑法的惩罚力度。秦统一前的《徭律》规定："失期三日到五日，谇；六日到旬，赀一盾，过旬，赀一甲。"① 秦始皇改为"失期，法皆斩"（《陈涉世家》）②。

秦始皇的"繁刑严诛"不仅依靠他君主绝对权威的强制力，还有一个由军功地主和一些知识分子组建的官僚集团积极实践他的思想和政策。《李斯列传》云："刑者相半于道，而死人日成积于市。杀人众者为忠臣。"③《张耳陈余列传》中记载了当时的一个范阳令："为范阳令十年矣，杀人之父，孤人之子，断人之足，黥人之首，不可胜数。然而慈父孝子莫敢倳刃公之腹中者，畏秦法耳。"④ 一个县令竟如此残暴，他之上的各级官吏就更甚之了。"用商鞅之法，改帝王之制……故贫民常衣牛马之衣，而食犬彘之食。重以贪暴之吏，刑戮妄加，民愁亡聊，亡逃山林，转为盗贼，赭衣半道，断狱岁以千万数。"（《汉书·食货志》）⑤ 几乎把全国变成了一个大监狱。在这个大监狱中，秦始皇又不断补充一批批以"罪犯"为主的非生产性无偿劳动大军，他们在各级官僚的催逼下，不断地被驱赶到秦始皇最需要的地方。在秦始皇的"重刑主义"下，人人有"罪"，最终是千百万被推上绝境的"罪"人以摧枯拉朽之势推翻了秦王朝。

以上论述了秦始皇国家管理思想的三个重要方面。在这些思想的指导下，一方面，他实现了全国的统一，成就了非凡的帝业；另一方面，也是这些思想，尤其是其"法治主义"，成为将秦王朝推向灭亡的最主要原因。

■ 第三节

李斯的管理思想

李斯在嬴政统一全国的过程中起了重要作用。后被任为丞相，参与制定了

---

① 睡虎地秦墓竹简整理小组整理：《睡虎地秦墓竹简》，文物出版社1978年版，第76页。
② （西汉）司马迁撰：《史记》，中华书局1959年版，第1950页。
③ （西汉）司马迁撰：《史记》，中华书局1959年版，第2557页。
④ （西汉）司马迁撰：《史记》，中华书局1959年版，第2574页。
⑤ （东汉）班固撰：《汉书》，中华书局1962年版，第1137页。

法律，统一车轨、文字、度量衡。始皇死后，他与赵高合谋立始皇少子胡亥为二世皇帝。后为赵高所忌，公元前208年被腰斩于咸阳。作为政治家的李斯辅佐嬴政完成了统一全国的大业，他的国家管理思想在当时发挥了极为重要的作用，其中的某些方面在今天也具有一定的积极意义。

一、因时而变，推行郡县制

李斯认为，事物总是不断发展的，如果发展到顶峰就可能走向衰落，即所谓的物极必反、盛极则衰。既然事物是不断发展变化的，则事物在其发展过程中所展现给人们的时机也是转瞬即逝的。因此，如果要成就事业，就应抓住最有利的时机，当机立断。否则就可能贻误战机，无所成就。战国后期，面对诸侯列强兼并战争如火如荼的局面，李斯认为东方六国国力皆弱，秦国具备统一全国的国力和军力，秦国实现统一的各种客观条件已经成熟。所以他一到秦国就建议秦王抓住时机，完成统一大业。他对秦王嬴政说："自秦孝公以来，周室卑微，诸侯相兼，关东为六国，秦之乘胜役诸侯，盖六世矣。今诸侯服秦，譬若郡县。夫以秦之彊，大王之贤，由灶上骚除，足以灭诸侯，成帝业，为天下一统，此万世之一时也。今怠而不急就，诸侯复彊，相聚约从，虽有黄帝之贤，不能并也。"（《李斯列传》）① 时不再来，李斯认为秦国有了实现统一的千载难逢的良机，应"得时无怠"，不可错失良机。

从发展的观点出发，李斯认为国家管理应从发展着的实际出发制定方针政策，而不是因袭泥古。始皇三十四年（公元前213年）博士淳于越等人建议实行分封制时云："事不师古而能长久者，非所闻也。"淳于越等人认为行事要师法古人，才能够长治久安。针对这一观点李斯明确提出了"师今"的主张："五帝不相复，三代不相袭，各以治，非其相反，时变异也……异时诸侯并争，厚招游学。今天下已定，法令出一，百姓当家则力农工，士则学习法令辟禁。今诸生不师今而学古，以非当世，惑乱黔首。"（《秦始皇本纪》）② 李斯认为五帝的事业不能够重复，三代的制度也不因袭守旧，他们各自的管理都使天下太平，是因为时代变化了。他批评诸儒生"不师今而学古"，非议当世，是迷惑

---

① （西汉）司马迁撰：《史记》，中华书局1959年版，第2540页。
② （西汉）司马迁撰：《史记》，中华书局1959年版，第254～255页。

扰乱百姓视听。李斯认为用适应时代需要的方式管理国家，并非否定前朝，而是随着时代的改变，在管理政策上就不能再因袭不变。

其实，"古今之争"的问题由来已久，秦刚统一天下后的这场"古今之争"，有其特定的内涵。儒者们主张"师古"的目的是要恢复分封制，而李斯主张"师今"则是时代发展了，要废除周朝的分封制，实行郡县制。因此，这场争论的实质是采取何种政治制度管理国家的问题。当时的丞相王绾在建议实行分封制时说："诸侯初破，燕、齐、荆地远，不为置王，毋以填之。请立诸子，唯上幸许。"（《秦始皇本纪》）① 王绾认为燕、齐、荆等这些刚统一的边远之地，要封诸子为王来管理这些地方，否则将无法镇守。只是王绾从现实的需求出发认为要实行分封制，而淳于越从继承殷周的管理制度来说要实行分封制。淳于越云："殷周之王千余岁，封子弟功臣，自为枝辅。今陛下有海内，而子弟为匹夫，卒有田常、六卿之臣，无辅拂，何以相救哉？"（《秦始皇本纪》）② 他认为殷周能统治国家千余年，是因为其分封宗族子弟和开国功臣为诸侯王，作为中央政权的辅翼力量。今天始皇一统天下，而同姓宗族子弟却为平民，如果不分封诸王作为中央政权的屏障，一旦发生春秋时期齐国田常、晋国六卿之类的臣下篡逆夺权活动，那么谁来保卫中央政权呢？所以必须要实行分封制。当时担任廷尉的李斯则云："周文武所封子弟同姓甚众，然后属疏远，相攻击如仇雠，诸侯更相诛伐，周天子弗能禁止。今海内赖陛下神灵一统，皆为郡县，诸子功臣以公赋税重赏赐之，甚足易制。天下无异议，则安宁之术也。置诸侯不便。"（《秦始皇本纪》）③ 李斯认为周朝实行分封制导致诸侯争战，周朝皇帝却无能为力。现在全国统一了，若再实行分封制，就必然会重蹈诸侯割据的覆辙。因此，只有实行郡县制，使诸子功臣靠用国家的赋税来赏赐才能够生存，这样他们就失去发动战争的能力而便于控制。他们没有非分之想，才能保证国家的安全稳定。李斯的这一建议，正合要实现集国家大权于一身的始皇之意。所以，始皇最后决议："天下共苦战斗不休，以有侯王。赖宗

---

① （西汉）司马迁撰：《史记》，中华书局1959年版，第238页。
② （西汉）司马迁撰：《史记》，中华书局1959年版，第254页。
③ （西汉）司马迁撰：《史记》，中华书局1959年版，第239页。

庙，天下初定，又复立国，是树兵也，而求其宁息，岂不难哉！"(《秦始皇本纪》)① 认为天下战乱不止的根源在于分封王侯，全国统一后再实行分封制就是制造战争，那样国家又将无安宁之日。于是分天下为36郡，"使秦无尺土之封，不立子弟为王、功臣为诸侯者，使后无战攻之患。"(《李斯列传》)②

战国秦汉时期正是中国古代地主阶级专政发展的重要时期，其中的一个重要内容就是在国家政治制度上以郡县制逐步取代分封制。李斯的主张反映了这一历史发展的正确方向。后来刘邦取得全国政权后大封功臣及同姓诸侯，结果十有九反，不仅异姓诸王靠不住，同姓诸王之乱也有如"七国之乱"、淮南王之乱等。汉初中央政权与诸侯王之间的斗争成为社会政治的主要内容之一。这也从反面说明，李斯力主实行郡县制，废除分封制，确实巩固了秦王朝的中央集权。

二、重贤用贤

春秋以来，政治思想家们普遍强调国家管理要重贤求贤用贤，李斯较好地延续了这一思想。他把招贤用贤放在当时诸侯各国相互吞并的背景下，提高到增强国家实力的高度来论述，认为秦国要重视和招揽天下贤才，敞开国门大胆接纳和重用非出生于本国的贤才（当时称"客卿"），国家才能更加强盛，而不要采取闭关锁国甚至驱逐客卿的政策。他的《谏逐客书》就集中表达了这一思想。

首先，李斯认为秦国最终战胜其他诸侯国，是因为接纳并重用客卿。《谏逐客书》开篇即云："昔缪公求士，西取由余于戎，东得百里奚于宛，迎蹇叔于宋，来丕豹、公孙支于晋。此五子者，不产于秦，而缪公用之，并国二十，遂霸西戎。孝公用商鞅之法，移风易俗，民以殷盛，国以富彊，百姓乐用，诸侯亲服，获楚、魏之师，举地千里，至今治彊。惠王用张仪之计，拔三川之地，西并巴、蜀，北收上郡，南取汉中，包九夷，制鄢、郢，东据成皋之险，割膏腴之壤，遂散六国之从，使之西面事秦，功施到今。昭王得范雎，废穰

---

① （西汉）司马迁撰：《史记》，中华书局1959年版，第239页。
② （西汉）司马迁撰：《史记》，中华书局1959年版，第2546页。

侯，逐华阳，彊公室，杜私门，蚕食诸侯，使秦成帝业。"(《李斯列传》)① 指出秦国之所以能由弱国壮大为强国，接纳并重用客卿起到了关键的作用。李斯以秦国历史上的四位国君为例，说明他们因得客卿的辅佐才使秦国发展壮大。一是秦穆公因得到由余、百里奚、蹇叔、丕豹和公孙支五位非出身于本国的贤才的辅佐，遂"并国二十，遂霸西戎"。二是秦孝公重用卫国人商鞅并任命他担任丞相，商鞅在秦国两次变法，使秦国民富国强，诸侯归附，还大破"楚、魏之师"，为秦国开拓了大片疆土。三是秦惠王任用魏国人张仪为相，使秦国向各个方向开疆拓土，还瓦解了东方六国的"合纵"策略，让他们都"西面事秦"，其功劳延续至今。四是秦昭王任用魏国人范雎为相，才结束了穰侯、华阳君等权贵把持朝政的局面，巩固和加强了君主的权力；还削弱诸侯，使秦国具备兼并东方六国力量和趋势。因此，李斯认为："此四君者，皆以客之功。"这四位国君能在秦国发展壮大的过程中起到如此重要的作用，都是因为重用客卿的结果。"向使四君却客而不内，疏士而不用，是使国无富利之实而秦无彊大之名也。"(《谏逐客书》)

其次，吸收人才要打破门户偏见，具备"地无四方，民无异国"的宽广胸怀。李斯用引进珍稀之宝和异国音乐来说明这个观点：秦国能有昆山之玉、随和之宝、明月之珠、太阿之剑、纤离之马、翠凤之旗、灵鼍之鼓，而"此数宝者，秦不生一焉"。但上述珍宝秦国都有，关键就是秦国打破门户偏见，乐于引进使用对自己有用的东西。如果这些珍宝都要产于秦国才可使用，那么，"夜光之璧不饰朝廷，犀象之器不为玩好，郑、卫之女不充后宫，而骏良駃騠不实外厩，江南金锡不为用，西蜀丹青不为采"。"所以饰后宫充下陈娱心意说耳目者，必出于秦然后可，则是宛珠之簪，傅玑之珥，阿缟之衣，锦绣之饰不进于前，而随俗雅化佳冶窈窕赵女不立于侧也。"异国音乐也是这样。否则，秦国就欣赏不到郑、卫等国动听的音乐，只能欣赏本国"击瓮叩缶弹筝搏髀，而歌呼呜呜"那种简单的表演。珍稀之宝和异国音乐的引进是这样，吸收人才也如此。只有具备"地无四方，民无异国"的宽广胸怀，敢于引进和使用异国贤才，才能像五帝三王那样无敌于天下。如果"不问可否，不论曲直，非秦者

---

① (西汉)司马迁撰：《史记》，中华书局1959年版，第2541～2542页。

去,为客者逐"(《李斯列传》),① 秦国就不能够一统天下控制诸侯。

最后,李斯把吸收人才放在当时诸侯各国相互吞并的背景中,认为拒绝人才于国门之外,就是"资敌国"、"外树怨",秦国就可能危亡。《谏逐客书》云:"地广者粟多,国大者人众,兵彊则士勇。是以泰山不让土壤,故能成其大;河海不择细流,故能就其深;王者不卻众庶,故能明其德。"所以,要使国家强盛就必须广招天下贤士。逐客是"弃黔首以资敌国,卻宾客以业诸侯",被逐者必然怨恨秦国,逐客就等于派了许多仇人到其他诸侯国,这不仅削弱了自己,也将成就其他诸侯的事业。逐客"使天下之士退而不敢西向,裹足不入秦",如同把武器借给敌人,或把粮食送给强盗一样。这样,不要说吞并六国,甚至难以自保:"今逐客以资敌国,损民以益仇,内自虚而外树怨于诸侯,求国无危,不可得也。"秦始皇接受了李斯的建议,"乃除逐客之令,复李斯官"。并重用李斯,最终"二十余年,竟并天下"(《李斯列传》)。②

三、统一思想,严刑峻法

这是李斯管理思想中最重要的方面。

秦王朝实行中央集权,统一和控制臣民思想是这种集权的内在要求。因此,李斯认为秦王朝政治上"海内为郡县,法令由一统"(《秦始皇本纪》)③的同时,思想上还主张"别黑白而定一尊",禁止不同学说流行,统一臣民思想。李斯提出:"古者天下散乱,莫之能一,是以诸侯并作,语皆道古以害今,饰虚言以乱实,人善其所私学,以非上之所建立。"因为之前"天下散乱,莫之能一",不同学说得以生存发展,各诸侯王也乘机实现了分裂割据的目的。国家的不统一导致思想界异说纷呈,而思想的不统一又反过来影响和制约着国家制定各项统一的政策法规。因此,在秦统一全国之后,必须统一和控制思想:"今皇帝并有天下,别黑白而定一尊。私学而相与非法教,人闻令下,则各以其学议之,入则心非,出则巷议,夸主以为名,异取以为高,率群下以造

---

① (西汉)司马迁撰:《史记》,中华书局1959年版,第2543~2544页。
② (西汉)司马迁撰:《史记》,中华书局1959年版,第2546页。
③ (西汉)司马迁撰:《史记》,中华书局1959年版,第236页。

谤。如此弗禁，则主势降乎上，党与成乎下。禁之便。"（《秦始皇本纪》）① 认为如不统一和控制臣民思想，必然导致不同学派都宣扬自己的学说，以各自的学说为标准来指责诋毁国家的法令政策，否定君主以自我标榜，或以提出不同于国家法令政策的主张来彰显自己的高明。如果不禁止此种状况，则会导致君主的权威下降，朝廷之下派系林立，国家政策法令就不能顺利贯彻实施。因此，全国统一后，就要通过国家政权的力量来统一和控制臣民思想。只有这样，才能实现对国家的有效管理，巩固国家统一的成果。

李斯认为要控制法家之外的其他各家思想，臣民要统一到法家思想上来。他奏请始皇："非秦记皆烧之。非博士官所职，天下敢有藏诗、书、百家语者，悉诣守、尉杂烧之。有敢偶语《诗》《书》者弃市。以古非今者族。吏见知不举者与同罪。令下三十日不烧，黥为城旦。所不去者，医药卜筮种树之书。"（《秦始皇本纪》）② 李斯的办法，一是烧书。除了医药、种树、卜筮之类实用之书，其余统统烧掉。"令下三十日不烧，黥为城旦。"他指责百家诸生"不师今而学古"、"道古以害今"。全国焚书后，剩的只有国家各级权力机关下达的法令及其他实用书籍，自然控制了思想，不见异端则民心不乱。二是赤裸裸的镇压。"有敢偶语《诗》《书》者弃市"，"以古非今者族"。汉武帝时期董仲舒在其《举贤良对策》云："《春秋》大一统者，天地之常经，古今之通谊也。今师异道，人异论，百家殊方，指意不同，是以上亡以持一统；法制数变，下不知所守。臣愚以为诸不在六艺之科孔子之术者，皆绝其道，勿使并进。邪辟之说灭息，然后统纪可一而法度可明，民知所从矣。"（《董仲舒传》）③ 认为当时各学派宣扬不同的思想学说，让汉武帝无法用一种统一的思想来管理国家，臣民的思想行为也没有一套统一的标准来考量。所以只有独尊"孔子之术"，"邪辟之说灭息"，控制和统一了思想，才能实现纲纪统一，臣民思想行为才有可以依从统一标准。可见，董仲舒与李斯虽然所倡导的思想不同，但二者有共同之处，就是他们都把控制和统一思想作为国家管理中的一项重要内容。只有这样，才能实现政策法令的统一，才能实现国君政权的稳固。

---

①② （西汉）司马迁撰：《史记》，中华书局1959年版，第255页。
③ （东汉）班固撰：《汉书》，中华书局1962年版，第2523页。

李斯还认为"若欲有学法令，以吏为师"（《秦始皇本纪》）。[①] 在思想传播方面以吏为师，官员要成为熟悉法令、忠君勤政的法吏，百姓也要以国家法令作为言行准则和判断是非的标准。李斯主张运用国家政权的力量使法家思想深入人心，禁绝法家思想以外的一切思想，若有异端即予铲除。董仲舒则主张统一到儒家思想上来，"诸不在六艺之科，孔子之术者，皆绝其道，勿使并进"。董仲舒与李斯有共同之处绝不是偶然的，因为二人所面对的政权都是以农村自然经济和城市小生产为基础的集权统治，必然要求用思想专制来为集权提供保障。至于要用法家还是用儒家来统一思想，则是由当时历史发展的其他因素决定了。因此，李斯主张控制和统一思想，是当时历史与现实发展的必然要求。

[①] （西汉）司马迁撰：《史记》，中华书局1959年版，第255页。

第二章　西汉前期的管理思想

秦朝灭亡以后，刘邦在萧何、韩信、张良等人的辅助下，打败了项羽，于公元前202年建立西汉政权。西汉前期是从刘邦建立汉朝，历经惠帝、吕后、文帝、景帝，一直到武帝即位之初的六十余年的时间。此前期的社会生产力在秦末农民战争中遭受极大破坏，可谓百废待兴。面对如此局面，汉初的国家管理阶层普遍偏好黄老思想，采取与民休息、清静无为、休养生息的政策。鼓励生产，轻徭薄赋。同时也不完全排斥儒家和法家，根据当时社会的需要兼采其中能为我所用的部分，从而形成比较合理而系统的管理思想体系，这种状况一直持续到景帝时期。这一时期管理思想的代表人物有陆贾、贾谊、文帝、景帝、淮南王刘安等。

第一节
西汉前期管理思想概述

汉初的黄老道家思想，是指在秦汉之际出现的假托黄帝之言，改造老子学说，并吸收先秦儒家、法家等诸子思想而建立起来的一种新的理论体系。这一理论体系有两个突出的特点：一是杂，它以先秦道家思想为基础，兼采儒、法、名、阴阳诸家，内容颇为庞杂；二是实，它继承了先秦道家清静无为、以虚为本等思想，吸收了儒家和法家等诸家积极的内容，提出一些适合社会现实政治的管理策略，形成一种以虚为本、虚为实用的哲理体系。对于这一哲理体系，《太史公自序》云："其为术也，因阴阳之大顺，采儒墨之善，撮名法之要，与时迁移，应物变化，立俗施事，无所不宜，指约而易操，事少而功多。"① 准确地概述了这一思想体系的优点。该体系的管理思想主要体现在两个方面：一是体现在《新语》、《新书》、《淮南子》等论著中，这一方面是道家思想发展变迁的结果；二是体现在萧何、曹参、文帝、景帝等政治管理者的实践中，这一方面是现实政治及社会发展的需要。

一、西汉前期管理思想的形成

秦始皇与李斯等严刑峻法，暴政虐民，终于导致秦王朝的迅速灭亡。在秦末农民起义风起云涌之中崛起的刘邦，由于其知人善任，从善如流，终于在楚汉战争中打败勇而少谋、唯用武力的项羽，在亡秦的废墟上建立了西汉政权。西汉前期的政治家和思想家们出于对现实政治和社会发展的需要，在对历史，尤其对亡秦各个方面的反思中，采纳并有效地实施了以黄老道家思想为指导的管理思想。

首先，刘邦、萧何、曹参等人都曾经做过秦王朝的下级官吏，对亡秦的社会政治、经济、管理等方面有着真切的体会。他们对秦王朝战争频繁、屡次大兴土木、官僚机构庞大的现实以及秦朝统治者的独裁专制、横征暴敛、法律苛残记忆犹新。当他们成为新生的汉朝政权的统治者的时候，出于对政权巩固和社会发展的需要，自然要反思秦朝管理的得失，需要吸取其中的经验教训。如果不以亡秦为鉴，反秦之敝，改弦易辙，调整管理的措施，新生的汉王朝就有可能成为下一个秦王朝。

其次，从公元前209年陈胜、吴广起义至公元前202年楚汉战争结束，整个社会的生产力受到严重的破坏。建立在亡秦废墟上的汉朝政权，面对满目疮痍、经济凋敝、民生艰危的现状，如何恢复社会的生产力，就成为整个国家管理阶层所必须重视的问题。久经战乱的全国人民也渴望社会安定，休养生息。《吕太后本纪》云："孝惠皇帝、高后之时，黎民得离战国之苦，君臣俱欲休息乎无为，故惠帝垂拱，高后女主称制，政不出房户，天下晏然。刑罚罕用，罪人是希。民务稼穑，衣食滋殖。"② 于是，国家管理阶层的最高决策者们垂拱

---

① （西汉）司马迁撰：《史记》，中华书局1959年版，第3289页。
② （西汉）司马迁撰：《史记》，中华书局1959年版，第412页。

而治，与民休息。

最后，经过秦末农民起义和楚汉战争的沉重打击，新生的刘汉王朝统治基础极为薄弱，国家政权内外交困。一方面，刘邦在夺取天下的战争中为了笼络人心，分封了一些异姓诸侯王，主要有七人，即楚王韩信、梁王彭越、淮南王英布、赵王张耳、燕王臧荼、长沙王吴芮、韩王信。异姓诸侯王占据了战国时期东方六国大部分的疆域，又握有重兵，对于中央权力的稳定和巩固是一个很大的威胁。汉初刘邦在国家经济极端困难的情况下，还要应对异姓王的战争，以巩固其统治。另一方面，汉初对外又无力抵抗和防御匈奴的侵扰，只得采取屈辱的和亲与进奉之策，这种和亲政策一直持续到景帝时期。汉初统治阶层根本不可能承袭经济实力雄厚、武力强大的秦王朝那种方式管理国家，必须有适应当时内外交困的现实国情的新管理思想和策略。

另外，由于秦朝严刑峻法，其专制和残暴给法家学说的声誉带来了极大的负面影响，当时的思想界也呼唤一种能够纠秦之弊的思想学说。于是，倡导"无为"的黄老道家思想出现并大得其道，就具有了必然性。

二、西汉前期管理思想的代表人物

西汉前期管理思想的代表人物主要有萧何、曹参、陆贾、贾谊、文帝、淮南王刘安等人。

（一）萧何

萧何（？～前193年），秦末沛县（今江苏沛县）人，年轻时任沛县功曹。平时勤奋好学，思想机敏，对历代律令颇有研究。他追随刘邦起兵于沛，并在重要关头显示出其卓越的才干。刘邦攻克咸阳后，萧何迅速赶往秦丞相御史府，让忠实可靠的人将秦朝有关国家户籍、地形、法令等图书档案一一进行清查，分门别类，登记造册，统统收藏起来，留待日后查用。萧何收藏的这些秦朝的律令图书档案，使刘邦对天下的关塞险要、户口多寡、强弱形势、风俗民情等了如指掌，为制定正确的方针政策和律令制度提供了可靠的根据，对日后西汉政权的巩固起到了巨大的作用。楚汉战争时他留守关中，使关中成为刘邦军队巩固的后方，不断地输送士卒粮饷支援刘邦前线作战，对刘邦战胜项羽，建立汉代起了重要作用。他还推荐韩信，后者更为刘邦夺取天下建立了显赫功勋。他采撷秦朝法令，制定新的律令制度，作《九章律》。在管理思想上，他倡扬黄老道家思想，主张"无为"之治。高帝十一年（公元前196年），他又协助刘邦消灭韩信、英布等异姓诸侯王的反叛。刘邦去世后，他辅佐惠帝。于惠帝二年（公元前193年）卒，谥号"文终侯"。

（二）曹参

曹参（？～前190年），字敬伯，秦末沛（今江苏沛县）人。秦末时，曹参做沛县的狱掾，萧何为主吏，他们就是县里有名望的官吏了。秦二世元年（公元前209年），他跟随刘邦在沛县起兵反秦，身经百战，屡建战功。刘邦建汉后，任他为齐王刘肥的相国。被封为平阳侯。陈豨谋反，曹参以齐国相国的身份领兵打败了陈豨部将张春的军队。之后黥布反叛，曹参以同样的身份跟从刘肥与刘邦合攻黥布，大败敌军。他前后共打下了122个县。刘邦称帝后对有功之臣论功行赏，曹参功居第二，仅次于萧何。惠帝元年（公元前194年）废除了诸侯国设相国的法令，曹参为齐国丞相。此时他听说胶西有位叫盖公的人，精研黄老学说，就厚礼把他请来。他为齐国丞相九年，以盖公清静无为的思想为指导管理齐国，百姓安居乐业，被称为贤相。公元前193年萧何去世，曹参继任汉丞相，并遵照萧何所制定的政策法令管理国家，"举事无所变更，一遵萧何约束"（《曹相国世家》）①。这就是"萧规曹随"。惠帝五年（公元前190年），曹参死，被谥为"懿侯"。

（三）陆贾

陆贾（约公元前240～前170年），祖籍楚国，汉初杰出的思想家、政治家。早年随刘邦平定天下，立下汗马功劳。刘邦即帝位，它被任为太中大夫。他口才极佳，曾两次出使南越，皆不辱使命，说服南越王尉佗归附汉朝。他劝说丞相陈平结交太尉周勃和联络诸大臣及宗室王侯，在诛杀诸吕、迎立文帝的过程中起了重要作用。著有《新语》、《楚汉春秋》。陆贾的主要功绩不仅在于他的政治活动，也在于他儒道法兼容的政治管理思想，他为刘邦创构了一套"文武并用"的治国方略。

（四）贾谊

贾谊（公元前200～前168年），河南洛阳人，西汉初年杰出的政论家、

---

① （西汉）司马迁撰：《史记》，中华书局1959年版，第2029页。

第二章 西汉前期的管理思想

思想家、文学家。少有才名,20余岁被文帝召为博士,不到一年被破格提升为太中大夫。但在23岁时遭群臣忌恨,被贬为长沙王的太傅。后被召回长安,为梁怀王太傅。梁怀王坠马而死后,贾谊深自歉疚,33岁忧伤而死。著有《新书》58篇、疏7篇、赋5篇,不仅在政治、经济、思想等方面都极有创见,而且大都具有浓厚的文学色彩。刘向称赞说:"贾谊言三代与秦治乱之意,其论甚美,通达国体,虽古之伊、管未能远过也。使时见用,功化必盛。"[①]徐复观亦云:"贾生所吸收的诸子百家,非仅供繁征博引以供加强自己论点之资。最难得的是由斟酌取舍而融会贯通,以形成他的诸子思想、哲学思想上的独特体系。"[②]

(五) 汉文帝

汉文帝刘恒(公元前202~前157年),汉高祖刘邦第四子,惠帝刘盈之弟。公元前196年刘邦镇压陈豨叛乱后,封刘恒为代王。刘邦去世后,诸吕掌握了朝廷军政大权。公元前180年吕后去世,太尉周勃、丞相陈平等平定诸吕叛乱,迎刘恒入京为帝,即汉文帝。文帝谦逊克己,生活俭约节欲,喜好黄老道家之学。他非常重视农业生产,劝课农桑,轻徭薄赋,"弛山泽之禁"(《货殖列传》),[③]向人民开放土地和山林资源,任民垦耕;实行金融自由政策;减轻刑罚,这些措施促进了农工商业的发展,使得海内殷富,家给人足,社会稳定。他还对周边少数民族实行安抚友好的政策,使边境安宁;在北方屯田,既起到了防御匈奴的目的,也开发了边境。还先后平定了济北王刘兴居、淮南王刘长的叛乱;之后他采纳了贾谊"众建诸侯而少兵力"的政策,在一定程度上削减了诸王力量。文帝在位23年,稳定了汉初的统治秩序,恢复和发展了社会经济,与其子景帝两代,开创了汉代的盛世,史称"文景之治"。

(六) 刘安

淮南王刘安(公元前179~前122年),汉高祖刘邦之孙,淮南厉王刘长之子。文帝八年(公元前172年)刘长被废王位,在旅途中绝食而死。文帝十六年(公元前164年)文帝把原来的淮南国(在今寿县)一分为三封给刘安兄

[①] (东汉)班固撰:《汉书》,中华书局1962年版,第2265页。
[②] 徐复观:《两汉思想史》(第2卷),华东师范大学出版社2002年版,第75页。
[③] (西汉)司马迁撰:《史记》,中华书局1959年版,第3261页。

弟三人，16岁的刘安以长子身份袭封为淮南王。刘安好读书鼓琴，不喜弋猎驰骋，潜心于治国安邦和著书立说。他求贤若渴，礼贤下士，和众门客著成《淮南子》（又名《淮南鸿烈》）。该书有《内篇》21篇、《外篇》33篇、《道训》2篇，20余万言。另著诗赋杂著多种，内容涉及政治、管理、哲学、伦理、史学、文学、物理、化学、天文地理、农业水利、医学养生等诸多领域。这些著作集中体现了道家思想。刘安关于管理的基本思想是"无为而治"，改进了道家思想，不循先法，不守旧章；他遵循自然规律，制定了一系列轻刑薄赋、鼓励生产的措施；他善用人才，体恤群生，使淮南国国泰民安。公元前122年，武帝以"阴结宾客，拊循百姓，为叛逆事"等罪名迫其自杀。

三、西汉前期管理思想的特点

（一）无为而治

西汉初期黄老道家的管理思想中最基本的原则就是实行无为之治。陆贾《新语·无为》云："夫道莫大于无为，行莫大于谨敬。"① 陆贾从正反两方面的历史经验论证了这一原则，一方面，虞舜和周公都采用"无为"的原则来管理国家，且都实现了天下大治。"昔舜治天下也，弹五弦之琴，歌南风之诗，寂若无治国之意，漠若无忧天下之心，然而天下大治。周公制作礼乐，郊天地，望山川，师旅不设，刑格法悬，而四海之内，奉供来臻，越裳之君，重译来朝。故无为者乃有为也。"② 另一方面，秦始皇"有为"之举就是反面例证。"秦始皇设刑罚……秦非不欲治也，然失之者，乃举措太众、刑罚太极故也。"③ 始皇设酷刑、筑长城、伐四方，极为有为。结果天下越乱，奸邪越炽，敌人越多，致使秦国很快灭亡。陆贾认为秦朝灭亡的原因是管理不得其要，举措太多。因此，"君子握道而治，据德而行，席仁而坐，杖义而强，虚无寂寞，通动无量"。④ 这种融通了"德"、"仁"、"义"的"无为"，不等同于老庄的"无为"，这正是黄老道家学派的特点。

---

① （西汉）陆贾著：《新语》，第6页，见《诸子集成》（第七册），中华书局2006年。本著所引《新语》语句，皆出自《诸子集成》本，下文同。
② （西汉）陆贾：《新语》，第6页。
③ （西汉）陆贾：《新语》，第6～7页。
④ （西汉）陆贾：《新语》，第3页。

第二章 西汉前期的管理思想

《淮南子》对无为而治的管理原则也有明确的论述,即批判秦国的"有为"管理方式,认为成功的管理要"去苛严之法,去烦苛之事"(《览冥训》)。①《本经训》云:"故至人之治也,心与神处,形与性调,静而体德,动而理通。随自然之性,而缘不得已之化,洞然无为而天下自和,憺然无欲而民自朴,无禨祥而民不夭,不忿争而养足,兼包海内,泽及后世,不知为之者谁何。"②最理想的管理是管理者明了世间万事万物的发展变化的各种规律,并遵循这些规律而不作任何人为的干预,这样就能够天下太平。这一管理原则强调主观与客观的契合统一,并在这种契合中发挥主观能动性。《原道训》亦云:"是故圣人内修其本,而不外饰其末,保其精神,偃其智故。漠然无为,而无不为也;澹然无治也,而无不治也。所谓无为者,不先物为也;所谓无不为者,因物之所为。所谓无治者,不易自然也;所谓无不治者,因物之相然也。"③认为"无为"就是在管理中尽可能不干涉或者少干涉管理对象,各级管理者各司其职,毋扰民,让民众安心生产生活,这样才能实现社会稳定和经济发展。无为而治的管理思想在西汉前期具有积极意义。

(二)法治与德治并用

老子和庄子基本没有提倡法治和德治,汉初黄老道家则不然,他们认为在无为而治的基础上,重视法在管理中的作用,也强调德在管理中的功能,并就法治与德治的关系提出了一套系统的主张。陆贾《新语·道基》认为,民众都"好利恶难,避劳就逸",所以,"皋陶乃立狱制罪,县赏设罚,异是非,明好恶,检奸邪,消伏乱"。④管理者"立狱制罪,悬赏设罚",采用"法"的目的虽然是使民众能分别是非,明辨好恶,明察奸邪,清弥祸乱,但民众仍不懂"礼义",所以还要对民众进行教化,"于是中圣乃设辟雍庠序之教,以正上下之仪,明父子之礼,君臣之义,使强不凌弱,众不暴寡,弃贪鄙之心,兴清洁之行"。⑤但是,这些都还不够,要想实现大治,还要施行仁德之治。《新语·

---

① (西汉)刘安著:《淮南子》,第97页,见《诸子集成》(第七册),中华书局2006年版。本著所引《淮南子》语句,皆出自《诸子集成》本,下文同。
② (西汉)刘安著:《淮南子》,第117页。
③ (西汉)刘安著:《淮南子》,第8页。
④⑤ (西汉)陆贾:《新语》,第2页。

道基》云:"夫人者,宽博浩大,恢廓密微,附远宁近,怀来万邦。故圣人怀仁仗义,分明纤微,忖度天地,危而不倾,佚而不乱者,仁义之所治也。行之于亲近而疏远悦,修之于闺门之内而名誉驰于外。"① 管理者要具有宽博浩大、恢廓密微的道德情怀,这样才能够"附远宁近,怀来万邦"。《新语·道基》中多次反复强调德治,"握道而治,据德而行","德盛者威广,力盛者骄众。齐桓公尚德以霸。秦二世尚刑而亡。故虐行则怨积,德布则功兴,百姓以德附,骨肉以仁亲,夫妇以义合,朋友以义信,君臣以义序,百官以义承"。②

刘安亦主张德治与法治并用。《淮南子·泰族训》云:"治国,太上养化,其次正法。神清志平,百节皆宁,养性之本也;肥肌肤,充肠腹,供嗜欲,养生之末也。民交让争处卑,委利争受寡,力事争就劳,日化上迁善而不知其所以然,此治之上也。利赏而劝善,畏刑而不为非,法令正于上而百姓服于下,此治之末也。"③ 认为治理国家有两大要务:一是对百姓的道德教化和生活方面的补养,二是法令要公平公正。《淮南子·兵略训》云:"治国家,理境内,行仁义,布德惠,立正法,塞邪隧,群臣亲附,百姓和辑,上下一心,君臣同力,诸侯服其威,而四方怀其德。"④ 都是强调德治和法治交相为用。《淮南子》还认为好的刑法应该做到"刑省而奸禁","赏一人而天下誉之,罚一人而天下畏之。故至赏不费,至刑不滥"。《淮南子》还提出了法治的最高境界,就是"制刑而无刑"(《兵略训》),⑤ 即虽设有刑法,但人民不犯法,即如无法。但法令不是万能的,仍然有其局限性,"法能杀不孝者,而不能使人为孔、曾之行;法能刑窃盗者,而不能使人为伯夷之廉。治国则不然,言事者必究于法,而为行者必治于官"(《泰族训》)。⑥ 其对法令功能的认识是极为准确的。《淮南子》认为管理者首先重视德治,把法治放在第二位,承袭了荀子关于德与法的关系的思想,对刚从秦王朝的苛政烦刑下解脱出来的人民,具有重要意义。

---

① (西汉)陆贾著:《新语》,第2~3页。
② (西汉)陆贾著:《新语》,第3页。
③ (西汉)刘安著:《淮南子》,第356页。
④ (西汉)刘安著:《淮南子》,第255页。
⑤ (西汉)刘安著:《淮南子》,第253页。
⑥ (西汉)刘安著:《淮南子》,第357页。

(三) 民为邦本

汉初黄老道家学派认为,严刑峻法、滥用民力、横征暴敛是秦朝快速灭亡的最重要原因。这种苦民伤众的管理,完全背离了先秦思想中认为"圣君贤臣"立法设刑是为了兴利除害、尊君安民的目的,必须改变。这方面可以《淮南子》为代表。《淮南子》指出:"为治之本,务在于安民。"(《诠言训》)[①] 统治者管理的成败关键在于"得民之与失民也",楚昭王和楚灵王就是正面和反面典型,"楚国山川不变,土地不易,民性不殊,昭王则相率而殉之,灵王则倍畔而去之"(《泰族训》)[②]。如何才能安民、得民呢?首先是要解决人民的生计问题,"食者,民之本也;民者,国之本也;国者,君之本也"(《主术训》)[③]。对于农业国家而言,就是重点发展农业、畜牧业、种植业,"是故人君者,上因天时,下尽地财,中用人力,是以群生遂长,五谷蕃殖,教民养育六畜,以时种树,务修田畴,滋植桑麻,肥墝高下,各因其宜,丘陵阪险不生五谷者,以树竹木"(《主术训》)[④]。在此基础上,管理者还要省事节欲,轻徭薄赋。"为治之本,务在于安民;安民之本,在于足用;足用之本,在于勿夺时;勿夺时之本,在于省事;省事之本,在于节欲。"(《诠言训》)[⑤] 其次是人民的生产生活秩序应得到必要的保护,"养民以公……因天地之资而与之和同,是故威厉而不杀,刑错而不用,法省而不烦……法宽刑缓,囹圄空虚,而天下一俗,莫怀奸心"(《主术训》)[⑥]。要法令省约,法宽刑缓,这样才能"天下一俗,莫怀奸心",国家大治。

第二节

陆贾的管理思想

汉朝初建,刘邦以为"马上"得天下,不注重治国方略。《史记》载:"陆

---

① ⑤ (西汉)刘安著:《淮南子》,第236页。
② (西汉)刘安著:《淮南子》,第362页。
③ ④ (西汉)刘安著:《淮南子》,第147页。
⑥ (西汉)刘安著:《淮南子》,第128页。

生时时前说称《诗》《书》。高帝骂之曰：'乃公居马上而得之，安事《诗》《书》！'陆生曰：'居马上得之，宁可以马上治之乎？且汤武逆取而以顺守之，文武并用，长久之术也。昔者吴王夫差、智伯极武而亡；秦任刑法不变，卒灭赵氏。乡使秦已并天下，行仁义，法先圣，陛下安得而有之？'"（《陆贾列传》）[①] 陆贾一语击中刘邦轻视国家政治管理策略的弱点，让他认识到"马上""逆取"天下之后，必须注重"顺守"的问题。为了寻求国家长治久安之术，他让陆贾总结历史经验教训："试为我著秦所以失天下，吾所以得之者何，及古成败之国。"（《陆贾列传》）[②] 陆贾遂秉承刘邦的旨意，先后写了12篇奏议献与刘邦。刘邦极为称赏，将12篇汇集成书，名之曰《新语》。在该书中，陆贾论述了他在国家政治方面的管理思想。

一、仁义为本

春秋战国时期，儒家学派的核心思想是仁义，仁义思想在政治上主要体现为德治和仁政。为了实现德治和仁政的目标，孟子提出了一套完整的治国方略。在诸侯兼并战争频仍的战国时期，崇尚武力、讲求实效的思想在诸侯各国的竞争中居于主流地位，儒家仁义学说虽然在理论上讲得颇为诱人，但在实际的政治实践中迂阔难行，不适合兼并战争的需要。而提倡富国强兵和"法""术""势"相结合，主张集权专制的法家思想在诸侯各国的竞争中居于优势地位。秦始皇以法家思想为指导，扫灭六国，统一全国后，严刑峻法，以吏为师，让法家独步政坛，还采用焚书坑儒的残酷手段打击儒家思想。刘邦建汉，轻士善骂，极为轻视儒学学说。当此之际，陆贾以《诗》、《书》为教，提倡儒学，将儒家思想定为政治管理中的主导思想，在治国定策时举起儒家的仁义旗帜，目的就是要使新生的汉朝政权长治久安。

儒家仁义思想为美化刘邦的专制政权起了极大作用。秦始皇严刑峻法，打压儒家学说，秦朝也迅速灭亡。汉朝建立之后，政治思想家们逐渐认识到儒家的仁义思想对巩固政权的重要作用。汉初贾谊认为秦朝覆亡的原因是"仁义不施"（《过秦论》）。施行仁义关系到国家的兴衰存亡，是先秦儒家常谈的一个话

[①②] （西汉）司马迁撰：《史记》，中华书局1959年版，第2699页。

题。陆贾极为重视仁义在治国中的作用，其《新语》12 篇大多论及仁义的重要性。《道基》篇云："守国者以仁坚固，佐君者以义不倾，君以仁治，臣以义平……仁者道之纪，义者圣之学。学之者明，失之者昏，背之者亡。陈力就列，以义建功，师旅行阵，德仁为固，仗义而强，调气养性，仁者寿长，美才次德，义者行方。"①他认为从治国到修身都要以仁义为本，否则，"谋事不并仁义者后必败，殖不固本而立高基者后必崩"，"万世不乱，仁义之所治也"（《道基》）。陆贾作为一个注重政策实际效果的思想家，其仁义思想不被先秦儒家所局限，而是联系实际，为传统儒家仁义学说注入了新的内容，使之更适宜汉朝巩固及强化集权的需要。

首先，治国应轻刑尚德。秦朝严法酷政虐民极深，二世而亡。这个历史教训给青少年时期就在秦国暴政压迫下求得生存的陆贾留下了深刻的印象，他极其重视总结这方面的教训："秦始皇设刑罚，为车裂之诛，以敛奸邪……事逾烦天下逾乱，法逾滋而天下逾炽，兵马益设而敌人逾多。秦非不欲治也，然失之者，乃举措太众、刑罚太极故也。"（《无为》）②认为秦朝并不是不想把国家治理好，其短命是因为刑罚过分严酷。陆贾不是反对刑罚，对犯上作乱者绳之以法和治之以罪，是有必要的。但他深知仅凭严刑峻法是不行的，任何刑罚都只伤及肉体而未能触及心灵。所以他反对用刑"太众"、"太极"，统治者更要"尚德"，臣民才可能顺从统治。《道基》篇云："德盛者威广，力盛者骄众。齐桓公尚德以霸，秦二世尚刑而亡。故虐行则怨积，德布则功兴，百姓以德附，骨肉以仁亲。"③《至德》篇又云："天地之性，万物之类，怀德者众归之，恃刑者民畏之，归之则充其侧，畏之则去其域。"④因此，要巩固汉朝的国家政权，"尚德"比"尚刑"更有效果。在秦朝暴政下生活过来的人民对秦统治者刑罚深峻极为怨恨，所以陆贾认为行仁政的首要任务是慎狱轻刑。《至德》篇还云："故设刑者不厌轻，为德者不厌重，行罚者不患薄，布赏者不患厚，所以亲近而致远也。"⑤陆贾轻刑尚德的主张，也反映了汉初人民对德政仁治的向往。

---

①③　（西汉）陆贾著：《新语》，第 3 页。
②　（西汉）陆贾著：《新语》，第 6~7 页。
④⑤　（西汉）陆贾著：《新语》，第 13 页。

其次，治国要任贤使能。统治者用人是否得当关系到国家兴亡，因为用何种人才关系到是否实行仁政。《辅政》篇云："昔者，尧以仁义为巢，舜以稷、契为杖，故高而益安，动而益固。处宴安之台，承克让之涂，德配天地，光被八极，功垂于无穷，名传于不朽，盖自处得其巢，任杖得其人也。秦以刑罚为巢，故有覆巢破卵之患；以李斯、赵高为杖，故有顿仆跌伤之祸，何者？所任者非也。故杖圣者帝，杖贤者王，杖仁者霸，杖义者强，杖谗者灭，杖贼者亡。"① 为此，他告诫刘邦："夫居高者自处不可以不安，履危者任杖不可以不固。自处不安则坠，任杖不固则仆。是以圣人居高处上，则以仁义为巢，乘危履倾，则以圣贤为杖，故高而不坠，危而不仆。"②

鉴于秦朝用人不当，谗佞误国，所以陆贾提醒刘邦要善于辨识谗佞者的面目："谗夫似贤，美言似信，听之者惑，观之者冥。"（《辅政》）③ 还要认识到他们极为严重的危害性："谄佞之相扶，谗口之相誉，无高而不可上，无深而不可往者何？以党辈众多，而辞语谐合。夫众口毁誉，浮石沈木。群邪相抑，以直为曲。视之不察，以白为黑。夫曲直之异形，白黑之殊色，乃天下之易见也，然而目缪心惑者，众邪误之。"（《辨惑》）④ 陆贾认为只有辨惑杜谗，远离谗佞之臣，任贤使能，才有可能实行仁德之政。

任贤使能还要注重实效，不必太注重名望："良马非独骐骥，利剑非惟干将，美女非独西施，忠臣非独吕望。"（《术事》）管理者对人才要知人善任。因为"今有马而无王良之御，有剑而无砥砺之功，有女而无芳泽之饰，有士而不遭文王，道术蓄积而不舒，美玉韫匮而深藏。故怀道者须世，抱朴者待工，道为智者设，马为御者良，贤为圣者用，辩为智者通，书为晓者传，事为见者明。故制事者因其则，服药者因其良"（《术事》）。⑤ 认为既要善于辨识人才，又要善于任用贤才，为施行仁政创造必要的条件。

最后，管理者要以身作则，修身正己。在秦汉时期专制极权的社会里，皇帝作为管理天下的人，其政治品质直接关系到国家的治乱。秦始皇刚愎自用，

---

①② （西汉）陆贾著：《新语》，第5页。
③ （西汉）陆贾著：《新语》，第6页。
④ （西汉）陆贾著：《新语》，第8页。
⑤ （西汉）陆贾著：《新语》，第4页。

严刑峻法，致使秦朝政治刻削寡恩，残酷暴虐。因此，陆贾认为帝王管理国家要以身作则，先正自身。《论语·子路》云："其身正，不令而行，其身不正，虽令不从。"陆贾《新语》亦云："夫持天地之政，操四海之纲，屈申不可以失法，动作不可以离度，谬误出口，则乱及万里之外，何况刑无罪于狱，而诛无辜于市乎？"①认为帝王的言语举措不可离道失度，要调心修身，"背恶向善，不贪于财，不苟于利，分财取寡，服事取劳"（《慎徵》）。②要不贪财取利，任劳任怨。《明诫》还云："昔汤以七十里之封，升帝王之位；周公自立三公之官，比德于五帝三王；斯乃口出善言，身行善道之所致也。故安危之要，吉凶之符，一出于身；存亡之道，成败之事，一起于善行；尧、舜不易日月而兴，桀、纣不易星辰而亡，天道不改而人道易也。"因此，"世衰道失，非天之所为也，乃君国者有以取之也"（《明诫》）。③认为一国之君要严于律己，言善言行善道，才能国运长盛不衰。

二、无为之治

陆贾以仁义为本的治国思想，与传统的儒家政治思想有些不同。汉初政权并不稳固，不仅分封的诸侯仍然还拥有不可小觑的实力，更为重要的是社会经济极端凋敝，民生亟待恢复。因此，如何使新建的汉朝政权不重蹈亡秦的覆辙，成为汉初首要的政治课题。这首先就要恢复和发展社会生产，使人民安居乐业，巩固汉朝政权的社会基础。陆贾从先秦道家思想中找到了恢复和发展社会生产的指导思想。

汉初的政治气氛比较宽松，先秦以来的几家主要学说都得到了自由恢复和发展，出现了诸子复兴的思潮。"自曹参荐盖公言黄老，而贾生、晁错明申、商，公孙弘以儒显。"（《太史公自序》）④曹参为齐相时曾见过善治黄老之术的盖公，向他请教治道。盖公与言为政贵清静而民自安定的道理，曹参用黄老之术治齐，百姓安集。《汉书·外戚传》记载："窦太后好黄老之言，景帝及诸窦

---

①③ （西汉）陆贾著：《新语》，第18页。
② （西汉）陆贾著：《新语》，第10页。
④ （西汉）司马迁撰：《史记》，中华书局1959年版，第3319页。

秦汉国家管理思想

不得不读《老子》，尊其术。"① 黄老思想在西汉初期如此盛行，其原因主要有以下两点：一是刚刚立国的汉朝需要接受秦朝灭亡的教训。《新语·无为》云："秦始皇设刑罚，为车裂之诛，以敛奸邪。筑长城于戎境，以备胡、越。征大吞小，威震天下；将帅横行，以服外国。蒙恬讨乱于外，李斯治法于内。事逾烦天下逾乱，法逾滋而天下逾炽，兵马益设而敌人逾多。秦非不欲治也，然失之者，乃举措太众、刑罚太极故也。"② 认为秦朝为政烦苛，严刑峻法，结果自取败亡。二是汉初社会生产凋敝，百废待兴。据《汉书·食货志》记载："汉兴，接秦之敝，诸侯并起，民失作业，而大饥馑。凡米石五千，人相食，死者过半。高祖乃令民得卖子，就食蜀、汉。天下既定，民亡盖臧，自天子不能具醇驷，而将相或乘牛车。上于是约法省禁，轻田租，十五而税一，量吏禄，度官用，以赋于民……孝惠、高后之间，衣食滋殖。文帝即位，躬修俭节，思安百姓。"③ 社会生产在秦末农民起义及楚汉战争中受到严重摧残，国家经济凋敝。因此，无为而治，与民休息，就成为汉初统治者较好的选择。

陆贾将道家的"无为"思想运用到政治管理领域中，认为通过无为之治，就可以实现仁义之政。首先，"无为"可以以柔制刚。陆贾运用道家的朴素辩证法，论述了刚柔相克、以柔制刚的道理。《辅政》篇云："故怀刚者久而缺，持柔者久而长，躁疾者为厥速，迟重者为常存，尚勇者为悔近，温厚者行宽舒，怀急促者必有所亏，柔懦者制刚强。"④ 秦朝以苛法极刑治国，陆贾认为过分"刚强"了，结果必然导致灭亡；汉朝要实现长治久安，在国家治理的策略上就要"持柔"、"迟重"、"温厚"、"柔懦"。其次，"无为"可以很好地调本养根。陆贾认为大乱之后要实现汉朝的社会稳定和政权的稳固，一方面要实行仁政，"怀仁仗义"。另一方面要"虚无寂寞，通动无量"（《道基》），⑤ 无为而治。最终目的都是要发展生产，调本养根。《术事》篇云："治末者调其本，端其影者正其形，养其根者则枝叶茂，志气调者即道冲。"⑥ 认为只有生产发展

---

① （东汉）班固撰：《汉书》，中华书局1962年版，第3945页。
② （西汉）陆贾：《新语》，第6～7页。
③ （东汉）班固撰：《汉书》，中华书局1962年版，第1127页。
④ （西汉）陆贾著：《新语》，第5～6页。
⑤ （西汉）陆贾著：《新语》，第3页。
⑥ （西汉）陆贾著：《新语》，第5页。

了，国家政权才能够巩固。因此，《新语》建议刘邦轻徭薄赋，与民休息，逐步实现百姓安居乐业。最后，"无为"可以在管理中宁静致远，把握好局面。陆贾认为管理者要"宽博浩大，恢廓密微，附远宁近，怀来万邦"，① 在决策过程中要敞开心胸，视野开阔，思维细致缜密，做到远近民众都来归附。还要从国家的长远利益出发，勿贪小利，那种"见一利而丧万机，求一福而致万祸"（《思务》）② 的做法，是不可取的。《至德》篇云："君子之为治也，块然若无事，寂然若无声，官府若无吏，亭落若无民……不言而信，不怒而威，岂待坚甲利兵、深牢刻令、朝夕切切而后行哉？"③ 认为管理者只有顺应自然，才能"不言而信，不怒而威"，及"宁近附远，怀来万邦"。

道家的"无为"对陆贾的《新语》有重要影响。《无为》篇云："舜治天下也，弹五弦之琴，歌南风之诗，寂若无治国之意，漠若无忧天下之心，然而天下大治。周公制作礼乐，郊天地，望山川，师旅不设，刑格法悬，而四海之内，奉供来臻，越裳之君，重译来朝。故无为者乃有为也。"④ 颂扬虞舜、周公施行无为之治而天下大治。

黄老之术、"无为"之说作为治国的指导思想，在西汉前期60余年的社会实践中取得了良好的效果，是道家思想在汉代的重大成功。

三、兼容法治

《汉书·元帝纪》记载："孝元皇帝……柔仁好儒，见先帝所用多文法吏，以刑名绳下……尝侍燕，从容曰：'陛下持刑太深，宜用儒生。'宣帝作色曰：'汉家自有制度，本以霸王道杂之，奈何纯任德教，用周政乎？'"⑤ 这里所说的"霸道"，即以强力、刑法统治的思想和政策措施；"王道"与"霸道"相对，指儒家提出的以仁义治天下的思想和政策措施。上述汉宣帝教训太子刘奭要王霸相杂，即儒法兼用，是宣帝总结的汉王朝数代皇帝的治国方略而得出的基本结论。但陆贾却是汉代第一个提出这一方略的人。陆贾主张以德治国，其

---

① （西汉）陆贾著：《新语》，第2页。
② （西汉）陆贾著：《新语》，第19页。
③ （西汉）陆贾著：《新语》，第14页。
④ （西汉）陆贾著：《新语》，第6页。
⑤ （东汉）班固撰：《汉书》，中华书局1962年版，第277页。

基本思想属于儒家。因为秦王朝严刑峻法，政治残暴，最终迅速亡国，所以陆贾对法家思想有所批判。但他批判而不完全否定，认为法家思想对治理国家可以提供其积极的一面。《新语》扬弃了法家思想中为政残暴的一面，批判汲取了法家的一些有益成分。

首先，治国要以兼采法家思想，执治平一。中国历代封建帝王虽然倡导儒家的仁义道德，但骨子里却都认为要用法制来维护其君主专制。陆贾作为封建地主阶级专制政治的思想家，并不否定法制的重要性，认为法制的作用如同"以圆制规，以矩立方"（《道基》）。① 他认为上古虞舜时的司法官皋陶"立狱制罪，悬赏设罚"，是为了"异是非，明好恶，检奸邪，消佚乱"（《道基》）。《道基》篇还云："民知畏法，而无礼义。于是中圣乃设辟雍庠序之教，以正上下之仪，明父子之礼，君臣之义，使强不凌弱，众不暴寡，弃贪鄙之心，兴清洁之行。"② 但如果民众畏惧法律却没有礼义，就要教育他们明上下父子君臣之义，这里的义包含了德的内容。陆贾还认为法制建立之后，管理者治国就要"尚宽舒以苞身，行身中和以统远"（《无为》）。如此德法为用，宽严相济，民众就"畏其威而从其化，怀其德而归其境，美其治而不敢违其政。民不罚而畏罪，不赏而欢悦，渐渍于道德，而被服于中和之所致也"（《无为》）。③ 陆贾如此有机地把儒家的德治与法家的法治结合起来，目的仍然是巩固和强化汉王朝的专制统治。

刚从秦朝苛政严罚中走出来的人民，对国家法律的宽和平正有一种渴求，希望国家管理者们在制定和施行政策、法令时能够明确划一，贯彻始终。陆贾深知民众的渴求和希望，《新语》极为称赏管仲："故管仲相桓公，诎节事君，专心一意，身无境外之交，心无欹斜之虑，正其国如制天下，尊其君而屈诸侯，权行于海内，化流于诸夏，失道者诛，秉义者显，举一事而天下从，出一政而诸侯靡。故圣人执一政以绳百姓，持一槷以等万民，所以同一治而明一统也。"（《怀虑》）④ 认为管仲能够辅佐齐桓公成为霸主，其成功的关键在于"执

---

① （西汉）陆贾著：《新语》，第3页。
② （西汉）陆贾著：《新语》，第2页。
③ （西汉）陆贾著：《新语》，第7页。
④ （西汉）陆贾著：《新语》，第15页。

第二章 西汉前期的管理思想

一政以绳百姓,持一槩以等万民"。因为秦法烦苛,朝令夕改,人民无所适从,其结果弄得狱满为患,刑徒遍地。陆贾认为,为了不让亡秦的暴政在汉代重演,必须"执一政"、"同一治",保持国家法令及各种政策的连续性和稳定性,才能"明一统",使一统天下的大业更加长久。陆贾以法为辅的管理思想,实质汲取了法家的法治思想。实践证明,行之有效的律令和政策应始终贯彻,才有利于国家政治的稳定。

其次,治国不要泥古,合时者善。儒家与法家一直争论的一个话题是"法先王",还是"法后王"。孔子极为推崇周公、《周礼》,其理想是要恢复西周礼乐一统的政治局面。陆贾却不同,在这个问题上他明显受到了法家思想的影响。虽然他引古论今,颇为好古,论事称尧舜文武之功成,论政举桀纣暴秦之败业,但他绝不泥古,认为社会历史总是不断发展和进步的。《术事》篇云:"制事者因其则,服药者因其良。书不必起仲尼之门,药不必出扁鹊之方,合之者善可以为法,因世而权行。"① 这明显汲取了韩非子《五蠹》中的"世异则事变"、"事异则备变"的思想。

陆贾反对政治上的复古主义,坚持进化论的观点。《术事》云:"世俗以为自古而传之者为重,以今之作者为轻,淡于所见,甘于所闻,惑于外貌,失于中情。"② 认为厚古薄今,被表象迷惑,最终就会作出不客观的判断。他还认为评述历史及古人都要从解决社会政治的实际问题出发,"善言古者,合之于今;能述远者,考之近。故说事者上陈五帝之功,而思之于身;下列桀纣之败,而戒之于己"(《术事》)。历代政治思想家都喜欢引古,陆贾也如此。

最后,治国要因权乘势以建德立行。先秦法家极为重视权势,认为管理者只有掌握至高无上的大权和具备生杀予夺的威势,才能统理国家,控驭臣下。如果没有这种权势,即使是圣君贤哲也将一事无成。韩非《功名》篇云:"夫有材而无势,虽贤不能制不肖。故立尺材于高山之上,下临千仞之溪,材非长也,位高也。桀为天子,能制天下,非贤也,势重也。尧为匹夫,不能正三家,非不肖也,位卑也。千钧得船则浮,锱铢失船则沉,非千钧轻而锱铢重

---

① (西汉)陆贾著:《新语》,第5页。
② (西汉)陆贾著:《新语》,第4页。

也，有势之与无势也。故短之临高也以位，不肖之制贤也以势。"① 有智谋的君主必须牢牢掌控好权势，才能成就功业。陆贾援引孔子为无权伤叹："孔子遭君暗臣乱，众邪在位，政道隔于王家，仁义闭于公门，故作公陵之歌，伤无权力于世，大化绝而不通，道德施而不用，故曰：'无如之何者，吾末如之何也已矣。'夫言道因权而立，德因势而行，不在其位者，则无以齐其政，不操其柄者，则无以制其刚。"（《慎微》）② 因此，陆贾认为要建德立业，行仁义之政，必须握有权势。

总之，陆贾作为汉初一位极有建设性的政治思想家，为刘邦管理国家做出了重要贡献，对后代也产生了积极的影响。其一，陆贾在理论上为汉初治国管理国家确立了正确的指导思想。刘邦采纳了陆贾的建议，之后又影响萧何、曹参等汉初其他重要管理者。其二，陆贾的国家管理思想有机地融合了儒道法三家，取长补短，相辅为用，提供了一套适合封建专制统治的治国理论。尽管他的理论在体系论述上还不是很完整，但却被汉以后一些统治者接受。中国古代一些比较成功的政治家治国多以儒为表，倡导仁政，维护等级制度；以道为用，行无为之治，刚柔相济，宁静致远；又以法为里，实行法治，维护统治的威权。刘询、诸葛亮、司马炎、李世民、李治等都很有效地实践了这一套理论。一方面维护了封建统治阶级的利益；另一方面也为广大民众的生存带来了比较安宁的社会环境。

第三节

贾谊的管理思想

贾谊是与汉王朝一起成长的，他成年时西汉也建立20多年了，当时国家政局基本稳定。为了进一步巩固统治，他向汉文帝提出了一系列管理建议。他主张实行重农抑商，发展农业，加强粮食储备，预防饥荒，以达到巩固统治的目的。他还提出遣送列侯离开京城到自己封地的建议，并提出"众建诸侯而少

---

① （清）王先慎著：《韩非子集解》，第155页。
② （西汉）陆贾著：《新语》，第10页。

第二章 西汉前期的管理思想

其力"的主张,加强中央集权。贾谊的管理思想基于现实而反思历史,融会诸子精华而自成一家。

一、加强集权,强干弱枝

楚汉战争时期,刘邦迫于形势的需要分封异姓诸王。刘邦称帝后,共有异姓王7人。在这些诸王中,先后有燕王臧荼、楚王韩信、梁王彭越和淮南王英布谋反,皆被刘邦消灭。同时,刘邦还分封自己的兄弟子侄9人为王,即同姓九王,并与群臣共立非刘姓不王的誓约。汉初同姓诸侯王国土地辽阔,户口众多。由于同姓诸王与刘邦血统亲近,效忠汉朝,起着保卫中央的作用,所以中央与诸王的矛盾并不突出。刘邦死后,吕后违背誓约,立诸吕为王。吕后专权以及分封诸吕为王,激起了刘姓诸王的强烈反对。诸王势力与专制皇权的矛盾,以刘姓诸王和拥刘大臣结成的反吕联盟的形式表现出来。虽然后来诛灭诸吕,但这个过程中刘姓诸王发挥了重要作用,并对即位的文帝刘恒的地位构成威胁。加之文帝是刘邦的庶子,其地位本来就不是很巩固。汉初所封刘姓诸王,到这时都经历了两三代的更迭,与文帝的血统关系逐渐疏远,政治上已很不可靠。

面对这种中央集权受到威胁的政治局面,又要防止重启战火,保持社会稳定,贾谊建议用比较和缓的手段解决这种矛盾,提出了"众建诸侯而少其力",加强中央集权的管理方法。《治安策》云:"臣窃迹前事,大抵强者先反。淮阴王楚最强,则最先反;韩信倚胡,则又反;贯高因赵资,则又反;陈豨兵精,则又反;彭越用梁,则又反;黥布用淮南,则又反;卢绾最弱,最后反。长沙乃在二万五千户耳,功少而最完,势疏而最忠,非独性异人也,亦形势然也。曩令樊、郦、绛、灌据数十城而王,今虽以残亡可也;令信、越之伦列为彻侯而居,虽至今存可也。然则天下之大计可知已。"[①] 汉初诸王的地位仅次于天子,与三公并列,他们之中强者先反叛,弱者后反,极大地威胁着中央集权和社会稳定,也造成整个国家管理体系的动荡不安。因此,贾谊认为,权势实力决定了这些作为天子下一层级的管理者的诸王对中央皇权的态度。那么,如何

---

① 吴云、李春台校注:《贾谊集校注》,天津古籍出版社2010年版,第358页。

有效控制诸王以及协调他们与皇权的关系，使他们安于其位，就必须采取强干弱枝、加强中央集权的方法："欲天下之治安，莫若众建诸侯而少其力。力少则易使以义，国小则亡邪心。令海内之势如身之使臂，臂之使指，莫不制从，侯之君不敢有异心，辐凑并进而归命天子。"① 其具体办法就是："割地定制，令齐、赵、楚各为若干国，使悼惠王、幽王、元王之子孙毕以次各受祖之分地，地尽而止，及燕、梁它国皆然。其分地众而子孙少者，建以为国，空而置之，须其子孙生者，举使君之。"② 将各诸侯中举足轻重的强国分为几个小国，这样，每一个王国的地域和势力都已缩小，而且难于一致行动。这不仅便于中央对地方的控制和管理，实际上也加强了君主及中央的地位。

这种方法实质上是将权变、实力、协调等管理原则结合起来，核心是将各诸侯王的势力化大为小，分散削弱，使之难以与中央相对抗。这就要求在实力对比上应当使上层强于下层，消除中下层管理者的侵权越权行为和夺权野心，使整个管理体系中各层级之间的关系和谐。贾谊的这一思想，被武帝时期的主父偃所继承。主父偃上书武帝，建议令诸侯推恩分封子弟为侯，即"推恩令"。这名义是上施德惠，实质剖分诸侯国以削弱诸王的势力。"推恩令"下达后，不少王国也先后分为若干侯国。王国析为侯国，就是王国的缩小和朝廷直辖土地的扩大，这就彻底解决了王国问题。

二、以人为本

贾谊少年时就博览群书，熟读诸子书籍，受儒家的影响较大。出于对秦朝暴政虐民，最终在农民起义的战争中灭亡的历史教训的反思，他提出国家应该将"以人为本"确定为管理的核心。这一思想贯穿其政论思想的始终。《新书·大政上》云："闻之于政也，民无不为本也。国以为本，君以为本，吏以为本。故国以民为安危，君以民为威侮，吏以民为贵贱，此之谓民无不为本也。"③ 认为国家要以民众的安危为安危；国君要重视民众对管理的满意度，并对自己的行为做出调整；各级官吏要以民众的贵贱观念为导向。不仅要"以

---

① 吴云、李春台校注：《贾谊集校注》，天津古籍出版社2010年版，第358~359页。
② 吴云、李春台校注：《贾谊集校注》，天津古籍出版社2010年版，第359页。
③ 吴云、李春台校注：《贾谊集校注》，天津古籍出版社2010年版，第268页。

民为本",而且要"以民为命","命"即命令,"以民为命"即满足民众的需要。《新书·大政上》接着云:"闻之于政也,民无不为命也。国以为命,君以为命,吏以为命。故国以民为存亡,君以民为盲明,吏以民为贤不肖,此之谓民无不为命也。"① 国家要为民众的存亡负责,从国君到各级官吏要认真对待民众的批评。虽然绝大部分民众的政治经济地位极低,文化水平也不高,但是管理者必须重视他们,不能对他们隐瞒事情真相和欺骗他们,"夫民者,至贱而不可简也,至愚而不可欺也"(《新书·大政上》)。② 贾谊强调被管理者,即普通民众的地位和作用,认为管理应该为被管理者服务,以被管理者的利益为核心,一切活动都要围绕被管理者展开,并由此认为管理的关键在于管理者必须取得被管理者的支持、信任和满意。

贾谊还提出了一系列实现"以人为本"思想的具体措施,如在管理者的任命上,贾谊认为应当让被管理者有所选择,并以此作为管理者任免的重要标准。《新书·大政下》云:"故夫民者虽愚也,明上选吏焉,必使民与焉。故士民誉之,则明上察之,见归而举之。故士民苦之,则明上察之,见非而去之。故王者取吏不妄,必使民唱,然后和之。故夫民者,吏之程也。察吏于民,然后随之。"认为管理者要任命民众赞誉的官吏而罢免民众反对的;更进一步,贾谊认为还要根据受被管理者爱戴程度而任免不同层次和级别的官员,"夫民至卑也,使之取吏焉,必取其爱焉。故十人爱之有归,则十人之吏也;百人爱之有归,则百人之吏也;千人爱之有归,则千人之吏也;万人爱之有归,则万人之吏也。故万人之吏,选卿相焉"(《新书·大政下》)。③ 他还具体说明了如何对官吏的评价和考核,"明君之于政也,慎之,于吏也,选之,然后国兴也……故民之不善也,失之者吏也;故民之善者,吏之功也";"民者,吏之程也"(《新书·大政下》)。④ 认为被管理者有权对管理者所作所为进行评价,而衡量管理者功过是非的标准就是他们是否爱民、富民、乐民,即要"以富乐民为功,以贫苦民为罪","君以知贤为明,吏以爱民为忠"(《新书·大政

---

① 吴云、李春台校注:《贾谊集校注》,天津古籍出版社2010年版,第268页。
② 吴云、李春台校注:《贾谊集校注》,天津古籍出版社2010年版,第269页。
③④ 吴云、李春台校注:《贾谊集校注》,天津古籍出版社2010年版,第278页。

上》)。① "夫民者，诸侯之本也……政治，然后民劝之；民劝之，然后国丰富也。故国丰且富，然后君乐也，忠臣之功也。"(《新书·大政下》)② 贾谊认为管理者的一切行为都要以民众的利益为皈依，他列举了大禹治水为例说明："(大禹)鬃河而道之九牧，凿江而道之九路，洒五湖而定东海。民劳矣而弗苦者，功成而利于民也。禹尝昼不暇食，夜不暇寝矣，方是时也，忧务故也。故禹与士民同务，故不自言其信，而信谕矣。"(《新书·修政语上》)③ 这样才能取得民众的信任和爱戴。

三、权变原则

西汉初年的政论家、思想家们大多对秦王朝暴亡进行了深刻反省，对亡秦的原因做了多方面的探讨。在这些探讨中形成了一些重要的共识，其中之一就是秦灭亡的一个重要原因是不知道贯彻管理要因时变化的权变原则，不知道随着历史条件的改变，要在国家管理的政策措施方面做出相应的调整和改变。

与贾谊同时而稍前的陆贾曾在建汉之初，与刘邦有过一场关于国家"居马上得之，宁可以马上治之"的著名辩论，建议刘邦建设和巩固政权与夺取政权应该采取不同的管理政策和措施，认为"制事者因其则，服药者因其良。书不必起仲尼之门，药不必出扁鹊之方，合之者善可以为法，因世而权行"。④ 要审时度势，采取"逆取而以顺守之"基本原则。贾谊进一步深化了陆贾关于管理的权变原则，认为在管理中不行权变会带来极端严重的结果，还阐释了权变管理的基本条件。

贾谊在《过秦论》中旁征博引，阐说了秦朝灭亡是因为"仁义不施，而攻守之势异也"，总结了"取与守不同术"的历史教训："夫并兼者高诈力，安危者贵顺权。推此言之，取与攻守不同术也。秦虽离战国而王天下，其道不易，其政不改，是其所以取之守之者异也。孤独而有之，故其亡可立而待也。"(《新书·过秦中》)⑤ 认为由于"取"与"守"所面临的管理环境条件和对象不同

---

① 吴云、李春台校注：《贾谊集校注》，天津古籍出版社2010年版，第269页。
② 吴云、李春台校注：《贾谊集校注》，天津古籍出版社2010年版，第279页。
③ 吴云、李春台校注：《贾谊集校注》，天津古籍出版社2010年版，第288～289页。
④ (西汉)陆贾著：《新语》，第5页。
⑤ 吴云、李春台校注：《贾谊集校注》，天津古籍出版社2010年版，第12页。

了，管理的任务及目的手段等方面也应该有所不同。如果不考虑客观条件，守株待兔，一意孤行，始终实施某一特定管理思想，就必然会失败。因此，贾谊认为不同时期管理方略的制定和实施，应该在总结历史经验教训的基础上，因时变化，随着不断发展变化的社会现实条件而动态发展，"是以君子为国，观之上古，验之当世，参之人事。察盛衰之理，审权势之宜，去就有序，变化因时，故旷日长久而社稷安矣"（《新书·过秦下》）。①

四、礼法并用

在坚持权变管理原则的同时，贾谊认为管理者还必须坚持礼法并用的管理原则。贾谊在对"秦任法而亡"的反思和批判中，并未走向"去法任德"的极端，而是深刻地认识到了法在国家管理中的重要作用。因为"法者禁于已然之后"，在各种社会组织中，为了建立和确保管理者的权威和各项政策法令的实施，各种社会活动就不可能离开法制进行，"人主法而境内轨矣，故其士民莫弗辅也"（《新书·道术》）。②"权势法制，此人主之斤斧也。"（《新书·制不定》）③ 而有无法度法令可以遵循，管理效果会截然不同。"炎帝者，黄帝同父母弟也，各有天下之半。黄帝行道，而炎帝不听，故战涿鹿之野，血流漂杵。夫地制不得，自黄帝而以困。"（《新书·制不定》）④ 虽然炎帝是黄帝的兄弟，因没有法度而导致兄弟之间战争，黄帝因此陷入困境。而有法令可以遵循，管理者就可以高枕无忧，垂拱而治。《新书·五美》云："地制一定，则帝道还明，而臣心还正，法立而不犯，令行而不逆；贯高利几之谋不生，机奇启章之计不萌。细民乡善，大臣效顺，上使然也，故天下咸知陛下之义。地制一定，卧赤子天下之上而安。"⑤

贾谊基于礼法并用来论述对法的作用，在强调法治的同时，对礼治亦给予强调。《新书·礼》云："礼者，所以固国家，定社稷，使君无失其民者也。主主臣臣，礼之正也；威德在君，礼之分也；尊卑大小强弱有位，礼之数也。

---

① 吴云、李春台校注：《贾谊集校注》，天津古籍出版社2010年版，第19页。
② 吴云、李春台校注：《贾谊集校注》，天津古籍出版社2010年版，第241页。
③④ 吴云、李春台校注：《贾谊集校注》，天津古籍出版社2010年版，第64页。
⑤ 吴云、李春台校注：《贾谊集校注》，天津古籍出版社2010年版，第61页。

礼，天子爱天下，诸侯爱境内，大夫爱官属，士庶各爱其家。失爱不仁，过爱不义，故礼者所以守尊卑之经，强弱之称者也。"① 礼的作用是从道德上规范人们的言行举止，使尊卑、大小、强弱各安其位、各得其所。因此，"仁人行其礼，则天下安，而万理得矣。逮至德渥泽洽，调和大畅，则天清澈地富熅，物时熟；民心不挟诈贼，气脉淳化……铄乎大仁之化也"。② 可见，贾谊能辩证看待礼与法的作用及二者之间的关系。其《治安策》云："夫礼者禁于将然之前，而法者禁于已然之后，是故法之所用易见，而礼之所为生难知也。若夫庆赏以劝善，刑罚以惩恶，先王执此之政，坚如金石，行此之令，信如四时，据此之公，无私如天地耳，岂顾不用哉？然而曰礼云礼云者，贵绝恶于未萌，而起教于微眇，使民日迁善远罪而不自知也。"③ 贾谊认为礼与法二者在管理过程中相辅相成，交相为用，礼离开了法，难以彻底地贯彻实施；而法离开了礼，亦会走上极端。礼与法各有其不同实施的前提条件和效果，只有二者交相为用，才能确保管理的成功，才能"建久安之势，成长治之业"。④

五、柔性管理

如果说礼法并用的管理原则是贾谊融合了儒家和法家思想，那么，柔性管理原则是他对道家思想的继承发扬。《吕氏春秋》精辟概括老子的管理思想，即"老聃贵柔"（《吕氏春秋·不二》），⑤ 认为成功的管理要坚持"弱之胜强，柔之胜刚"、无为而治的思想。陆贾进一步认为管理者要"行以仁义为本"，将道家的无为而治与儒家的"仁义为本"结合起来，阐释"无为者乃有为"的主张。在这一点上，贾谊与陆贾的思想有相通之处。贾谊认为，要坚持儒道贯通的柔性管理原则，强调管理方式上的非强制性以及发挥被管理者的作用。这一方面主要表现在他对管理者的修养及评价上。

贾谊认为管理者应该加强个人修养，怀德修道。《新书·修政语下》云：

---

① 吴云、李春台校注：《贾谊集校注》，天津古籍出版社2010年版，第179页。
② 吴云、李春台校注：《贾谊集校注》，天津古籍出版社2010年版，第181页。
③ 吴云、李春台校注：《贾谊集校注》，天津古籍出版社2010年版，第364页。
④ 吴云、李春台校注：《贾谊集校注》，天津古籍出版社2010年版，第356页。
⑤ （东汉）高诱注：《吕氏春秋》，第231页，见《诸子集成》（第六册），中华书局2006年版。本著所引《吕氏春秋》语句，皆出自《诸子集成本》，下文同。

"诸侯政平于内而威于外矣,君子行修于身而信于舆人矣。治民民治,而荣于名矣。故诸侯凡有治心者,必修之以道而与之以敬,然后能以成也;凡有战心者,必修之以政而兴之以义,然后能以胜也。凡有攻心者,必结之以约而谕之以信,然后能以得也;凡有守心者,必固之以和而谕之以爱,然后能有存也。"①认为管理者要加强个人的修养才能够取信于人,才能将天下百姓管理好;信用并敬仰天地万物自然顺成之道,才能获得民众的爱戴。《新书·修政语上》云:"治安不可以虚成也,显荣不可以虚得也。故明君敬士、察吏、爱民以参其极,非此者,则四美不附矣。"②管理者怀德修道要具体落实到"敬士、察吏、爱民",才能助成其"治安"与"显荣"。《新书·大政上》云:"诛赏之慎焉。故与其杀不辜也,宁失于有罪也。故夫罪也者,疑则附之去已。夫功也者,疑则附之与已。则此毋有无罪而见诛,毋有功而无赏者矣。"③认为惩罚和奖赏要谨慎从事,与其杀了无罪的人还不如漏掉有罪的人;对于有疑问的犯罪,要按照无罪来处理;对于有疑问的功劳,要按照功劳来奖赏。总之,"君国子民者,反求之己,而君道备矣"(《新书·君道》)。④管理者"反求之己"、怀德修道的核心就是以民为本,就是要爱护被管理者。因此,贾谊认为:"凡居于上位者,简士苦民者是谓愚,敬士爱民者是谓智。夫愚智者,士民命也。"(《新书·大政上》)⑤贾谊强调管理者要有良好的道德修养,敬士爱民,以身作则,就能够收到上行下效、不言而教的效果,"故君明而吏贤,吏贤而民治矣。故苟上好之,其下必化之,此道之谓也。故苟上好之,其下必化之,此道之谓也"(《新书·大政下》)。⑥

贾谊的管理思想不仅为汉朝及之后的各种管理者所借鉴,对当今社会所面临的管理难题,依然可以带来诸多启示。贾谊管理思想中的以人为本的管理原则、礼法并用的管理原则所体现的刚性管理和柔性管理之间的辩证关系,敬士爱民的思想,强干弱枝的管理方法,可以为柔性管理提供思想指导,在方法论

---

① 吴云、李春台校注:《贾谊集校注》,天津古籍出版社2010年版,第297页。
② 吴云、李春台校注:《贾谊集校注》,天津古籍出版社2010年版,第289页。
③ 吴云、李春台校注:《贾谊集校注》,天津古籍出版社2010年版,第269页。
④ 吴云、李春台校注:《贾谊集校注》,天津古籍出版社2010年版,第230~231页。
⑤ 吴云、李春台校注:《贾谊集校注》,天津古籍出版社2010年版,第270页。
⑥ 吴云、李春台校注:《贾谊集校注》,天津古籍出版社2010年版,第278页。

方面具有重要的意义。

第四节

汉文帝的管理思想

西汉初年的统治阶层从秦朝灭亡的历史教训中看到了民众的力量，认为绝不能忽视这个力量。为了维系统治，就要顺民心、安民心，必要时要对民众让步。汉文帝推行黄老道家清静无为、与民休息的管理思想，循守成法，约法省禁；躬修节俭；轻徭薄赋，重本抑末，发展农业生产；还采纳了贾谊削弱诸侯王权力的建议；对周边少数民族的政权如匈奴、南越，采取以和为贵的政策，尽量保持边境的安宁。景帝不仅继承了其父文帝的事业，还延续了其父的管理思想以及多方面的管理措施，很少变更。

文帝继续推行黄老道家学说，继续将其视为管理的指导思想。因为该种思想很大程度地适应了当时统治阶层休养生息，保持社会稳定，发展社会经济的需要。文帝、景帝时期特定的社会条件也决定了有必要继续推行这种思想：西汉初期，人心思安思定，渴望天下太平；统治阶层总结和反思秦朝灭亡的历史经验教训，为了避免重蹈秦王朝的覆辙；儒家也经受秦王朝"焚书坑儒"，元气尚未恢复；同时黄老道家思想发展至汉初已经相当成熟，具有极大的适应性。因此，西汉前期的统治阶层大都崇尚黄老道家思想，推行清静无为之治，文帝、景帝就是这一管理思想的重要实践者。

一、休养生息，轻徭薄赋

文帝采用黄老道家因循之术，继承了西汉初年休养生息的政策，轻徭薄赋，恢复发展社会经济。贾谊在上给文帝的《至言》说得较为具体："陛下即位，亲自勉以厚天下，损食膳，不听乐，减外徭卫卒，止岁贡；省厩马以赋县传，去诸苑以赋农夫，出帛十万馀匹以赈贫民；礼高年，九十者一子不事，八十者二算不事；赐天下男子爵，大臣皆至公卿；发御府金赐大臣宗族，亡不被泽者；赦罪人，怜其亡发赐之巾，怜其衣赭书其背，父子兄弟相见也而赐之衣。平狱缓刑，天下莫不说喜。"① 这主要表现在三个方面：

一是重视农业。文帝二年（公元前178年）贾谊上书强调发展农业、增加储蓄。汉文帝采纳了贾谊的建议，"始开籍田，躬耕以劝百姓"（《食货志》）。② 据《文帝纪》，汉文帝多次下诏，反复强调农业的重要性，如二年诏云："农，天下之大本也，民所恃以生也，而民或不务本而事末，故生不遂。朕忧其然，故今兹亲率群臣农以劝之。"③ 并下诏告诫各级官吏，"道民之路，在于务本"（《文帝纪》），④ "屡敕有司，以农为务，民遂乐业"（《食货志》）。⑤

二是躬行节俭。《孝文本纪》评价文帝："孝文帝从代来，即位二十三年，宫室苑囿狗马服御无所增益，有不便，辄弛以利民。尝欲作露台，召匠计之，直百金。上曰：'百金中民十家之产，吾奉先帝宫室，常恐羞之，何以台为！'上常衣绨衣，所幸慎夫人，令衣不得曳地，帏帐不得文绣，以示敦朴，为天下先。治霸陵皆以瓦器，不得以金银铜锡为饰，不治坟，欲为省，毋烦民。"⑥ 贾山《至言》亦云："陛下即位，亲自勉以厚天下，损食膳，不听乐"。汉文帝躬行节俭，体现了黄老道家尚俭尚朴的思想，以及"不敢为天下先"的原则，目的为使百姓安宁，维护社会稳定，更有利于经济的发展。

三是因势利导，即顺民趋利之心以导民，把社会劳动力引导到农业上来。其中贵粟政策就是因势导民的重要措施。晁错向文帝提出贵粟政策，针对"游食之民，未尽归农"的情况，指出："方今之务，莫若使民务农而已矣。欲民务农，在于贵粟；贵粟之道，在于使民以粟为赏罚。今募天下入粟县官，得以拜爵，得以除罪。如此，富人有爵，农民有钱，粟有所渫。夫能入粟以受爵，皆有余者也；取于有余，以供上用，则贫民之赋可损，所谓损有余补不足，令出而民利者也。顺于民心，所补者三：一曰主用足，二曰民赋少，三曰劝农功。"（《食货志》）⑦ 贵粟政策的实行，使商人为了用爵位来改变其低下的地

---

① （东汉）班固撰：《汉书》，中华书局1962年版，第2335页。
② （东汉）班固撰：《汉书》，中华书局1962年版，第1130页。
③ （东汉）班固撰：《汉书》，中华书局1962年版，第118页。
④ （东汉）班固撰：《汉书》，中华书局1962年版，第125页。
⑤ （东汉）班固撰：《汉书》，中华书局1962年版，第1135页。
⑥ （西汉）司马迁撰：《史记》，中华书局1959年版，第433页。
⑦ （东汉）班固撰：《汉书》，中华书局1962年版，第1133页。

位，甘愿出钱到农民手中购买粮食，而农民也以比较满意的价格把粮食卖给商人，从而"富人有爵，农民有钱"，进一步提高了农民生产的积极性。

汉景帝继续推行文帝发展农业生产的政策。《食货志》记载："孝景二年，令民半出田租，三十而税一也。其后，上郡以西旱，复修卖爵令，而裁其贾以招民，及徒复作，得输粟于县官以除罪。始造苑马以广用，宫室、列馆、车马益增修矣。然娄敕有司以农为务，民遂乐业。"① 景帝节俭爱民，继续奉行与民休养生息的思想和轻徭薄赋，还大力兴建水利工程，以促进农业生产。

二、因循之术，阳予阴夺

文帝即位以后，如何处理与功臣和诸王的关系，成为一个极为重要的问题。元老功臣们是西汉统治的支柱，但其势力的发展也影响到皇权巩固。对此，文帝仍然采用黄老思想谨慎处理和解决这些问题。

一是采用黄老因循之术对整个中央机构不做重大调整，保持政局稳定。文帝对汉初功臣仍加以重用。据《儒林传》云："孝惠、高后时，公卿皆武力功臣，孝文时颇登用。"② 文帝时期担任丞相的依次是周勃、陈平、灌婴、张苍、申屠嘉这些功臣集团的主要人物，文帝重用他们，这些人也为治国、戍边做出了重要贡献。

二是采用循名责实的办法督察国家官僚机构。循名责实之术是黄老刑名术之一，黄老道家认为"臣事事而君无事"（《慎子》），③ 君主"欲知得失，请必审名察形。形恒自定，是我愈静，事恒自施，是我无为"（《黄帝内经》）。文帝采用因循之术对国家中央机构不做重大调整，但并不对公卿大臣放任自流，而是采用"问"和"察"等方式，循名责实。如《史记·袁盎列传》记载文帝幸临上林苑，用"问"的方式一连问了十几个问题，检查上林苑尉是否称职。《史记·绛侯周勃世家》记载文帝犒劳周亚夫军营时，就用"察"的方式考察周亚夫治军情况，文帝视察后甚为满意，对周亚夫大加赞赏："嗟乎，此真将

---

① （东汉）班固撰：《汉书》，中华书局1962年版，第1135页。
② （东汉）班固撰：《汉书》，中华书局1962年版，第3592页。
③ （周）慎到撰：《慎子》，第4页，见《诸子集成》（第五册），中华书局2006年版。本著所引《慎子》语句，皆出自《诸子集成》本，下文同。

军矣!"①

三是文帝采用"阳予阴夺"之术削弱势力强大的功臣集团。文帝即位后对有拥立之功的大臣们进行奖赏。《孝文本纪》记载文帝"从代来初即位,施德惠天下",天下"皆洽欢"。②同时"阴夺"功臣权力。如文帝即位"乃夜拜宋昌为卫将军,镇抚南北军。以张武为郎中令,行殿中",③不久又任命其舅薄昭为车骑将军,其目的就是以代臣掌握军权分割功臣权力。他还打击功臣周勃,警告其弑君废立的行为;采纳贾谊的建议下诏令列侯之国,将他们置于地方官员的监督之下。

处理与诸王的关系,文帝亦采用了黄老道家的方法。文帝时,刘姓诸王多为高祖时所封,他们与文帝关系亲近,而且在拥立文帝的过程中起了重要作用。但文帝即位后,诸王势力进一步发展,对中央权力已经构成威胁,当时"藩国大者夸州兼郡,连城数十,宫室百官同制京师"(《诸侯王表》)。④"若此诸王,虽名为臣,实皆有布衣昆弟之心,虑亡不帝制而天子自为者。擅爵人,赦死罪,甚者或戴黄屋,汉法令非行也。"(《贾谊传》)⑤特别是齐王和淮南王,当初他们也是皇位的候选人,已经直接威逼到文帝的权力,以藩王即位的文帝必须给予足够的重视。对于他们,文帝的总方针是采用因循之术,遵循高祖的政策,援引诸王夹辅王室,求得政局的稳定。同时对威胁皇权的诸王也采取了一系列的措施:一是以亲制疏,"乃徙淮阳王武为梁王,北界泰山,西至高阳,得大县四十余城;徙城阳王喜为淮南王,抚其民"(《贾谊传》)。⑥二是众建诸侯而少其力,"乃分齐为六国,尽立悼惠王子六人为王;又迁淮南王喜于城阳,而分淮南为三国,尽立厉王三子以王之"(《贾谊传》)。⑦此举是文帝基于道家清虚无为的原则对贾谊的建议进行改造,在管理实践中将贾谊的"以亲制疏"之策还原为"以静制动"之术,将贾谊的"众建之策"还原为"顺而

---

① (西汉)司马迁撰:《史记》,中华书局1959年版,第2074页。
② (西汉)司马迁撰:《史记》,中华书局1959年版,第420页。
③ (西汉)司马迁撰:《史记》,中华书局1959年版,第417页。
④ (东汉)班固撰:《汉书》,中华书局1962年版,第394页。
⑤ (东汉)班固撰:《汉书》,中华书局1962年版,第2234页。
⑥ (东汉)班固撰:《汉书》,中华书局1962年版,第2263页。
⑦ (东汉)班固撰:《汉书》,中华书局1962年版,第2264页。

消之"之术。

文帝还运用黄老之术打击淮南王刘长。当时高祖诸子只剩下文帝与淮南王。文帝认为淮南王对他威胁最大，即使他没有僭越之心，也可能被别人利用。文帝利用淮南王的弱点，采用"阳予阴夺"之术。淮南王自幼失母，疏于管教，他刚直而勇，不好学问大道。汉文帝利用他的这些弱点使其"骄蹇"，让他一步步走上谋逆之路。文帝即位之初，"易侯邑在淮南者，大王不肯，皇帝卒易之，使大王得三县之实，甚厚"（《淮南王传》）。①文帝三年淮南王入朝，"从上入苑猎，与上同辇，常谓上'大兄'"，使他变得"甚横"（《淮南王传》）。②他杀辟阳侯，"于天子之国横行不辜而无谴"，文帝非但未治其罪，反而"乃赐美人多载黄金而归"。③淮南王归国后更加骄横，他逆拒不受皇太后之馈赐，文帝也让国舅薄昭致书劝悔，但他不知悔改，"自薄太后及太子诸大臣皆惮厉王，厉王以此归国益恣，不用汉法，出入警跸，称制，自作法令，数上书不逊顺"（《淮南王传》）。④接着，"（淮南王）令男子但等七十人与棘蒲侯柴武太子奇谋，以辇车四十乘反谷口"（《淮南王传》），⑤终于反叛。所以，淮南王因谋反罪绝食而亡，淮南国也在这事之后一分为三。文帝表面上甚为关爱淮南王，实际上实现了"将欲取之，必先与之"的目的。

三、民族管理

文帝运用道家思想，在民族管理方面化解矛盾，争取民族团结。他即位时，汉与南越、匈奴的关系紧张起来。《道德经》三十章云："以道佐人主者，不以兵强天下。其事好还。师之所处荆棘生焉。军之后必有凶年。善有果而已，不敢以取强。"《道德经》三十一章云："夫佳兵者不祥之器，物或恶之，故有道者不处……兵者不祥之器，非君子之器，不得已而用之，恬淡为上。胜而不美，而美之者，是乐杀人。夫乐杀人者，则不可得志于天下矣。"⑥ 文帝

---

① （东汉）班固撰：《汉书》，中华书局1962年版，第2137页。
②④ （东汉）班固撰：《汉书》，中华书局1962年版，第2136页。
③ 吴云、李春台校注：《贾谊集校注》，天津古籍出版社2010年版，第140页。
⑤ （东汉）班固撰：《汉书》，中华书局1962年版，第2140页。
⑥ （魏）王弼著，楼宇烈校释：《王弼集校释》，中华书局1980年版，第78～80页。

继承了这一思想。他即位之初,将军陈武等人主张对南越等用兵,但文帝认为:"兵凶器,虽克所愿,动亦耗病,谓百姓远方何?"(《律书》)① 在这种思想指导下,他对南越和匈奴不是以戈止武,而是谋求和平,"乃为佗亲冢在真定,置守邑,岁时奉祀。召其从昆弟,尊官厚赐宠之"(《南越列传》)。② 还先后派陆贾、庄助等出使南越,尽量避免用战争的方式来解决问题,维持边境安宁。文帝对匈奴也力求避免用战争的方式,而是用和平方式来处理相互间的关系。《匈奴列传》记载,"孝文帝初立,复修和亲之事","老上稽粥单于初立,孝文皇帝复遣宗室女公主为单于阏氏","匈奴日已骄,岁入边,杀略人民畜产甚多,云中、辽东最甚,至代郡万馀人。汉患之,乃使遗匈奴书。单于亦使当户报谢,复言和亲事"。③ 即使必须用武力,但冲突过后,也尽量争取保持较长时间的和平。

第五节 《淮南子》的管理思想

《淮南子》又名《淮南鸿烈》、《刘安子》,西汉皇族淮南王刘安主持编写的一部论文集,故名。据《汉书·艺文志》云:"淮南内二十一篇,外三十三篇。"颜师古注曰:"内篇论道,外篇杂说。"④ 今存21篇,盖内篇所遗。东汉高诱叙云:"其旨近老子,淡泊无为,蹈虚守静,出入经道。言其大也,则焘天载地;其说细也,则沦为无垠;及古今治乱、存亡祸福,世间诡异环奇之事。其义也著,其文也富。物事之类,无所不载。然其大较,归之于道,号曰'鸿烈','鸿',大也;'烈',明也,以为大明道之言也。"⑤ 笔者认为此书包括了广大而光明的通理。全书内容庞杂,但主要以道家思想为主轴,综合儒家、法家、阴阳家及墨家的思想精华,内容涉及政治学、哲学、伦理学、史

---

① (西汉)司马迁撰:《史记》,中华书局1959年版,第1242页。
② (西汉)司马迁撰:《史记》,中华书局1959年版,第2970页。
③ (西汉)司马迁撰:《史记》,中华书局1959年版,第2895~2910页。
④ (东汉)班固撰:《汉书》,中华书局1962年版,第1741~1742页。
⑤ (西汉)刘安著:《淮南子》,第1~2页。

学、文学、管理学、经济学、物理、化学、天文、地理、农业水利、医学养生等多个领域，对后世研究秦汉思想文化具有重要意义。

西汉初期，在学术思想方面从战国时期的百家争鸣逐渐走向融合。在社会政治发生深层变革的现实面前，淮南王刘安及其宾客们以开放包容的心态将儒、道、法、名、墨、兵等各家思想会通起来，编撰成《淮南子》，希望为当时最高行政当局的管理提供可资借鉴的方法和经验。虽然未能实现这一初衷，但是，这部名著的思想在今天依然熠熠生辉。东汉经学家高诱评价该书云："其旨近老子，淡泊无为，蹈虚守静，出入经道。"① 这一论点对后世影响甚大，近代梁启超、胡适等人亦颇认同。胡适云："道家集古代思想的大成，而淮南王书又集道家的大成。"② 但是，这种看法有偏差。该书编撰者并未以道家者自居，《淮南子·要略》明确地指出该书"观天地之象，通古今之事，权事而立制，度形而施宜，原道之心，合三王之风，以储与扈冶。玄眇之中，精摇靡览，弃其畛挈，斟其淑静，以统天下，理万物，应变化，通殊类，非循一迹之路，守一隅之指，拘系牵连之物，而不与世推移也"③《淮南子》。广涉诸子百家，甚至不惜在其中出现矛盾、对立的观点。论及管理思想，《淮南子》也不完全以道家的无为而治为皈依，而是兼容儒、法、墨诸家观点。其中还有各家之间的互相辩驳，以显示各种思想的优长。编撰者希望当时最高管理阶层能够兼采诸家之长，用最有效率的方式管理国家的各种事务。

一、无为而治

先秦道家认为，自然无为是宇宙的普遍法则，他们认为这一法则同样适应于社会政治生活领域。因此，顺应自然、无为而治就成了最为有效的管理方法。《庄子·应帝王》中"天根"与"无名人"有一段关于管理天下的对话，无名人曰："汝游心于淡，合气于漠，顺物自然而无容私焉，而天下治矣。"④ 即谓天下万物若能够顺遂其天性而不受人为的戕害，那么天下就可以不治而

---

① （西汉）刘安著：《淮南子》，第1页。
② 胡适著：《淮南王书》，上海新月书店1931年版，第13页。
③ （西汉）刘安著：《淮南子》，第376～377页。
④ 陈鼓应注释：《庄子今译今注》，中华书局1983年版，第215页。

治,即无为而治了。生活于西汉前期的刘安及其宾客,对秦朝的苛政在一定程度上有着清晰的认识,极为关注先秦道家无为而治这一管理思想,他们不仅继承了无为而治的合理内核,还进一步从实践方法层面深入探讨。

刘安把庄子"顺物自然而无容私"作为管理的基本原则。《本经训》云:"至人之治也,心与神处,形与性调,静而体德,动而理通,随自然之性而缘不得已之化,洞然无为而天下自和,憺然无欲而民自朴,无機祥而民不夭,不忿争而养足,兼包海内,泽及后世,不知为之谁何。"① 认为只要随顺自然之性、造化之流,即可天下自和、百姓自朴。《道德经》五十七章云:"我无为而民自化,我好静而民自正,我无事而民自富,我无欲而民自朴。"② 此处《淮南子》显然继承了老子的思想。无为的反面是有为,有为就违反了自然之性,"若夫以火熯井,以淮灌山者,用己背自然,故谓之有为"(《修务训》)。③ "君人者无为而有守也,有为而无好也。有为则谗生,有好则谀起"(《主术训》)。④ 妨碍无为而治的根本原因是管理者多欲,喜好有为。《淮南子》继续陈述有为管理的许多危害,"末世之政则不然。上好取而无量,下贪很而无让,民贫苦而忿争,事力劳而无功,智诈萌兴,盗贼滋彰,上下相怨,号令不行。执政有司,不务反道矫拂其本,而事修其末,削薄其德,曾累其刑,而欲以为治,无以异于执弹而来鸟,捭棁而狎犬也。乱乃逾甚"(《主术训》)。⑤ 这些认识不仅符合历史事实,在今天的管理中也有借鉴意义,这就是老庄无为而治的合理内核。《淮南子》总结说:"人无为则治,有为则伤。"(《说山训》)⑥

但是,《淮南子》并不完全认同老庄道家所说的"无为"。《修务训》云:"或曰:'无为者,寂然无声,漠然不动,引之不来,推之不往,如此者乃得道之像。'吾以为不然……夫地势,水东流,人必事焉,然后水潦得谷行。禾稼春生,人必加功焉,故五谷得遂长。听其自流,待其自生,则鲧、禹之功不立,而后稷之智不用。若吾所谓无为者,私志不得入公道,嗜欲不得枉正术,

---

① (西汉)刘安著:《淮南子》,第117页。
② (魏)王弼著,楼宇烈校释:《王弼集校释》,中华书局1980年版,第150页。
③ (西汉)刘安著,(东汉)高诱注:《淮南子》,第333页。
④ (西汉)刘安著:《淮南子》,第143页。
⑤ (西汉)刘安著:《淮南子》,第128页。
⑥ (西汉)刘安著:《淮南子》,第272页。

循理而举事，因资而立功，权自然之势，而曲故不得容者，事成而身弗伐，功立而名弗有，非谓其感而不应，攻而不动者。"①《原道训》还云："圣人内修其本，而不外饰其末，保其精神，偃其智故。漠然无为，而无不为也；澹然无治也，而无不治也。所谓无为者，不先物为也；所谓无不为者，因物之所为。所谓无治者，不易自然也；所谓无不治者，因物之相然也。"②"无为"并不是一事不做、心如止水，而是顺遂自然万物发生发展的本性，表面看是"无为"、"无治"，事实上做到了"无不为"和"无不治"。这样的"无为"显然突破了老庄思想。《淮南子》对"无为"的阐释，目的是要让无为而治这一思想具有可行性，而不是玄想、空想。

因此，《淮南子》提出了实行无为而治的基本方法。《原道训》云："循理而举事，因资而立功，权自然之势。""循"、"因"、"权"皆表示要掌握和利用好自然万物的规律，顺遂其天性。历史上许多成功的事例可以证明这一方法的可行性。《原道训》云："是故禹之决渎也，因水以为师；神农之播谷也，因苗以为教。夫萍树根于水，木树根于土，鸟排虚而飞，兽蹠实而走，蛟龙水居，虎豹山处，天地之性也。两木相摩而然，金火相守而流，员者常转，窾者主浮，自然之势也。是故春风至则甘雨降，生育万物，羽者妪伏，毛者孕育，草木荣华，鸟兽卵胎；莫见其为者，而功既成矣。秋风下霜，倒生挫伤，鹰雕搏鸷，昆虫蛰藏，草木注根，鱼鳖凑渊；莫见其为者，灭而无形。木处榛巢，水居窟穴，禽兽有芄，人民有室，陆处宜牛马，舟行宜多水，匈奴出秽裘，于、越生葛絺。各生所急，以备燥湿；各因所处，以御寒暑；并得其宜，物便其所。由此观之，万物固以自然，圣人又何事焉？"③《淮南子》认为要以"自然"为体，"贵因"为用，使万物各尽其能，各得其所，才能够因之而成功。国家各种事务的管理也应该遵循天地自然之性，顺民性而利导之。《齐俗训》云："其导万民也，水处者渔，山处者木，谷处者牧，陆处者农。地宜其事，事宜其械，械宜其用，用宜其人，泽皋织网，陵阪耕田，得以所有易所无，以

---

① （西汉）刘安著：《淮南子》，第331～333页。
② （西汉）刘安著：《淮南子》，第8页。
③ （西汉）刘安著：《淮南子》，第5～6页。

所工易所拙。是故离叛者寡，而听从者众。"① 管理者掌握和运用这些自然法则，不妄作妄为，才能做到"无为而无不为"、"无治而无不治"。可见，《淮南子》提倡的无为而治，更突出了实践性。

但是，《淮南子》的这种思想存在夸大万物自在自为的倾向。所以，在认识天地万物规律性的同时，要发挥人类社会的能动性，这就是《淮南子》论述管理要以法家思想为辅的重要原因。

二、法治为辅

道家和法家都十分重视宇宙中的自然法则，但法家在强调遵循自然法则之外，更加注重管理国家所必需的媒介以及如何利用这些媒介。法家认为管理国家的媒介就是"法"（今天的制度系统）。如果一个国家的"法"完全客观化成为一种类似器物的客体，国家的最高管理阶层任之而治，同样可以达到无为而治的境界。战国时期法家学者慎到云："有权衡者，不可欺以轻重；有尺寸者，不可差以长短；有法度者，不可巧以诈伪。"② 权衡、尺寸、法度皆为客观的无知之物，用之就可以达到所需要的客观公正。《淮南子·主术训》云："今夫权衡规矩，一定而不易，不为秦、楚变节，不为胡、越改容，常一而不邪，方行而不流，一日刑之，万世传之，而以无为为之。故国有亡主，而世无废道；人有困穷，而理无不通。由此观之，无为者，道之宗。故得道之宗，应物无穷，任人之才，难以至治。"③ 就是管理国家要以道家思想为基础，再汲取法家思想的长处。

《淮南子》还探讨了立法的依据："法生于义，义生于众适，众适合于人心，此治之要也。故通于本者不乱于末，睹于要者不惑于详。法者非天堕，非地生，发于人间，而反以自正。"（《主术训》）④ 认为法不是个人意志，而是表达民众的共同意愿；法从人间产生，又反过来规范人们的行为。因此，一旦法立，就具有无可争辩的权威，"法者，天下之度量，而人主之准绳也……所谓

---

① （西汉）刘安著：《淮南子》，第172页。
② （周）慎到撰：《慎子》，第7～8页。
③ （西汉）刘安著：《淮南子》，第131页。
④ （西汉）刘安著：《淮南子》，第141页。

亡国，非无君也，无法也"（《主术训》）。① 甚至还认为法对国家的重要性超过君主，这一观点具有独创性。

立法之后的关键是守法和执法，《淮南子》认为管理者应该负有比普通民众更重要的守法责任。《主术训》云："所立于下者，不废于上；所禁于民者，不行于身……有法者而不用，与无法等。是故人主之立法，先自为检式仪表，故令行于天下。孔子曰：'其身正，不令而行；其身不正，虽令不从。'故禁胜于身，则令行于民矣。"② 在秦汉君主专制体制下，法之废立皆出于君主。法家重法，但没有解决立法权的问题。《淮南子》也没有意识到要先解决立法权的问题，书中再三恳求最高统治者要遵照自己所立的法来管理各种事务。"法籍礼仪者，所以禁君，使无擅断也。"（《主术训》）③ 君主所立之法可以在一定程度上牵制君主。"县（悬）法者，法不法也；设赏者，赏当赏也。法定之后，中程者赏，缺绳者诛。尊贵者不轻其罚，而卑贱者不重其刑，犯法者虽贤必诛，中度者虽不肖必无罪，是故公道通而私道塞矣。"（《主术训》）④ 认为执法不避尊贵卑贱，贤与不肖皆一视同仁。只有守法和执法，才能够发挥法治为辅的作用，达到无为而治的境界。

同时，法又不是一成不变的。《说林训》云："以一世之度制治天下，譬犹客之乘舟，中流遗其剑，遽契其舟桅，暮薄而求之，其不知物类亦甚矣！"⑤ 不知法须随着时代的发展而发展，犹如刻舟求剑，《淮南子》批评了这种循古守旧、不知法治之源的人，"夫殷变夏，周变殷，春秋变周，三代之礼不同，何古之从！大人作而弟子循。知法治所由生，则应时而变；不知法治之源，虽循古，终乱。今世之法籍与时变，礼义与俗易，为学者循先袭业，据籍守旧教，以为非此不治，是犹持方枘而周员凿也。欲得宜适致固焉，则难矣"（《氾论训》）。⑥ 因此，要学习古人立法的精神，而不是承袭其具体内容，"故圣人论世而立法，随时而举事。尚古之王，封于泰山，禅于梁父。七十余圣，法度不同，非务相反也，时世异也。是故不法其已成之法，而法其所以为法。所以

---

① ④ （西汉）刘安著：《淮南子》，第140～141页。
② ③ （西汉）刘安著：《淮南子》，第141页。
⑤ （西汉）刘安著：《淮南子》，第289页。
⑥ （西汉）刘安著：《淮南子》，第216页。

为法者，与化推移者也"(《齐俗训》)。① 法要随着时代的发展而进行适当变革，目的都是服务于国计民生，"圣人事穷而更为，法弊而改制，非乐变古易常也，将以救败扶衰，黜淫济非，以调天地之气，顺万物之宜也"(《泰族训》)。② 《淮南子》基于当时的历史条件，论述了立法、守法、执法和变法等关于法治的各个环节。但是，法家过分强调法治的主体，忽视法治的客体是有生命感情的人，容易产生严刑峻法的暴政，这是法家的缺陷。所以，为了救弊补偏，《淮南子》又提出要兼采儒家思想。

三、兼采仁治

以法家思想为指导进行管理具有许多局限性。《淮南子》一针见血地指出了法家思想的短板："法能杀不孝者，而不能使人为孔、曾之行；法能刑窃盗者，而不能使人为伯夷之廉。""若不修其风俗，而纵之淫辟，乃随之以刑，绳之以法，法虽残贼天下，弗能禁也。"(《泰族训》)③ 法只是管理国家的一种工具，而不是目的，"法者，治之具也，而非所以为治也，而犹弓矢中之具，而非所以为中也"(《泰族训》)。④ 因为法家思想的这些局限性，所以在某些时候可以忽视法家。《俶真训》云："若夫墨、杨、申、商之于治道，犹盖之无一橑，而轮之无一辐，有之可以备数，无之未有害于用也。"⑤ 如果过分地信用法，就会产生严刑峻法的暴政。《览冥训》云："若夫申、韩、商鞅之为治也，挬拔其根，芜弃其本，而不穷究其所由生，何以至此也。凿五刑，为刻削，乃背道德之本，而争于锥刀之末，斩艾百姓，殚尽太半，而忻忻然常自以为治，是犹抱薪而救火，凿窦而出水。"⑥

因为过分地任用法家会产生诸多弊端，所以《淮南子》认为要兼采儒家的仁治。《淮南子》认为仁治的前提是要有贤能仁德的管理者，"故国之所以存者，非以有法也，以有贤人也；其所以亡者，非以无法也，以无贤人也。晋献

---

① （西汉）刘安著：《淮南子》，第178页。
② （西汉）刘安著：《淮南子》，第352～353页。
③ （西汉）刘安著：《淮南子》，第357页。
④ （西汉）刘安著：《淮南子》，第355页。
⑤ （西汉）刘安著：《淮南子》，第24页。
⑥ （西汉）刘安著：《淮南子》，第98页。

公欲伐虞，宫之奇存焉，为之寝不安席，食不甘味，而不敢加兵焉。赂以宝玉骏马，宫之奇谏而不听，言而不用，越疆而去，荀息伐之，兵不血刃，抱宝牵马而去。故守不待渠堑而固，攻不待冲降而拔，得贤之与失贤也。故臧武仲以其智存鲁，而天下莫能亡也；蘧伯玉以其仁宁卫，而天下莫能危也"（《泰族训》）。① 贤能仁德之人是国家存亡的关键，而不是有法无法。《本经训》云："古者圣人在上，政教平，仁爱洽，上下同心，君臣辑睦，衣食有余，家给人足，父慈子孝，兄良弟顺，生者不怨，死者不恨，天下和洽，人得其愿。"② 因此，管理者要任用仁德之人。《主术训》云："是故人主之一举也，不可不慎也。所任者得其人，则国家治，上下和，群臣亲，百姓附。所任非其人，则国家危，上下乖，群臣怨，百姓乱。故一举而不当，终身伤。得失之道，权要在主。是绳正于上，木直于下，非有事焉，所缘以修者然也。故人主诚正，则直士任事，而奸人伏匿矣；人主不正，则邪人得志，忠者隐蔽矣。"③ 认为国家管理得人则国治，否则就国危；君主本身的道德修养也影响着能否真正得人。

《淮南子》论管理倡扬儒家的仁义之道。《泰族训》云："虽有知能，必以仁义为之本，然后可立也，知能蹢驰，百事并行。圣人一以仁义为之准绳，中之者谓之君子，弗中者谓之小人。"④ 儒家圣贤不仅以仁义之道为其修养之本，同时，仁义之道还关系到国家的存亡，"国之所以存者，仁义是也；人之所以生者，行善是也。国无义，虽大必亡；人无善志，虽勇必伤"（《主术训》）。⑤《淮南子》认为桀纣败亡，汤武昌盛，其原因都在于是否推行仁义之道。桀纣等亡国之君，"务广其地而不务仁义，务高其位而不务道德，是释其所以存，而造其所以亡也。故桀囚于焦门，而不能自非其所行，而悔不杀汤于夏台；纣居于宣室，而不反其过，而悔不诛文王于羑里"（《氾论训》）。⑥ 如果他们修仁义之道，行仁义之政，则汤武不敢谋。出于对秦朝任法而亡的警惕，《淮南子》强调仁义为管理之本，而法度为末。《泰族训》云："治之所以为本者，仁义

---

① （西汉）刘安著：《淮南子》，第357页。
② （西汉）刘安著：《淮南子》，第123页。
③ （西汉）刘安著：《淮南子》，第135～136页。
④ （西汉）刘安著：《淮南子》，第360页。
⑤ （西汉）刘安著：《淮南子》，第152页。
⑥ （西汉）刘安著：《淮南子》，第221页。

也；所以为末者，法度也……故仁义者，治之本也。今不知事修其本，而务治其末，是释其根而灌其枝也。且法之生也，以辅仁义，今重法而弃义，是贵其冠履而忘其头足也。故仁义者，为厚基者也。不益其厚而张其广者毁，不广其基而增其高者覆。赵政不增其德而累其高，故灭；智伯不行仁义而务广地，故亡其国。"① 管理者如果将仁义与法度的关系弄颠倒，那么国家就可能败亡。秦国一切皆任用商鞅之法，最终灭亡了，就因为"察于刀笔之迹，而不知治乱之本"（《泰族训》）。②《淮南子》认为仁义是法度的内核，体现其融合儒法的思想。

《淮南子》兼容道家、法家和儒家等各家管理思想，其间不是观点的简单凑集，而是立足变通改进，会通诸家之长。《要略》篇探讨了"儒者之业"、墨子"节财薄葬闲服"之论、《管子》、"晏子之谏"、"纵横修短"、"刑名之书"、"商鞅之法"产生的渊源，认为他们都是顺时势而生，后人不必墨守成规。最后，《淮南子》自我总结："若刘氏之书，观天地之象，通古今之事，权事而立制，度形而施宜，原道之心，合三王之风，以储与扈冶。玄眇之中，精摇靡览，弃其畛挈，斟其淑静，以统天下，理万物，应变化，通殊类，非循一迹之路，守一隅之指，拘系牵连之物，而不与世推移也。故置之寻常而不塞，布之天下而不窕。"③ 对诸家学说，《淮南子》清醒地认识到他们的局限性，即"百家异说，各有所出。若夫墨、杨、申、商之于治道，犹盖之无一橑，而轮之无一辐。有之可以备数，无之未有害于用也；已自以为独擅之，不通于天地之情也"（《俶真训》）。④ 因此，管理国家就不能仅用或偏用一家一说，而要"与世推移"，兼容众长，建构一种适合自己实际情况的管理思想体系。

《淮南子》还认为管理要善于变通，因时为治，采用适宜时代条件的管理措施。《汜论训》云："先王之制，不宜则废之；末世之事，善则著之……圣人法与时变，礼与俗化。衣服器械，各便其用；法度制令，各因其宜。故变古未可非，而循俗未足多也。百川异源，而皆归于海；百家殊业，而皆务于治。"

---

① （西汉）刘安著：《淮南子》，第364页。
② （西汉）刘安著：《淮南子》，第366页。
③ （西汉）刘安著：《淮南子》，第376～377页。
④ （西汉）刘安著：《淮南子》，第24页。

认为从前的制度、法律、礼乐、风俗等要"与时变"、"与俗化",要"各因其宜","各便其用",变古与循俗都要因时为治。《氾论训》还云:"治国有常,而利民为本;政教有经,而令行为上。苟利于民,不必法古;苟周于事,不必循旧。"[①] 认为管理因时而变的出发点都是为了"利民"、"周事",这样的管理方法才有坚实的社会基础。

---

① （西汉）刘安著:《淮南子》,第213页。

第三章　西汉中期的管理思想

西汉中期是指从武帝刘彻初年至宣帝刘询末年的90余年时间。西汉中期思想界的最大特点是改造了的儒学成为汉朝乃至整个封建社会的官方意识形态。儒学成为官方意识形态的初始时期，其关键是武帝时期立五经博士的举措。著名思想家董仲舒适应政治上大一统的需要，在继承先秦儒学并吸收其他诸家思想的基础上，建立了以"天人合一"为核心的儒家思想体系，其管理思想是这一体系的重要组成部分。汉武帝在其执政时期，倡导儒学，广施德政；同时改革创新，以法治国，恩威并施，德法兼用，积极寻找多渠道、多方式的管理良方；在经济方面实行盐铁国营，国家铸币以聚敛财富；军事方面崇尚军功，还推行买爵制度等，使汉朝在政治、经济、军事、文化各方面都得到空前的大发展。昭帝、宣帝继续沿袭武帝的管理思想，使汉朝的社会、经济继续向前发展，盛世再现。这一时期管理思想的代表人物有董仲舒、武帝、司马迁、桓宽等。

第一节
西汉中期管理思想概述

西汉中期，儒家管理思想被定为官方指导思想，同时，法家的管理思想也在一定程度上得到官方的认可，这方面的倡导者和实践者以董仲舒和武帝为代表。本节先分析西汉中期管理思想的发展，然后介绍这一时期管理思想的主要代表人物，最后论述本时期管理思想的特点。

一、西汉中期管理思想的发展

公元前141年，孝景帝刘启逝世，其子刘彻即位，是为武帝。景帝继承了文帝的奉行黄老道家清静无为、与民休息的管理思想，与文帝一起开创了文景盛世。景帝时期，仓廪丰实，黎民淳厚，经济、社会治安等方面的良好状况都达到了中国农业社会的一个高峰。另外，正因为文、景时期朝廷实行无为而治的指导思想，导致诸侯放任骄恣，豪强坐大，商业地主侵渔细民，割据势力已经形成；加之匈奴寇边，边境不稳，整个社会在升平的外表下潜藏着严重的危机。《汉书·公孙弘传赞》云："汉兴六十余载，海内艾安，府库充实，而四夷未宾，制度多阙。"① 整个社会急需有为之君进行大刀阔斧的改革，以防止祸患的发生，进而结束无为之治，乘国家仓实财饶之时大兴文教，再建武功，在民富兵强基础上迎来儒家理想中的太平盛世。但景帝是一个继体守文之君，"文景之治"最重要的指导思想是"无为之治"，就是在整个国家民力凋敝之时让民众自创财富，谋求自我发展。"文景之治"的出现不仅是文、景君臣管理得当，更重要的是实施了宽松的管理政策。如何在国家物质富庶的基础上进一步再创辉煌，文、景君臣没有做到，这一使命历史地落到汉武帝刘彻的身上。武帝即位给西汉社会带来了一种全新气象，也带来了儒学复兴的希望。"三年不窥园"的董仲舒在这个千载难逢的时机诞生了。

刘彻即位时是一位年仅16岁的少年天子，他雄心勃勃、精力旺盛，一改文、景时代一切因循自然、无为而治的政策方针。他即位的第二年（公元前140年）就改年号为"建元"，这年的新年伊始，他就下诏："诏丞相、御史、列侯、中二千石、二千石、诸侯相举贤良直言极谏之士。"（《武帝纪》）② 这次应举者有百余人，其中庄助、公孙弘、辕固生等人皆被任用，而学申不害、商鞅、韩非法家之言以及持苏秦、张仪纵横家之说者，概不录取。董仲舒并没有参加这次策对，因为当时景帝的母亲窦太后仍健在，她好尚黄老道家而讨厌儒学，菲薄五经。武帝即位后尊她为太皇太后，朝廷大事都得必须奏请她首肯。此时推行儒学自然不是时候。

---

① （东汉）班固撰：《汉书》，中华书局1962年版，第2633页。
② （东汉）班固撰：《汉书》，中华书局1962年版，第155～156页。

第三章 西汉中期的管理思想

实际上刚一开始儒学就遭到窦太后的打击。建元元年夏，汉武帝任魏其侯窦婴为丞相，武安侯田蚡为太尉。此二人倾向儒学，他们推荐儒生赵绾为御史大夫、王臧为郎中令。赵、王二人是儒家诗学大师申培的弟子，建议立明堂以朝诸侯。后来赵绾竟建议武帝不再奏事窦太后，以便推行儒术。窦太后大怒，武帝迫令二人自杀谢罪。窦婴、田蚡亦免职反省。整个建元时期，儒学都受到压抑。直到窦太后于建元六年（公元前135年）逝世后，才迎来了儒学复苏的契机。董仲舒在此时应运而出，向武帝提出了"罢黜百家，独尊儒术"的建议。

窦太后逝世后，田蚡复出为丞相，儒学发展的障碍消除了。《史记》云："及窦太后崩，武侯田蚡为丞相，绌黄老、刑名百家之言，延文学儒者数百人，而公孙弘以《春秋》白衣为天子三公，封平津侯。天下学士靡然向风矣！"①儒学真正兴盛在窦太后逝世后，而为儒学兴盛做好理论和舆论准备的则是公元前136年董仲舒的《天人三策》（亦称《举贤良对策》）。如果说窦太后的逝世是汉代学术思潮、管理思想崇尚的转折点，那么董仲舒《天人三策》就是汉代儒学兴盛的开始。

儒学的自身调整也使其能适应最高管理阶层的需要，适应为现实政治服务的需要。这种调整主要包括两个方面：一方面是迎合。武帝时期首先受到重视的是春秋公羊学派，该学派占据官方意识形态统治地位的一个重要原因，就是《公羊传》宣扬的思想适应武帝的政治需要：《公羊传》宣扬"大一统"，为武帝在政治上成就大一统的局面提供了经学依据；"国君报九世甚至百世之仇"（用齐襄公复九世之仇的故事），适应武帝反击匈奴的需要；"君亲无将，将而必诛"，符合武帝任意诛杀大臣的需要；"为尊者、贤者、亲者讳"，符合统治阶层成为特权阶层的要求；《公羊传》的"二类"（人事与灾异）理论，适合封建统治阶级君权神授的需要。②另一方面是发展。以孔孟为代表的先秦儒学基本上仅停留在理论形态和理想图景层面，在战国至西汉前期的管理实践中处于弱势地位。董仲舒的贡献就在于将儒家的理想目的探寻一个形而上的终极依

---

① （西汉）司马迁撰：《史记》，中华书局1959年版，第3118页。
② 刘修明：《经、纬与西汉王朝》，载《中国哲学》第9辑，三联书店1983年版，第86～87页。

据，并将儒学从理论形态向实际运用落实，从理想图景向实践过渡。① 这一过渡的中介就是《举贤良对策》之中的"天人感应"理论，并以此为主要原理形成了一系列灾异祥瑞之说；以及培养出一批擅长灾异之说，并以此跻身政坛的儒家学者。

武帝采纳了董仲舒独尊儒术，加强皇权等思想，在实际管理中又兼采法家思想，开创了西汉王朝最辉煌的功业。其后的昭帝、宣帝在管理思想方面主要承袭了武帝的王霸杂用，加强皇权；励精图治，信用贤能；恢复和发展农业生产，减轻农民负担；在对外关系上兵礼交用，武力打败匈奴之后，又改善与他们的关系。因此，国家延续了武帝时期的强盛局面，史称"昭宣中兴"。

二、西汉中期管理思想的代表人物

西汉中期管理思想的代表人物主要有董仲舒、武帝、司马迁、桓宽等。

（一）董仲舒

董仲舒（公元前179~前104年），汉广川郡（今河北衡水市）人，西汉与时俱进的思想家、儒学家、哲学家、今文经学大师。景帝时任博士，讲授《公羊春秋》。他一生经历了西汉王朝的文景之治和汉武盛世。西汉前期社会在思想文化方面较为宽松，惠帝除"挟书之律"，置写书之官；武帝时又广开献书之路。许多因焚书坑儒而秘藏起来的儒家典籍纷纷于世间再现，一些退避隐居的儒生逐渐走出了山林。在这个人民安居乐业、学术气氛宽松的太平之世，通经饱学之士再聚生徒，振兴儒学之势已经形成，各种儒学思潮相互争鸣。董仲舒就在这样的背景下走上仕途。他的家乡广川，东南两面，邻近齐鲁，西界三晋，北靠燕代。自古齐鲁多儒生，三晋产法家，燕代出方士，自幼成长在多种文化熏陶中，助益他后来形成多重内涵的思想体系。与西汉初年的传习五经的硕儒申培公、辕固生、韩婴、伏生、高堂生、刘歆等专家相比，董仲舒可谓鹤立鸡群，无愧于通才鸿儒之称。

武帝元光元年（公元前134年），汉武帝下诏征求治国方略。董仲舒在《举贤良对策》中系统地提出了"天人感应"、"大一统"学说和"罢黜百家，

---

① 陈明：《儒学的历史文化功能》，学林出版社1997年版，第88页。

独尊儒术"的主张。他认为"道之大原出于天",自然、人事都受制于天命,因此反映天命的政治秩序和政治思想都应该是统一的。他以《公羊春秋》为依据,将西周以来的宗教天道观和阴阳、五行学说结合起来,吸收法家、道家、阴阳家思想,建立了一个新的儒学思想体系,对当时社会所提出的一系列哲学、政治、社会、管理、历史等问题,给予了比较系统的回答。他推论出的"三纲五常"道德哲学,成为我国古代维护历代封建皇朝统治的工具。儒学也在武帝时成为官方指导思想,并被历代诸朝所延续。其著作汇集于《春秋繁露》一书。

公元前134年,董仲舒任江都易王刘非国相10年。元朝四年(公元前125年)任胶西王刘端国相,4年后辞官,居家著述。朝廷每有大议,派使者及廷尉到他家咨询,仍很受武帝尊重。他去世后,武帝亲自为他选择墓地,并在陵前修建董子祠。据说汉武帝每次经过他的陵园时,30丈之外便下马步行,随从臣子也遵循这一做法,"下马陵"的名称便由此产生。

(二)汉武帝

汉武帝刘彻(公元前156~前87年),字通,汉朝第七位皇帝,中国古代伟大的政治家、战略家、民族英雄。武帝是景帝的第10个儿子,4岁时被册立为胶东王,7岁时被册立为太子,16岁即位,在位54年(公元前141~前87年),建立了西汉王朝最辉煌的功业。武帝创立年号,同时也是中国第一个使用年号的皇帝,他缔造了中国封建社会第一个鼎盛时期。

武帝即位之初,国家政治稳定,经济状况良好,但各诸侯国的分裂因素依然存在,潜在威胁不小。因此,他继续推行景帝休养生息的各项政策,同时还采取了一系列强化中央集权的措施。在政治方面采纳了主父偃的建议,颁布"推恩令",削弱分封的诸侯国势力,加强监察制度和中央集权;还变古创制,进行了收相权、设刺史、立平准均输等重大改制,建立了一套完整系统的政治制度。在军事上改革兵制;数次派卫青、霍去病出击匈奴,使北部边郡得以安定;派张骞出使西域,开拓了西北边疆,开通了联系西域乃至中亚等地的通道。在经济方面重农轻商,整顿财政,颁布"算缗"、"告缗"令,征收资产税,打击奸商;又采取桑弘羊建议,冶铁、煮盐、酿酒等由民间经营收编中央管理;禁止郡国铸钱,国家统一铸造五铢钱,统一货币;设置均输、平准之官,由官府经营运输和贸易,增强了国家经济实力;兴修水利,移民西北屯田,实行"代田法",促进了农业生产发展。在思想方面采纳了董仲舒"罢黜百家,独尊儒术"的建议,铺平了儒家学说作为中国社会统治思想的道路,并延续了两千多年,对中国政治、社会、思想、文化等方面均产生了深远的影响。

在选拔人才方面,武帝确立了察举制度,这是中国有系统选拔人才制度的滥觞,对后世影响很大。他在位期间西汉人才最盛。《汉书》称赞:"群士慕向,异人并出。卜式拔于刍牧,弘羊擢于贾竖,卫青奋于奴仆,日䃅出于降虏,斯亦曩时版筑饭牛之朋已。汉之得人,于兹为盛,儒雅则公孙弘、董仲舒、兒宽,笃行则石建、石庆,质直则汲黯、卜式,推贤则韩安国、郑当时,定令则赵禹、张汤,文章则司马迁、相如,滑稽则东方朔、枚皋,应对则严助、朱买臣,历数则唐都、洛下闳,协律则李延年,运筹则桑弘羊,奉使则张骞、苏武,将率则卫青、霍去病,受遗则霍光、金日䃅,其余不可胜纪。"(《公孙弘传赞》)[①] 武帝时之所以广得异才,群贤毕集,与武帝雄才大略的感召力有关,更是他不拘一格选拔人才的结果。他经常下令郡国及百官公卿举荐贤才奇士,诏令郡国立学校修儒学。《董仲舒传》云:"立学校之官,州郡举茂才孝廉,皆自董仲舒发之。"[②] 由董仲舒的建议影响武帝决策,由正确决策导致士人群集,从而迎来了汉帝国的兴盛。他还在中国进行了人类历史上第一次人口普查。

(三) 司马迁

司马迁(公元前145~约前87年),字子长,夏阳(今陕西韩城,有说山西河津)人,西汉伟大的史学家、思想家、文学家。他以"究天人之际,通古今之变,成一家之言"(《报任安书》)的史识,撰成中国第一部纪传体通史《史记》(又称《太史公书》),记载了上自传说中的黄帝,下至武帝太初四年(公元前100年)间,共三千余年的历史,对后世影响至深至巨,被鲁迅誉为"史家之绝唱,无韵之离骚"(《汉文学史纲要》)。

司马迁10岁时就随其父司马谈到长安拜学名师。司马谈本有撰写一部规

[①] (东汉)班固撰:《汉书》,中华书局1962年版,第2633~2634页。
[②] (东汉)班固撰:《汉书》,中华书局1962年版,第2525页。

模空前史著的夙愿，但他做太史令之后，随着年事渐高，已无力完成，就把希望寄托在司马迁身上。司马迁从 20 岁开始就漫游全国，为写《史记》进行实地考察，获得了许多第一手材料，保证了《史记》的真实性和科学性。同时他深入民间广泛接触了各色群众的生活，使他对社会、人生的观察理解更加深入。他还遍历名山大川，饱览祖国山河，陶冶性情，也提高了他文学的表现力。元封元年（公元前 110 年）司马谈病死在洛阳。司马迁继承父亲的遗志，在 38 岁时做了太史令，有机会阅览汉朝宫廷所藏的一切图书、档案以及各种史料，他一边整理史料，一边参加改历。太初元年（公元前 104 年）他完成了我国第一部历书《太初历》后，就动手撰写《史记》。

天汉二年（公元前 99 年），李陵跟随贰师将军李广出击匈奴，兵败被俘。司马迁替李陵辩护触怒武帝，下狱遭受腐刑，备受凌辱，"交手足，受木索，暴肌肤，受榜箠，幽于圜墙之中，当此之时，见狱吏则头抢地，视徒隶则心惕息"（《报任安书》）。他本想一死，但想到多年搜集资料，要完成写《史记》的夙愿，因此忍辱负重。太始元年（公元前 96 年）司马迁出狱后当了中书令，继续专心致志于《史记》的撰写。直到征和二年（公元前 91 年）全书完成，共得 130 篇，52 万余言。

（四）桓宽

桓宽，生卒年不详，字次公，汉汝南郡（今河南上蔡西南）人，治《公羊传》。宣帝时举为郎，后官至庐江太守丞。著有《盐铁论》60 篇。该书记述了昭帝始元六年（公元前 81 年）贤良、文学与大夫、御史之间关于王霸思想及其实践问题的一次激烈争论，内容涵盖武帝时期的政治、经济、军事、伦理等诸多方面内容。其中关于武帝时期实行盐铁官营，反映了儒、法两种不同经济管理思想的对立。

三、西汉中期管理思想的特点

西汉中期一改之前以黄老道家为指导的管理思想，而是利用儒家思想统一其他诸家思想，即"罢黜百家，独尊儒术"，并以此为基础在政治上加强了中央集权。

（一）儒术独尊

文帝和景帝时期主要是采用黄老道家无为而治、休养生息的指导思想管理国家。武帝即位后的一段时期，仍然在一定程度上延续这一思想。但在崇尚黄老的窦太后逝世后，儒学才获得了振兴和发展的契机。武帝深知，加强皇权的首要前提是统一思想。为了探寻一套行之有效的国家管理理论和方法，元光元年（公元前134年）武帝令郡国举孝廉，策贤良，董仲舒以贤良对策。武帝连问三策，董仲舒亦连答三章，其中心议题是天人关系问题，史称《举贤良对策》（或《天人三策》）。董仲舒认为："《春秋》大一统者，天地之常经，古今之通谊也。今师异道，人异论，百家殊方，指意不同，是以上亡以持一统；法制数变，下不知所守。臣愚以为诸不在六艺之科、孔子之术者，皆绝其道，勿使并进。邪辟之说灭息，然后统纪可一而法度可明，民知所从矣。"（《董仲舒传》）[①] 这一建议正中武帝下怀，于是决定"罢黜百家，独尊儒术"。自此，儒学取代黄老道家之学成为管理国家的指导思想，统治阶层以儒家的伦理道德为指导，制定了一套约束臣民的行为准则，甚至以《春秋》决狱，把儒家经典当作法典；太学设五经博士，并不断从太学中选拔优秀博士弟子加入国家管理集团，其中公孙弘以治《春秋》位至丞相，并被封侯，开先为相后封侯之先例。由是天下学士竞相效仿，尊儒就成了一种社会风尚。

但是，董仲舒倡扬的儒学已不是先秦的原始儒学，而是董仲舒在原始儒学的基础上吸收了道家、法家、阴阳家等诸家思想，对原始儒学加以改造，重新建构的"新儒学"，是儒学体系发展的一个更高阶段。董仲舒否定了法家严刑峻法、以吏为师、忽视文教德治的局限性，吸收了其集权专制和注重刑罚的思想；同时否定了黄老的消极无为、忽视社会主体的能动性的一面，吸收了其自然观、阴阳刑德的思想，他更全面地汲取诸家智慧和总结了历史经验教训，使儒学成为西汉王朝在全国建立大一统的政治之后，彻底占据统治地位的思想体系。这种新儒学思想体系适合了武帝强化中央集权的需要，也受到其后历代帝王的高度关注。

（二）加强中央集权

西汉诸侯势力发展到武帝时期，已经严重地威胁着国家的统一和社会稳定。在这样的背景下，董仲舒提出有利于巩固中央集权、促进全国统一的思

[①] （东汉）班固撰：《汉书》，中华书局1962年版，第2523页。

想，在当时具有重大的进步意义。董仲舒《举贤良对策》云："《春秋》大一统者，天地之常经，古今之通谊也……臣愚以为诸不在六艺之科、孔子之术者，皆绝其道，勿使并进。邪辟之说灭息，然后统纪可一而法度可明，民知所从矣。"（《董仲舒传》）[1] 不仅儒学的发展与普及需要权力支持，《说苑·指武》就说，"道非权不立，非势不行，是道尊然后行"，西汉君主专制的合法性及其巩固也需要儒家思想为其提供理论依据。

董仲舒利用天人感应思想诠释了其思想学说的神圣性、普遍性和实践性，使儒学能够更有效地为管理国家服务，从而获取最高统治阶层对儒学发展的支持。他的"罢黜百家，独尊儒术"的建议，根本目的是要维护武帝政治统治大一统的局面，其初衷并非针对学术领域的百家争鸣。他通过思想的一统来实现政治的一统。因此，他的建议适应了武帝加强中央集权的需要，并与武帝的思想一拍即合，成为西汉中期国家管理中的指导思想。武帝以董仲舒制定的独尊儒术、三纲五常等大一统的思想为指导，在实践中也确实加强了中央集权。

第二节

董仲舒的管理思想

董仲舒是汉代划时代的思想家。其管理思想以儒学为基础，兼容道家、法家阴阳家等诸家思想，建构了一个系统的政治管理思想体系，对中国地主阶级专制社会影响深远。

董仲舒政治管理思想，建立在对天人关系探讨的基础上。"天"是他的思想中一个极为重要的范畴，金春峰概括了其三层含义，即神灵之天、自然之天和道德之天。[2] 董仲舒认为天具有自然属性，"天有十端，十端而止已，天为一端，地为一端，阴为一端，阳为一端，火为一端，金为一端，木为一端，水为一端，土为一端，人为一端，凡十端而毕，天之数也"（《春秋繁露·官制天

---

[1] （东汉）班固撰：《汉书》，中华书局1962年版，第2523页。
[2] 金春峰：《论董仲舒思想的特点及其历史作用》，载《中国社会科学》1980年第6期。

象》)。① 第一个"天"指整个宇宙,"十端"是其组成部分。第二个"天"是与地相对的天,日月星辰等为其组成部分。天的基本运动规律是阴阳五行的相生相克和四时的有序更替。不仅如此,董仲舒还将社会生活与自然之天密切联系起来,认为天的组成及其运动规律是一种永恒的道德原则、社会秩序和行为准则的体现。"天有和有德,有平有威,有相受之意,有为政之理,不可不审也。春者,天之和也;夏者,天之德也;秋者,天之平也;冬者,天之威也。"(《春秋繁露·威德所生》)② 董仲舒还认为天是万物的创造者和人间的主宰者,"天者,群物之祖也"(《举贤良对策》),③ "命者天之令也,性者生之质也,情者人之欲也"《举贤良对策》),④ "王者必受命而后王"(《春秋繁露·三代改制质文》)。⑤

董仲舒的目的不是要探讨天的自然规律,而是为了他的政治和管理思想寻找理论依据。《春秋繁露》云:"人之人本于天,天亦人之曾祖父也。此人之所以乃上类天也。人之形体,化天数而成;人之血气,化天志而仁;人之德行,化天理而义。人之好恶,化天之暖清;人之喜怒,化天之寒暑;人之受命,化天之四时;人生有喜怒哀乐之答,春秋冬夏之类也。"(《为人者天》)⑥ 他认为人的形体、血气、德行、好恶、喜怒、受命等一切都是由天决定的,并且与天相类。他根据同类相动的现象,认为"人之所为,其美恶之极,乃与天地流通而往来相应,此亦言天之一端也"(《举贤良对策》)。⑦ 依据自己的天人观,董仲舒提出了循道以治为基本原则的管理思想。

一、循道以治

董仲舒管理思想体系中的"道"不同于道家的"道",它具有如下特点:首先,道一不二。"道"是天和人类社会运动的基本规则。天道是天的运动规则,人道是人类社会的运动规则,人道包括君道、臣道、民道、治道等。人道

---

① (清)苏舆撰:《春秋繁露义证》,中华书局1992年版,第216~217页。
② (清)苏舆撰:《春秋繁露义证》,中华书局1992年版,第462页。
③⑦ (东汉)班固撰:《汉书》,中华书局1962年版,第2515页。
④ (东汉)班固撰:《汉书》,中华书局1962年版,第2501页。
⑤ (清)苏舆撰:《春秋繁露义证》,中华书局1992年版,第185页。
⑥ (清)苏舆撰:《春秋繁露义证》,中华书局1992年版,第318页。

源于天道,天道决定人道,天道与人道相通、相类、统一。"天人之际,合而为一,同而通理,动而相益,顺而相受。"(《春秋繁露·深察名号》)① 其次,"道"是一种至善至美的永恒真理。"夫乐而不乱复而不厌者谓之道;道者万世亡弊,弊者道之失也……夏因于虞,而独不言所损益者,其道如一而所上同也。道之大原出于天,天不变,道亦不变,是以禹继舜,舜继尧,三圣相受而守一道,亡救弊之政也,故不言其所损益也。繇是观之,继治世者其道同,继乱世者其道变。"(《举贤良对策》)② 再次,"道"基本体现为行仁德和别尊卑,这是阳尊阴卑总法则的体现。"君臣、父子、夫妇之义,皆取诸阴阳之道。君为阳,臣为阴,父为阳,子为阴,夫为阳,妻为阴,阴阳无所独行……是故仁义制度之数,尽取之天,天为君而覆露之,地为臣而持载之,阳为夫而生之,阴为妇而助之,春为父而生之,夏为子而养之,秋为死而棺之,冬为痛而丧之,王道之三纲,可求于天……故圣人多其爱而少其严,厚其德而简其刑,以此配天。"(《春秋繁露·基义》)③ 最后,管理者行"道"与失"道"决定了国家的治乱存亡。行道者昌,失道者亡,道是修身治国的根本,也是判断是非的最高标准。"道者,所繇适于治之路也,仁义礼乐皆其具也……夫人君莫不欲安存而恶危亡,然而政乱国危者甚众,所任者非其人,而所繇者非其道,是以政日以仆灭也……故治乱废兴在于己,非天降命不得可反,其所操持誖谬失其统也。"(《举贤良对策》)④ 可见,道代表着专制地主阶级的整体利益和最高利益,在一定意义上是一套系统的治国理政原则和理想社会秩序的总称。

董仲舒在循道治国的内涵非常丰富,其中,君道理论是主要部分。他的君道理论建立在"君权天授说"的基础上,其重点之一是神化君权,维护君主在国家中的绝对权威。重点之二是约束、规范君权,君主的行为要以实现统治阶级的整体利益为目标。《春秋繁露》云:"天子受命于天,天下受命于天子,一国则受命于君。"(《为人者天》)⑤ 君主是天下之阳、之尊、之贵,臣民则是天下之阴、之卑、之贱。君权神圣不可侵犯,臣民必须对君主服从和忠诚。因此

---

① ③ (清)苏舆撰:《春秋繁露义证》,中华书局1992年版,第185页。
② (东汉)班固撰:《汉书》,中华书局1962年版,第2518~2519页。
④ (东汉)班固撰:《汉书》,中华书局1962年版,第2499~2500页。
⑤ (清)苏舆撰:《春秋繁露义证》,中华书局1992年版,第350~352页。

定"立义定尊卑之序,而后君臣之职明矣"(《正贯》)。① "强干弱枝"、"大本小末"是基本法则;"卑胜尊"、"下犯上"、"以贱伤贵"是道德上的"逆节""不义",会导致国家的败亡。董仲舒一方面神化君权;另一方面又强调对君主行为加以约束、规范。在他看来,天对国君并非有何特殊恩赐,天所以立之为君,是因其德行超群。国君受命于天,不仅包含了天授予了君主管理臣民的权力,而且包含了君主必须对天负责。《春秋繁露·深察名号》云:"受命之君,天意之所予也。故号为天子者,宜视天为父,事天以孝道也视天如父。"② 君主对臣民具有绝对权威,天对君主具有绝对权威。整个宇宙系统中只有天最尊贵,君主不过是"天意"、"天道"的执行者。天既可立之,亦可废之。君主只有"积善累德",尊天行道,才具备成为君主的资格。若逆天失道,胡作非为,天就会用灾异来谴告他;如终不悔悟,天就会另命有德之人为天子。《春秋繁露·尧舜不擅移汤武不专杀》云:"天之无常予,无常夺也……故夏无道而殷伐之,殷无道而周伐之,周无道而秦伐之,秦无道而汉伐之。有道伐无道,此天理也。"③ 这就强制君主管理天下要恪守天道,为统治阶级的整体利益效力。

在此基础上,董仲舒还认为君主是国家的根本,所谓"君人者国之本也","君人者国之元,发言动作,万物之枢机,枢机之发,荣辱之端也,失之毫厘,驷不及追"(《春秋繁露·立元神》)。④ 君主的道德、行为决定着国家的治乱荣辱,君主恣意妄为的结果是君权衰落、尊卑失序,只有约束、规范君权,使君主言行合乎"道",才能国运昌盛国昌泰。《春秋繁露·王道》云:"《春秋》何贵乎元而言之?元者,始也,言本正也;道,王道也;王者,人之始也。王正则元气和顺、风雨时、景星见、黄龙下;王不正则上变天,贼气并见。"因此,君主应该具有极高的素质。首先,君主要"修身审己",厚养仁德,"以天下为忧,而未以位为乐","圣人法天而立道,亦溥爱而亡私,布德施仁以厚之,设谊立礼以导之"(《举贤良对策》)。⑤ 要为民表率,垂范天下。其次,君主要戒骄禁奢。"得志有喜,不可不戒。此其效也。自是之后,顷公恐惧,不听声乐,

---

① (清)苏舆撰:《春秋繁露义证》,中华书局1992年版,第143页。
② (清)苏舆撰:《春秋繁露义证》,中华书局1992年版,第286页。
③ (清)苏舆撰:《春秋繁露义证》,中华书局1992年版,第220页。
④ (清)苏舆撰:《春秋繁露义证》,中华书局1992年版,第166页。
⑤ (东汉)班固撰:《汉书》,中华书局1962年版,第2515页。

不饮酒食肉，内爱百姓，问疾吊丧，外敬诸侯，从会与盟，卒终其身，家国安宁。是福之本生于忧，而祸起于喜也。"(《春秋繁露·竹林》)① 如果国君"骄溢妄行"，"夺民财食"，"听郑卫之音，充倾宫之志"，"诛求无已"，穷奢极欲，就会导致民叛臣离，"大亡天下"(《春秋繁露·王道》)②。再次，国君"贵微重始慎终"。《举贤良对策》云："众少成多，积小致巨，故圣人莫不以晻致明，以微致显。是以尧发于诸侯，舜兴乎深山，非一日而显也，盖有渐以致之矣……故尽小者大，慎微者著……尧兢兢日行其道，而舜业业日致其孝，善积而名显，德章而身尊，以其浸明浸昌之道也……故桀、纣暴谩，逸贼并进，贤知隐伏，恶日显，国日乱，晏然自以如日在天，终陵夷而大坏。夫暴逆不仁者，非一日而亡也，亦以渐至。"③ 最后，君主要有深刻的历史洞察力和对未来发展判断的正确性，保证国家管理决策的正确性。《春秋繁露·必仁且智》云："莫近于仁，莫急于智……何谓智？先言而后当。凡人欲舍行为，皆以其智……其所为得其所事，当其行，遂其名，荣其身，故利而无患，福及子孙，德加万民，汤武是也……智者见祸福远，其知利害蚤，物动而知其化，事兴而知其归，见始而知其终，言之而无敢哗，立之而不可废，取之而不可舍，前后不相悖，终始有类，思之而有复，及之而不可厌，其言寡而足，约而喻，简而达，省而具，少而不可益，多而不可损，其动中伦，其言当务，如是者谓之智。"④

二、以德治国，德主刑辅

董仲舒认为，管理国家要施行德政。《春秋繁露·保位权》云："国之所以为国者，德也……是故为人君者，固守其德，以附其民；固执其权，以正其臣。"⑤ 认为国君要依靠德政团结人民，以权力去匡正臣下。关于德政，《春秋繁露·十指》云："亲近来远，同民所欲，则仁恩达矣。"⑥ 认为国君要与民同

---

① （清）苏舆撰：《春秋繁露义证》，中华书局1992年版，第58页。
② （清）苏舆撰：《春秋繁露义证》，中华书局1992年版，第105~107页。
③ （东汉）班固撰：《汉书》，中华书局1962年版，第2517页。
④ （清）苏舆撰：《春秋繁露义证》，中华书局1992年版，第257~259页。
⑤ （清）苏舆撰：《春秋繁露义证》，中华书局1992年版，第174~175页。
⑥ （清）苏舆撰：《春秋繁露义证》，中华书局1992年版，第145页。

欲，即想民之想，乐民之乐，就是以德治国。君主要做到"什一而税，教以爱，使以忠，敬长者，亲亲而尊尊，不夺民时，使民不过岁三日。民家给人足，无怨望忿怒之患，强弱之难，无谗贼妒疾之人，民修德而美好，被发衔哺而游，不慕富贵，耻恶不犯……风雨时，嘉禾兴，凤凰麒麟游于郊。囹圄空虚，画衣裳而民不犯。四夷传译而朝，民情至朴而不文"（《春秋繁露·王道》）。① 这就是德治。《春秋繁露·王道》还云："五帝三王之治天下，不敢有君民之心。"苏舆注曰："王者抚有天下，不敢自谓君民，敬畏之至也。"② 认为要实现德治，就要君民一体。《说苑·政理篇》记载："子贡问治民于孔子。孔子曰：'懔懔焉如腐索御奔马。'子贡曰：'何其畏也？'孔子曰：'夫通达之国皆人也，以道导之，则吾畜也。不以道导之，则吾仇也，若何而毋畏？'"《礼记·表记》云："下之事上也，虽有庇民之大德，不敢有君民之心，仁之厚也。"郑玄注曰："无君民之心，是思不出其位。"③ 儒家认为，国君要视民如伤，来报答人民的拥戴，而不敢有"君民之心"，不能将人民作为奴役的对象。《春秋繁露·为人者天》云："君者，民之心也；民者，君之体也。心之所好，体必安之；君之所好，民必从之。"④ 认为国君要以民为心，视人民为自己身体的组成部分，君与民的关系如同心与体的关系那样密切关联。

董仲舒认为君主是为民而立，而民非为王而生，所以君主必须有厚德保民，否则就会被夺去天下。《春秋繁露·尧舜不擅移汤武不专杀》云："天之生民，非为王也，而天立王以为民也。故其德足以安乐民者，天予之；其恶足以贼害民者，天夺之……故夏无道而殷伐之……秦无道而汉伐之。有道伐无道，此天理也，所从来久矣。"⑤ 他列举殷伐夏、周伐殷、秦伐周、汉伐秦为例，指出有道伐无道的必然性。君主若不以德治国，就会被夺去天下。《春秋繁露·仁义法》云："《春秋》之所治，人与我也。所以治人与我者，仁与义也。以仁安人，以义正我，故仁之为言人也，义之为言我也，言名以别矣。"又云："故王者爱及四夷，霸者爱及诸侯，安者爱及封内，危者爱及旁侧，亡者爱及

---

① （清）苏舆撰：《春秋繁露义证》，中华书局1992年版，第102~103页。
②③ （清）苏舆撰：《春秋繁露义证》，中华书局1992年版，第101页。
④ （清）苏舆撰：《春秋繁露义证》，中华书局1992年版，第320页。
⑤ （清）苏舆撰：《春秋繁露义证》，中华书局1992年版，第220页。

独身……故曰仁者爱人,不在爱我,此其法也。"① 认为君主必须有普爱天下万民之心,若专肆己欲、偏宠近侍,国家就可能危亡。《春秋繁露·立元神》云:"君人者,国之元,发言动作,万物之枢机。枢机之发,荣辱之端也。"国君作为国家的元首,其一切言行都关系到天下万民万物,还可能给自己带来荣辱祸福,所以要以德治国,君主先要"以仁安人,以义正我","不敢有君民之心"。

在主张以德治国的同时,董仲舒还提出了以刑为辅的管理思想。《春秋繁露·阴阳义》云:"天地之常,一阴一阳。"② 天地运行的规律是一阴一阳相辅相成。《春秋繁露·基义》云:"阴者阳之合",又云:"阴阳二物,终岁各壹出。壹其出,远近同度而不同意。阳之出也,常县于前而任事;阴之出也,常县于后而守空处。此见天之亲阳而疏阴,任德而不任刑也。是故仁义制度之数,尽取之天,天为君而覆露之,地为臣而持载之;阳为夫而生之,阴为妇而助之;春为父而生之,夏为子而养之;秋为死而棺之,冬为痛而丧之。王道之三纲,可求于天。天出阳,为暖以生之;地出阴,为清以成之。不暖不生,不清不成。然而计其多少之分,则暖暑居百而清寒居一。德教之与刑罚犹此也。故圣人多其爱而少其严,厚其德而简其刑,以此配天。"③

董仲舒将治理国家中的德与刑的关系比作天地之间阳与阴的关系,因为"天之亲阳而疏阴","暖暑居百而清寒居一",所以"任德而不任刑","厚其德而简其刑",适当的刑罚作为德治的辅助手段,其存在是必要的,甚至在一定意义上是不可或缺的,犹如阳离不开阴一样。因此,阳与阴、德与刑不是平等的关系,它们之间主次不同,分工不同。正如阳为主、阴为辅一样,在国家管理中以德为主,以刑为辅。德是生养万物之根本,刑罚是铲除邪恶之手段。《春秋繁露·天辨在人》云:"故刑者德之辅,阴者阳之助,阳者岁之主也。"④《春秋繁露·阳尊阴卑》又云:"阳为德,阴为刑,刑反德而顺于德。"⑤ 虽然德与刑是对立的,但二者又是统一的。就对立的方面而言,德与刑各有其位置,各有其作用,德为主,刑为辅;德主生,刑主杀。但德治离不开刑罚,刑

---

① (清)苏舆撰:《春秋繁露义证》,中华书局1992年版,第249~252页。
② (清)苏舆撰:《春秋繁露义证》,中华书局1992年版,第341页。
③ (清)苏舆撰:《春秋繁露义证》,中华书局1992年版,第350~352页。
④ (清)苏舆撰:《春秋繁露义证》,中华书局1992年版,第336页。
⑤ (清)苏舆撰:《春秋繁露义证》,中华书局1992年版,第326~327页。

罚表面是"反德",实质是"顺于德",完善德,是德治的必要补充,所以二者又是统一的。

董仲舒将中国古代朴素唯物主义关于阳与阴的辩证关系创造性地用来论证国家管理中德与刑的关系,其见解是深刻的。事实上,如果不发挥刑罚的辅助和约束作用,就可能无法节制人们的欲望,对违犯道德和社会秩序的行为任所欲为,仅凭以德治国,并不能实现国家大治。董仲舒之前的贾谊认识到这一点。贾谊就认为,治国应以礼义为主,刑罚为辅,二者都有其不可替代的作用,礼能禁于未然之前,法施于已然之后。只有在以德劝善时,又以刑罚惩恶,才能实现国家社会的长治久安。贾谊从现实的需要出发,论述礼义与刑罚不可分割。董仲舒则用天地阴阳的关系来论证德与刑的关系,从管理哲学的高度论述德与刑的辩证关系,就更加深刻,也更具有说服力。

为了保证最高统治阶层施行这一管理思想,董仲舒又做了如下论述。首先,用天道规范王道,用先王之行约束后世君主。《举贤良对策》云:"春者,天之所为也;正者,王之所为也。其意曰,上承天之所为,而下以正其所为,正王道之端云尔。然则王者欲有所为,宜求其端于天。天道之大者在阴阳。阳为德,阴为刑;刑主杀而德主生。是故阳常居大夏,而以生育养长为事;阴常居大冬,而积于空虚不用之处。以此见天之任德不任刑也。天使阳出布施于上而主岁功,使阴入伏于下而时出佐阳;阳不得阴之助,亦不能独成岁。终阳以成岁为名,此天意也。王者承天意以从事,故任德教而不任刑。刑者不可任以治世,犹阴之不可任以成岁也。为政而任刑,不顺于天,故先王莫之肯为也。"[①] 君主上承天道、天意管理天下,其行为就要合乎"正"的规范要求;而天道首推阴阳,所以天道是任德教而不任刑的。因此,后世君主也只能以德为主,以刑为辅。否则,就有违天道、天意,也有违先王了。《春秋繁露》亦有类似的论述。其次,董仲舒用秦国严刑峻法来论证德主刑辅的重要性。董仲舒给武帝上书云:"古者税民不过什一,其求易共;使民不过三日,其力易足。民财内足以养老尽孝,外足以事上共税,下足以蓄妻子极爱,故民说从上。"而秦国则改变了这种施德于民的做法,"用商鞅之法,改帝王之制,除井田,

---

① (东汉)班固撰:《汉书》,中华书局1962年版,第2501~2502页。

民得卖买，富者田连阡陌，贫者无立锥之地。又颛川泽之利，管山林之饶，荒淫越制，逾侈以相高；邑有人君之尊，里有公侯之富，小民安得不困？又加月为更卒，已，复为正，一岁屯戍，一岁力役，三十倍于古；田租口赋，盐铁之利，二十倍于古。或耕豪民之田，见税什五。故贫民常衣牛马之衣，而食犬彘之食。重以贪暴之吏，刑戮妄加，民愁亡聊，亡逃山林，转为盗贼，赭衣半道，断狱岁以千万数。"（《食货志》）① 最终导致了秦王朝的迅速灭亡。因此，如果要实现国家的长治久安，就必须吸取秦的教训，采用德主刑辅思想管理国家。

三、选贤授能

董仲舒认为以德治国的关键，是要选拔和任用贤能廉洁之士担任政府各级管理阶层的要职。《举贤良对策》云："今之郡守、县令，民之师帅，所使承流而宣化也；故师帅不贤，则主德不宣，恩泽不流。今吏既亡教训于下，或不承用主上之法，暴虐百姓，与奸为市，贫穷孤弱，冤苦失职，甚不称陛下之意。是以阴阳错缪，氛气充塞，群生寡遂，黎民未济，皆长吏不明，使至于此也。"② 郡守、县令之人能将君主的恩泽布施于民，如果这些人贪得无厌，暴虐百姓，那么百姓就会冤苦无告，贫穷孤弱，就不能实现以德治国。因此，选拔和任用贤能廉洁之人是实行德治的关键。

董仲舒多次强调选贤授能的重要性。《春秋繁露·通国身》云："治国者以积贤为道。"③《春秋繁露·精华》云："所任贤谓之主尊国安，所任非其人，谓之主卑国危。万世必然，无所疑也……是故任非其人，而国家不倾者，自古至今，未尝闻也。故吾按《春秋》而观成败，乃切悁悁于前世之兴亡也，任贤臣者，国家之兴也。"④ 如果任用贤能的官吏，国家就会兴盛。否则，如果所任非人，国家就可能危乱倾亡。董仲舒还认为要重视考核各级管理者的政绩，循名责实，赏罚分明，德高才俊者进之，德才不称者绌之。《春秋繁露·天地

---

① （东汉）班固撰：《汉书》，中华书局1962年版，第1137页。
② （东汉）班固撰：《汉书》，中华书局1962年版，第2512页。
③ （清）苏舆撰：《春秋繁露义证》，中华书局1992年版，第182页。
④ （清）苏舆撰：《春秋繁露义证》，中华书局1992年版，第97～98页。

之行》云:"为人君者,其法取象于天。故贵爵而臣国,所以为仁也……任贤使能,观听四方,所以为明也;量能授官,贤愚有差,所以相承也;引贤自近,以备股肱,所以为刚也;考实事功,次序殿最,所以成世也;有功者进,无功者退,所以赏罚也。"①《春秋繁露·考功名》云:"天道积聚众精以为光;圣人积聚众善以为功;故日月之明,非一精之光也;圣人致太平,非一善之功也……考绩绌陟,计事除废,有益者谓之公,无益者谓之烦。挈名责实,不得虚言,有功者赏,有罪者罚,功盛者赏显,罪多者罚重。不能致功,虽有贤名,不予之赏;官职不废,虽有愚名,不加之罚。赏罚用于实,不用于名,贤愚在于质,不在于文。故是非不能混,喜怒不能倾,奸轨不能弄,万物各得其冥,则百官劝职,争进其功。"②《举贤良对策》亦云:"古所谓功者,以任官称职为差,非谓积日累久也。故小材虽累日,不离于小官;贤材虽未久,不害为辅佐……毋以日月为功,实试贤能为上,量材而授官,录德而定位,则廉耻殊路,贤不肖异处矣。"③ 同时,要建立一种和谐的君臣关系,即管理阶层上下层之间要协调好彼此之间的关系,这方面君主应该做好表率,"父不父则子不子,君不君则臣不臣"(《春秋繁露·玉杯》)。④ 因此,君主首先要礼贤下士,以礼待臣,以礼使臣。同时,臣要事君以忠,不专权不擅名不犯上,不夺君尊。忠君而不要媚主,臣下要敢于进谏,纠正君主的过失,这也是忠君,若"主所为皆曰可,主所言皆曰善,谄顺主指,听从为比。进主所善,以快主意,导主以邪,陷主不义"(《春秋繁露·五行相胜》)。⑤ 这样的则为奸臣。

班固《汉书·五行志》云:"景、武之世,董仲舒治《公羊春秋》,始推阴阳,为儒者宗。"⑥ 董仲舒在《春秋繁露》中引用五行的相生相胜的道理对五种中央官员的德行做了详细的论述:"五行者,五官也,比相生而间相胜也。故为治,逆之则乱,顺之则治。"(《春秋繁露·五行相生》)⑦ 他用五行来阐释

---

① (清)苏舆撰:《春秋繁露义证》,中华书局 1992 年版,第 458~459 页。
② (清)苏舆撰:《春秋繁露义证》,中华书局 1992 年版,第 178~179 页。
③ (东汉)班固撰:《汉书》,中华书局 1962 年版,第 2512~2513 页。
④ (清)苏舆撰:《春秋繁露义证》,中华书局 1992 年版,第 34 页。
⑤ (清)苏舆撰:《春秋繁露义证》,中华书局 1992 年版,第 369 页。
⑥ (东汉)班固撰:《汉书》,中华书局 1962 年版,第 1317 页。
⑦ (清)苏舆撰:《春秋繁露义证》,中华书局 1992 年版,第 362 页。

君主直接管理的五种中央官员（官职），将五行相生相胜配以这五种官员（官职）的相生相胜，为五行相生相胜融入道德的内涵。"东方者木，农之本。司农尚仁，进经术之士，道之以帝王之路，将顺其美，匡救其恶。执规而生，至温润下，知地形肥硗美恶，立事生则，因地之宜，召公是也。""南方者火也，本朝。司马尚智，进贤圣之士，上知天文，其形兆未见，其萌芽未生，昭然独见存亡之机，得失之要，治乱之源，豫禁未然之前，执矩而长，至忠厚仁，辅翼其君，周公是也。""中央者土，君官也，司营尚信，卑身贱体，夙兴夜寐，称述往古，以厉主意。明见成败，微谏纳善，防灭其恶，绝源塞隟，执绳而制四方，至忠厚信，以事其君，据义割恩，太公是也。""西方者金，大理司徒也。司徒尚义，臣死君而众人死父。亲有尊卑，位有上下，各死其事，事不逾矩，执权而伐，兵不苟克，取不苟得，义而后行，至廉而威，质直刚毅，子胥是也。""北方者水，执法司寇也。司寇尚礼，君臣有位，长幼有序，朝廷有爵，乡党以齿，升降揖让，般伏拜谒，折旋中矩，立则磬折，拱则抱鼓，执衡而藏，至清廉平，赂遗不受，请谒不听，据法听讼，无有所阿，孔子是也。"①如果这五种中央官员有德行，如同曾经做过司农的召公、司马的周公、司营的（姜）太公、司徒的（武）子胥、司寇的孔子，他们五人就是这五种有德行的中央官员的典范。反之，如果这五种中央官员无高尚的德行，根据五行相胜的道理，则有胜之者克之。《春秋繁露·五行相胜》云："木者，司农也。司农为奸，朋党比周，以蔽主明……则命司徒诛其率正矣。故曰金胜木。""火者，司马也。司马为谗，反言易辞以谮愬人……执法诛之。执法者水也，故曰水胜火。""土者，君之官也，其相司营。司营为神……赋敛无度，以夺民财；多发徭役，以夺民时，作事无极，以夺民力……其民叛，其君穷矣。故曰木胜土。""金者，司徒也。司徒为贼，内得于君，外骄军士，专权擅势，诛杀无罪，侵伐暴虐，攻战妄取……则司马诛之，故曰火胜金。""水者，司寇也。司寇为乱，足恭小谨，巧言令色，听谒受赂，阿党不平，慢令急诛，诛杀无罪……则司营诛之，故曰土胜水。"②他实际上是借用五行的相生相胜说而发表自己的政治见解，认为如果司农、司马、司营、司徒、司寇五种中央官员分别尚仁、

---

① （清）苏舆撰：《春秋繁露义证》，中华书局1992年版，第362～363页。
② （清）苏舆撰：《春秋繁露义证》，中华书局1992年版，第367～371页。

尚智、尚信、尚义、尚礼，就会"比相生"；如果这五种中央官员分别为奸、为逸、为神、为贼、为乱，就会"间相胜"而被诛杀。因此，中央官吏作为君主身边协助君主的重要管理者，其贤明与奸逸是能否实行德治，乃至国家存亡的重要因素。董仲舒在此论述了一个极为重要的观点，就是从中央到地方的各级管理者的德才兼备、吏治清明是实行德治的基础。

贤德才俊之士需要培养。为此，董仲舒提出了兴太学以培养德才兼备之人的建议："太学者，贤士之所关，教化之本原也。今以一郡一国之众，对亡应书者，是王道往往而绝也。臣愿陛下兴太学，置明师，以养天下之士，数考以尽其材，则英俊宜可得矣。"（《举贤良对策》）① 兴学校来培养贤德之才是国家的重要任务。

四、思想一统

《诗经·小雅·北山》云："溥天之下，莫非王土，率土之滨，莫非王臣。"描绘了周王朝国家一统、政治一统的社会状况。《论语·季氏》云："天下有道，则礼乐征伐自天子出"，"天下无道，则礼乐征伐自诸侯出。"政令的一统是一个国家社会稳定的标志。《孟子·梁惠王上》明确地提出了国家应该"定于一"。《吕氏春秋》云："天下必有天子，所以一之也；天子必执一，所以抟之也。一则治，两则乱。"② 这些思想是董仲舒的大一统理论形成的基础。

董仲舒大一统政治思想的形成还与"阴阳五行说"密切关联，他将五行重新排列顺序为：木、火、土、金、水。《春秋繁露·五行对》云："天有五行：木火土金水是也。木生火，火生土，土生金、金生水。水为冬，金为秋，土为季夏，火为夏，木为春。春主生，夏主长，季夏主养，秋主收，冬主藏，藏，冬之所成也。"③ 五行之间是"比相生而间相胜"的关系，五行之间的关系用来说明封建国家内部权力部门之间的相互促进与相互制约，从而实现德治，为国家的一统服务。董仲舒的大一统理论以政治一统为核心，以君权至上为关键，以思想文化一统为保证。其思想文化一统主要表现在以下两个方面：

---

① （东汉）班固撰：《汉书》，中华书局1962年版，第2512页。
② （东汉）高诱注：《吕氏春秋》，第214页。
③ （清）苏舆撰：《春秋繁露义证》，中华书局1992年版，第315页。

第三章 西汉中期的管理思想

（一）罢黜百家，独尊儒术

董仲舒《举贤良对策》云："《春秋》大一统者，天地之常经，古今之通谊也。今师异道，人异论，百家殊方，指意不同，是以上亡以持一统；法制数变，下不知所守。臣愚以为诸不在六艺之科、孔子之术者，皆绝其道，勿使并进。邪辟之说灭息，然后统纪可一而法度可明，民知所从矣。"（《董仲舒传》）[①] "罢黜百家，独尊儒术"通过一系列的思想、文化及政治措施来实现，这种实现是一个历史过程。《汉书·武帝纪》云："孝武初立，卓然罢黜百家，表章《六经》。遂畴咨海内，举其俊茂，与之立功。兴太学，修郊祀，改正朔，定历数，协音律，作诗乐，建封禅，礼百神，绍周后，号令文章，焕焉可述。后嗣得遵洪业，而有三代之风。"[②] 董仲舒为上述过程提出了具体方案，如改正朔、兴太学等。深入考察西汉中期的思想文化，可以发现董仲舒"罢黜百家，独尊儒术"，不仅将儒家思想作为一面思想统一的旗帜，更重要的是他以此为基础对中国社会组织的变革，如他主张设学校，变春秋战国的私学为官学等，使处于统治地位的地主阶级弟子披上太学生的外衣而化身为官僚，由占有经济权进一步获取了教育与政治方面的一些特权。

"罢黜百家，独尊儒术"是以儒学为主体的大一统封建国家意识形态形成的标志，它结束了自春秋以来数百年间学术与政治分离的状态，儒学也由私学转化为官学，其结果是促进了儒学（儒家思想）与政治的结合。

首先，儒学与学校教育结合，促使儒学传授官方化和制度化。先秦百家思想的传播，主要靠先秦诸子聚徒讲学等民间途径传播和发展，其地点、形式及规模皆没有特殊规定，官方对教师资格、学生构成、教学内容也未干涉。武帝采取了董仲舒建议的独尊儒术之后，这种自由的状况基本结束（家学的情况另当别论），由官方组织建立了一套完整的国家儒学教育体制。这种教育体制在当时主要有两种形式：一是中央设置太学。太学生的录取有两种方式：一是"太常择民年十八以上、仪状端正者，补博士弟子"；二是由地方长官经过考察，将"好文学，敬长上，肃政教，顺乡里，出入不悖"者，推荐给太常，

[①] （东汉）班固撰：《汉书》，中华书局1962年版，第2523页。
[②] （东汉）班固撰：《汉书》，中华书局1962年版，第212页。

"得受业如弟子"(《汉书·儒林传》)。① 太常讲授的内容有严格规定，只有被立于学官博士经说，才能作为太学生的教材。但《孝经》、《论语》虽不立博士，也规定为教材。由于太学在国家的政治和文化生活中占有重要地位，对博士的身体状况、志趣爱好、道德操守、知识结构、教学经验等方面都有很高的要求。从生源、教材和师资情况看，太后与后世的正规学校已经很接近了。武帝初立太学时，"为博士官置弟子五十人，复其身"(《汉书·儒林传》)。② 随着后来社会发展和国家管理的需要，太学的规模不断被扩大，太学生人数显著增加。二是设立地方官学。这是后来元帝、平帝逐渐发展起来的，《汉书》、《后汉书》皆有该类记载，此处从略。

其次，儒学教育与选官制度结合，儒生由此成为地主阶级管理阶层的基本来源，其结果是官吏儒生化和文官制度的建立。"罢黜百家，独尊儒术"这一思想文化政策，不仅具有思想一统的学术意义，而且具有谋求国家长治久安的政治意义，可以用来解决官员的来源、选拔方式及标准问题，这是统治阶层独尊儒术更直接的动机，也是西汉社会发展的必然要求。刘邦"马上得天下"，汉初的公卿多介胄武夫，文化水平不高。随着西汉王朝政权的巩固和社会的发展，更显出以"诗书治天下"，即文化官员管理国家事务的重要性。元朔五年（公元前124年）武帝下诏："盖闻导民以礼，风之以乐。今礼坏乐崩，朕甚闵焉。故详延天下方闻之士，咸荐诸朝。其令礼官劝学，讲议洽闻，举遗举礼，以为天下先。太常其议予博士弟子，崇乡党之化，以厉贤材焉。"(《武帝纪》)③ 当时官员大多是通过荫功、征辟入仕，文化水平不高，公孙弘于是建议："一岁皆辄课，能通一艺以上，补文学掌故缺；其高第可以为郎中，太常籍奏。即有秀才异等，辄以名闻。其不事学若下材，及不能通一艺，辄罢之，而请诸能称者。臣谨案诏书律令下者，明天人分际，通古今之谊，文章尔雅，训辞深厚，恩施甚美。小吏浅闻，弗能究宣，亡以明布谕下。以治礼掌故以文学礼义为官，迁留滞。请选择其秩比二百石以上及吏百石通一艺以上补左右内史、太行卒史，比百石以下补郡太守卒史，皆各二人，边郡一人。先用诵多

---

①② （东汉）班固撰：《汉书》，中华书局1962年版，第3594页。
③ （东汉）班固撰：《汉书》，中华书局1962年版，第172页。

者，不足，择掌故以补中二千石属，文学掌故补郡属，备员。"(《汉书·儒林传》)① 其目的就是要让政治与儒学教化相结合，提高管理者的素质。

班固于《儒林传》中评价说："自此以来，公卿大夫士吏彬彬多文学之士矣。"② 又于《匡张孔马传》赞曰："自孝武兴学，公孙弘以儒相，其后蔡义、韦贤、玄成、匡衡、张禹、翟方进、孔光、平当、马宫及当子晏咸以儒宗居宰相位，服儒衣冠，传先王语。"③ 据统计，西汉前期历任丞相者13人，其出身不是狱掾小吏，便是介胄武夫。武帝朝丞相12人，窦婴、田蚡俱好儒术，以明经出身的则有公孙弘。从昭帝至哀帝元寿元年，有丞相18人，其中明经出身者10人，另有3位虽出身狱吏，少学律令，但仕途发达后皆从经师受儒学。董仲舒建议武帝罢黜百家，独尊儒术；兴太学培养国家人才，实际上推动了儒学教育与选官制度的结合，促进了政治与教化的结合。儒学教育与官员铨选相结合，使师与吏走向二位一体，这是我国古代文官制度的一个重要基础。

最后，儒家思想被确定为统一社会及指导国家政治生活的基本思想。董仲舒在《举贤良对策》中主张禁绝"异道"、"异论"，以儒家思想统一、教化人们的思想，同时又要求统治阶层一统纪，明法度，使民知所守，即以儒家思想为指导来建立社会道德和法律规范。武帝独尊儒术，儒家经典教义成为判断人们言行是否正确的最高标准。西汉前期，臣下的奏对与皇帝的诏令都很少征引儒家经典。从武帝时期开始，几乎所有的奏书、诏令皆征引儒家经典为根据。武帝赐严助书，令其"具以《春秋》对，毋以苏秦纵横"(《汉书·严助传》)④。要求大臣们的言行都应该从儒家经典中找到合适的依据。在当时法律条文较为缺疏的情况下，儒家经义就成了决疑断案、办理重要事务的根据。董仲舒弟子吕步舒治淮南王刘安谋反之狱，从《春秋》谊颛断于外，不请武帝获准；待回来再上奏武帝，武帝皆以为是。儒家思想精神逐渐全面渗透到社会政治生活的方方面，各级官员及士大夫的言行都必须遵循儒学的原理或借用儒

---

① （东汉）班固撰：《汉书》，中华书局1962年版，第3594页。
② （东汉）班固撰：《汉书》，中华书局1962年版，第3596页。
③ （东汉）班固撰：《汉书》，中华书局1962年版，第3366页。
④ （东汉）班固撰：《汉书》，中华书局1962年版，第2789页。

学的名义，譬如以《春秋》经义折狱，以《禹贡》治河，以《诗》为谏书等，就是明显的事例。此类现象在西汉后期更是繁多。昭帝始元五年（公元前82年），有人冒充卫太子。此事在长安引起较大的轰动，吏民聚观者数万人。京兆尹隽不疑命吏拘捕此人，有人劝曰："是非未可知，且安之。"隽不疑回答："诸君何患于卫太子！昔蒯聩违命出奔，辄拒而不纳，《春秋》是之。卫太子得罪先帝，亡不即死，今来自诣，此罪人也。"后查出此人是假冒。昭帝与大将军霍光对隽不疑处理此事非常赞赏，还说："公卿大臣当用经术明于大谊。"（《汉书·隽不疑传》）[①] 可见，武帝独尊儒术后，国家处理许多重要事件都必须在儒学的名义下进行才是合理合法的，也才能为人们接受。

（二）三纲五常

董仲舒发展了儒家伦理，创造性地提出了"三纲五常"之说，儒家伦理开始真正成为政治伦理，并被地主阶级统治者所采纳。"三纲五常"作为儒家伦理文化中的架构，"三纲"是指"君为臣纲，父为子纲，夫为妻纲"，要求为臣、为子、为妻的必须绝对服从于君、父、夫，同时也要求君、父、夫为臣、子、妻作出表率。它反映了封建社会中君臣、父子、夫妇之间的一种特殊的道德关系。"五常"即仁、义、礼、智、信，是用来调整、规范君臣、父子、兄弟、夫妇、朋友等人伦关系的行为准则。

"三纲"、"五常"两个词来源于董仲舒的《春秋繁露》。但作为一种道德原则、规范的内容，它渊源于孔子。孔子曾提出了君君臣臣、父父子子和仁义礼智等伦理道德观念。孟子《滕文公上》进而提出"父子有亲，君臣有义，夫妇有别，长幼有序，朋友有信"[②] 的道德规范，谓之"五伦"。董仲舒按照其道论"贵阳而贱阴"的理论，进一步发展了五伦观念，其《春秋繁露》提出了三纲原理和五常之道。他认为在人伦关系中，君臣、父子、夫妻三种关系是最主要的，而这三种关系存在着天定的、永恒不变的主从关系：君为主、臣为从；父为主，子为从；夫为主，妻为从。即所谓"君为臣纲，父为子纲，夫为妻纲"，三纲皆取于阴阳之道。《春秋繁露·基义》云："阴者阳之合，妻者夫之合，子者父之合，臣者君之合。物莫无合，而合各相阴阳。阳兼于阴，阴兼于

---

① （东汉）班固撰：《汉书》，中华书局1962年版，第3037～3038页。
② 杨伯峻译注：《孟子译注》，中华书局1960年版，第125页。

阳，夫兼于妻，妻兼于夫，父兼于子，子兼于父，君兼于臣，臣兼于君。君臣、父子、夫妇之义，皆取诸阴阳之道。君为阳，臣为阴；父为阳，子为阴；夫为阳，妻为阴。阴阳无所独行。其始也不得专起，其终也不得分功，有所兼之义。是故臣兼功于君，子兼功于父，妻兼功于夫，阴兼功于阳，地兼功于天。举而上者，抑而下也；有屏而左也，有引而右也；有亲而任也，有疏而远也；有欲日益也，有欲日损也。益其用而损其妨，有时损少而益多，有时损多而益少。少而不至绝，多而不至溢。阴阳二物，终岁各壹出。壹其出，远近同度而不同意。阳之出也，常县于前而任事；阴之出也，常县于后而守空处。此见天之亲阳而疏阴，任德而不任刑也。是故仁义制度之数，尽取之天。天为君而覆露之，地为臣而持载之；阳为夫而生之，阴为妇而助之；春为父而生之，夏为子而养之；秋为死而棺之，冬为痛而丧之，王道之三纲，可求于天。"①君、父、夫体现了天的"阳"面，臣、子、妻体现了天的"阴"面；阳永远处于主宰、尊贵的地位，阴永远处于服从、卑贱的地位。所谓"仁义制度之数，尽取之天"，就是依据他所确立的天地之道阳尊阴卑的原则，来维护君、父、夫的尊严和威望；甚至要求臣、妻、子把自己所做的好事、成功之事，都归功于君、父、夫，要"举上""抑下"；如果做了君、父、夫错事或者失败之事，臣、妻、子则要自觉承担责任，使君、父、夫的名誉不受损害；要宣扬君的仁德和善政。在这个"人副天数"的互动结构之中，社会规则和制度安排不是人的意志决定的，而是天意、天道本该如此，是不可以违逆的。董仲舒以此确立了君权、父权、夫权的统治地位，把封建等级制度和政治秩序神圣化为宇宙的根本法则。

"五常之道"实际上是"三纲"的具体化。《春秋繁露·仁义法》云："《春秋》之所治，人与我也；所以治人与我者，仁与义也；以仁安人，以义正我；故仁之为言人也，义之为言我也，言名以别矣……是故《春秋》为仁义法，仁之法在爱人，不在爱我；义之法在正我，不在正人；我不自正，虽能正人，弗予为义；人不被其爱，虽厚自爱，不予为仁……仁者，爱人之名也。"②认为以仁安人，以义正我；仁者爱人。《春秋繁露·盟会要》又云："立义以明尊卑之

---

①② （清）苏舆撰：《春秋繁露义证》，中华书局1992年版，第350~351页。

分。"①《春秋繁露·奉本》云："礼者，继天地、体阴阳，而慎主客、序尊卑、贵贱、大小之位，而差外内、远近、新故之级者也。"②《春秋繁露·必仁且智》云："不智而辩慧獧给，则迷而乘良马也……仁而不智，则爱而不别也；智而不仁，则知而不为也。故仁者所爱人类也，智者所以除其害也……何谓智？先言而后当。"③《春秋繁露·天地之行》云："竭愚写情，不饰其过，所以为信也。"④董仲舒分别阐释了何谓仁、义、礼、智、信"五常"。他认为"五常之道"是处理君臣、父子、夫妻、上下尊卑关系的基本法则，人类与生俱来具有五常之道，坚持五常之道就能维持社会稳定和人际关系和谐。

董仲舒思想一统是西汉政治思想的必然选择。汉初黄老道家思想为指导，无为而治，社会经济得到较快的恢复和发展，出现了"文景之治"。但是，诸侯的分裂思想有所抬头，到景帝时甚至出现了"七国之乱"。如何防止国家分裂，巩固中央集权，就成为一个急需解决的重要问题。另外，从春秋战国到秦朝的短期统一，百姓饱经诸侯分裂割据、兼并战争、秦朝暴政及秦末战乱之苦。西汉建立了政治统一的国家，需要社会稳定、经济发展，当然，这也是人民的共同愿望和社会历史发展的内在需要。在意识形态领域，武帝前期国家管理阶层内部就出现了黄老之学与儒学的激烈斗争。此外，自西汉建立结束了秦朝的思想文化专制，尤其是汉惠帝四年（公元前191年）解除"挟书令"之后，思想的多元发展与中央集权的矛盾日益凸显。因此，董仲舒的包括思想一统在内的"大一统"理论，直接体现了西汉中期国家统治阶级的根本的、整体的、长远的利益，是当时社会政治发展的客观需要，也是对当时社会思想文化的一次总结。

"大一统"理论对中国地主阶级专政社会影响深远。董仲舒提出的这一理论系统，进一步加强了华夏民族维护国家统一、民族团结的传统政治价值取向，并在其后的历朝历代都得到了巩固和强化。

---

① （清）苏舆撰：《春秋繁露义证》，中华书局1992年版，第141页。
② （清）苏舆撰：《春秋繁露义证》，中华书局1992年版，第275~276页。
③ （清）苏舆撰：《春秋繁露义证》，中华书局1992年版，第257~258页。
④ （清）苏舆撰：《春秋繁露义证》，中华书局1992年版，第459页。

第三节
汉武帝的管理思想

武帝是西汉极有作为的帝王,他继位后,"罢黜百家,独尊儒术",将儒学定为管理国家的指导思想,广施德政,同时又兼采法家思想的精华为己所用。西汉王朝在他执政期间达到鼎盛,整个国家的政治、经济、军事、文化等各方面都取得了极大的发展,其"文治武功"令后人瞩目。

一、独尊儒术,兼采法治

西汉前期采用黄老道家无为而治的思想为指导管理国家,一方面确实促进了社会经济的恢复和发展;另一方面却为诸侯王、商贾和豪强地主等地方势力的膨胀提供了有利条件,中央和地方矛盾进一步凸显,高祖时就发生了异姓诸侯的叛乱,文帝时先后发生了同姓王济北王、淮南王的反叛,景帝时更是发生了"七国之乱"。虽然这些叛乱都被平定了,维护了国家的统一,但是,如何处理中央和地方的关系,采取何种思想作为管理国家的指导更有利于加强中央的权威和维护国家的统一?这一重要问题并没有得到很好的解决。武帝前期,虽然儒家思想有所抬头,但很快就被倡导黄老思想的窦太后压制下去了。窦太后去世后迎来了恢复儒学的契机。

公元前134年,汉武帝下诏征求治国方略。董仲舒奏《举贤良对策》,系统地提出了"天人感应"、"大一统"学说和"罢黜百家,独尊儒术"的主张,与武帝一拍即合。《举贤良对策》云:"《春秋》大一统者,天地之常经,古今之通谊也。今师异道,人异论,百家殊方,指意不同,是以上亡以持一统;法制数变,下不知所守。臣愚以为诸不在六艺之科、孔子之术者,皆绝其道,勿使并进。邪辟之说灭息,然后统纪可一而法度可明,民知所从矣。"(《董仲舒传》)[①] 于是武帝决定"罢黜百家,独尊儒术"。从此,儒学取代黄老道家之学

[①] (东汉)班固撰:《汉书》,中华书局1962年版,第2523页。

| 秦汉国家管理思想 |

成为国家管理的指导思想，武帝以儒家的伦理道德标准作为臣民的行为准则，甚至以《春秋》决狱，将儒家经典当作法律，太学中设五经博士，并不断地从太学中选拔优秀博士弟子加入国家管理阶层，崇尚儒学的公孙弘以平民入仕，后来官至丞相并封侯。由是天下学士竞相仿效，崇尚儒学就成了一种具有重要影响的社会风尚。这标志着西汉"王道"时代来临，它以受命于天的形式实现了武帝大一统的意志，以天命不可违的神学政治树立了皇权不可动摇的权威。武帝通过尊儒的形式将皇权意识融入渗透到社会心理之中，使社会思想文化的构成浸透着帝王的神圣色彩。

武帝在思想上尊儒的同时，在管理国家的具体实践中又兼采实用而又易见速效的法家思想，以法治国。他即位之初，外事四夷，内事兴作，尤其是发动对匈奴的战争激化了社会矛盾。《汉书·刑法志》云："及至孝武即位，外事四夷之功，内盛耳目之好，征发烦数，百姓贫耗，穷民犯法，酷吏击断，奸轨不胜。"① 元光五年（公元前130年）7月，他任命张汤、赵禹定律令。这次条定的律令有两个特点：一是法令文深、严苛。《汉书·张汤传》说张汤"与赵禹共定律令，务在文深，拘守职之吏"。② 二是法令条文繁多而严密。《汉书·刑法志》云，武帝"于是招进张汤、赵禹之属，条定法令，作见知故纵、监临部主之法，缓深故之罪，急纵出之诛。其后奸猾巧法，转相比况，禁罔浸密。律令凡三百五十九章，辟四百零九条，千八百八十二事，死罪决事比万三千四百七十二事。文书盈于几阁，典者不能遍睹"。③

武帝以法治国，不徇私情，带头秉公执法。《东方朔传》记载，"隆虑公主子昭平君尚帝女夷安公主，隆虑主病困，以金千斤、钱千万为昭平君豫赎死罪"，西汉法律规定可以用钱赎罪，于是武帝批准了隆虑公主的请求。隆虑公主死后，昭平君"日骄，醉杀主傅，狱系内宫"，因为是公主之子，廷尉不敢自作主断，请示武帝决处其罪。武帝"为之垂涕叹息，良久曰：'法令者，先帝所造也，因弟故而诬先帝之法，吾何面目入高庙乎！又下负万民。'乃可其

---

①③ （东汉）班固撰：《汉书》，中华书局1962年版，第1101页。
② （东汉）班固撰：《汉书》，中华书局1962年版，第2638页。

奏，哀不能自止，左右尽悲"。① 再如方士栾大，初经乐成侯丁义推荐，靠欺骗博得武帝信任。武帝封其为五利将军、天道将军、乐通侯等官爵，赐其六颗金印、玉印，还把自己的长女长卫公主嫁给了他。但后来武帝发现了他的行为纯属欺诈，对其处以腰斩，并对推荐栾大的乐成侯丁义也处以弃市。

正因武帝执法不分亲疏贵贱，以自身的行动作表率，才使得当时的各级官吏再不敢贪赃枉法。他用儒家学说统一了人们的思想，又在一定的情况下兼用严刑峻法约束、规范人们的行动，以及镇压诸王叛乱，打击地方豪强和不法商人，从而巩固了社会的稳定，保证各项管理措施的顺利推行，如此德治与法治相辅相成，更有效地强化了中央集权。

二、加强皇权

"罢黜百家，独尊儒术"，实行思想文化一统，必须与政治上的高度集权同时推行，还要得到各级官吏有效的贯彻实施，才能取得良好的成效。武帝掌握国家权力之后，进一步采取了一系列强化皇权、改革吏治的政治措施。

首先，分化、削弱诸侯势力。西汉初期分封制与郡县制并存，异姓之封与同姓之封共处。分封有二等，大者封为王国，小者封为侯国。其中王国多为同姓之封，列侯则多封异姓功臣。刘邦鉴于其所封八位异姓诸王中有七位谋反，于是废除了异姓之封，明令规定非刘氏不得封王。但其后的吕后、惠帝、文帝、景帝时期却分封了许多异姓诸王。随着时间的推移以及社会经济的发展，这些王侯国的势力日渐强大，已经威胁到中央集权和国家的统一。贾谊《治安策》云："天下之势方病大瘇。一胫之大几如腰，一指之大几如股，平居不可屈伸，一二指搐，身虑亡聊。失今不治，必为锢疾，后虽有扁鹊，不能为已。病非徒瘇也，又苦蹠盭。元王之子，帝之从弟也；今之王者，从弟之子也。惠王，亲兄子也；今之王者，兄子之子也。亲者或亡分地以安天下，疏者或制大权以逼天子，臣故曰非徒病瘇也，又苦蹠盭。可痛哭者，此病是也。"② 于是他建议"众建诸侯而少其力"。文帝虽然十分欣赏贾谊的建议，但出于稳定政局的需要，并没有彻底实行，皇权和王权的矛盾也并没有得到根本解决，地方

---

① （东汉）班固撰：《汉书》，中华书局1962年版，第2851～2852页。
② （东汉）班固撰：《汉书》，中华书局1962年版，第2239页。

分权和中央集权的问题依旧存在。景帝时，御史大夫晁错建议"削藩"，虽然引发了"七国之乱"，但终于还是平定了，也维护了国家统一和加强了中央集权。景帝还进一步剥夺和削弱诸侯国的权力，收回王国的官吏任免权，取消"诸侯皆赋"，仅保留其"食租税"之权，并且收夺盐铁铜等利源及有关租税。这样，诸侯王已经不再具有同中央对抗的物质条件。但是诸侯王势力并未彻底解决，武帝时不得不继续采取更彻底的削藩措施。

元朔五年（公元前127年）主父偃建议武帝："令诸侯得推恩分弟子，以地侯之，彼人人喜得所愿。上以德施，实分其国，必稍自销弱矣。"（《主父偃传》）① 武帝采纳了这一建议，颁行"推恩令"，令各地诸侯王在封地之内分封弟子，由中央给予名号。"推恩令"下达后，诸侯王的支庶多得以受封为列侯，不少王国也先后分为若干侯国。按照汉制，侯国隶属于郡，地位相当于县。因此，王国析为侯国，就是王国的缩小和朝廷直辖土地的扩大。这样朝廷不行黜陟而藩国自行分解。元鼎五年（公元前112年），武帝又利用诸侯进奉"酎金"成色、数量不足的问题。以"献黄金酎祭宗庙不如法"（《武帝纪》）②为由，将106名王侯的爵位悉数褫革。如此大规模削藩，基本解除了分封势力对皇权的威胁。此外，武帝严惩违法王侯和采用绝嗣除国的方式，废除了一些王侯。上述举措，很好地消除了地方诸侯对中央的威胁，"其后诸侯唯得衣食租税，贫者或乘牛车"（《高五王传》），③ 分封诸侯名存实亡。

其次，削弱相权。为了加强皇权，武帝采取了削弱相权的措施，逐步将外廷权力转移至内廷：一是强化了内廷中书、尚书机构，使其作用大于外廷。一切文书、奏章、政令皆由内廷官吏执掌，这些官吏可以代表皇帝发号施令，并与皇帝面议政事，甚至弹劾大臣。丞相只能顺命承旨。二是一改以皇戚、功臣宿将为相的传统，让儒生充任丞相。这样就弱化了相权。

最后，完善、加强中央监察制度。为了更有效地管理地方政府各级官吏，武帝于元封五年（公元前106年）将全国划分为13州，每州设部刺史一人。虽然刺史官职并不高，年俸仅600石，却位卑而权重，可以代表皇帝监察13

---

① （东汉）班固撰：《汉书》，中华书局1962年版，第2802页。
② （东汉）班固撰：《汉书》，中华书局1962年版，第187页。
③ （东汉）班固撰：《汉书》，中华书局1962年版，第2002页。

州的2000石俸禄的高官乃至诸侯王。武帝明确规定了这些刺史的监察职权范围，这就是针对郡国守、相、王侯及不法豪强的"六条问事"。虽然部刺史的主要职责是监察，但也有直接断狱之权（时称"诏狱"）。武帝还任用了一批执法严苛的果敢之吏，对不法官吏及豪门势族严肃整治，这对于缓和当时日益激化的社会矛盾，廉洁吏治，加强皇权，都具有积极意义。

三、改革吏治

先秦吏制基本由世袭贵族制与军功制相结合而构成。秦统一后废除了分封制，建立了中央集权制度，但其吏制并不健全，没有一套行之有效的官吏选拔任用制度。西汉初年从高祖到惠帝的吏制亦无新创，到文帝才开始逐步建立了一些较为具体的官吏选举之法。文帝曾数次下诏各地，"举贤良、孝廉"之士对策荐人选吏。这是一种不同于贵族世袭和军功制的选举制度，由于在选举中着重考察乡里人物的评议，所以又称为"察选"。所选的贤良、孝廉之士皆送至中央政府有关部门，供甄别任用。有时皇帝直接策试贤良之士，晁错就是以"贤良文学"应选，经策试并以高策迁为中大夫。这种察选方法虽在文帝时期出现，但尚未成为定制。当时选吏的主要有"赀选"和"任子"两种形式。"赀选"就是以拥有资产多少为前提选拔官吏，没有相当的财产就无缘仕途。如景帝时就规定"今訾（赀）算十以上乃得宦"（《景帝纪》），① 即拥有10万钱资产的人方得为官（后又改为"訾算四得宦"）。"任子"是2000石以上的官吏任满一定后可保举其子弟一人为郎官。武帝为了加强皇权，对吏制进行了重大改革。

首先，加强、完善察选制。武帝十分重视选用贤良、孝廉之士。他即位当年的10月就诏令"丞相、御史、列侯、中二千石、二千石、诸侯相举贤良方正直言极谏之士"（《武帝纪》）。② 之后又数次诏令各地举荐。对于举荐的人才，若他们对策中展现了重要的经世治国之才，如公孙弘、董仲舒等，武帝皆委以重任，并对于嫉能妒贤、举荐不力的官吏严加惩处。更重要的是武帝将这种察选方法进一步完善，并制度化，规定了选士的科目门类以及如何依照各州

---

① （东汉）班固撰：《汉书》，中华书局1962年版，第152页。
② （东汉）班固撰：《汉书》，中华书局1962年版，第155页。

郡人口的数量按比例选拔。这时的察选，对所选者没有任何财产上的规定，这就给广大贫寒之士提供了施展其政治抱负的良机。

其次，兴太学以充实文官体制。兴太学是董仲舒在《举贤良对策》中提出的，武帝采纳了这一建议设立了太学。来自全国各地的学生在太学修完学业后，被中央派往各种政府机构任职。这种办法与察选制、征召制不同，是通过官方办学来为政府培训官员，把选官制度与教育制度有机地结合形成一种新的选拔任命体制。同秦王朝的以吏为师、以法为教相比，兴太学这种"以教为吏"创举，在中国封建地主阶级吏制史上具有开拓意义。西汉中期通过一系列大胆而行之有效的吏制更化举措，为政府培养输送了大批文官，形成"公卿大夫士吏彬彬多文学之士矣"（《儒林传》）①的局面。吏制的创新和完善为武帝加强大一统政治体制提供了组织上的保障。

再次，不拘一格选用人才。政治的统一和国力的强盛为人才的培养和选拔奠定了坚实的基础，而如群星璀璨士人群体也为时代增添了光辉。武帝在选贤授能上从来不拘一格，班固在《公孙弘卜式儿宽传》评之曰："是时，汉兴六十余载，海内艾安，府库充实，而四夷未宾，制度多缺。上方欲用文武，求之如弗及，始以蒲轮迎枚生，见主父而叹息。群士慕向，异人并出。卜式拔于刍牧，弘羊擢于贾竖，卫青奋于奴仆，日磾出于降虏，斯亦曩时版筑贩牛之朋已。汉之得人，于兹为盛。儒雅则公孙弘、董仲舒、儿宽，笃行则石建、石庆，质直则汲黯、卜式，推贤则韩安国、郑当时，定令则赵禹、张汤，文章则司马迁、相如，滑稽则东方朔、枚皋，应对则严助、朱买臣，历数则唐都、洛下闳，协律则李延年，运筹则桑弘羊，奉使则张骞、苏武，将率则卫青、霍去病，受遗则霍光、金日磾。其余不可胜纪。是以兴造功业，制度遗文，后世莫及。"②反映了武帝在选才用人上气度不凡。当他见到主父偃力主削弱地方诸侯势力的奏章，及"徐乐、严安亦俱上书言世务"的奏章后，并当日召见三人，慨然谓曰："公皆安在？何相见之恨晚也！"并拜三人皆为郎中（《主父偃传》）。③ 东方朔初次上书，"文辞不逊，高自称誉"，武帝非但没有怪罪他，反

---

① （东汉）班固撰：《汉书》，中华书局1962年版，第3596页。
② （东汉）班固撰：《汉书》，中华书局1962年版，第2633~2634页。
③ （东汉）班固撰：《汉书》，中华书局1962年版，第2802页。

而"伟之"。对诸多贤能之士，武帝均能"程其器能，用之如不及"。如当时黄河水患严重，危及该流域范围人民的生产生活。公元前129年武帝采纳了大臣郑当时的建议，委派著名水利学家徐伯治水，征发兵卒数万开凿了漕渠，使自关东（函谷关以东）至长安的农田得到了灌溉，保证了农业的丰收；也使关东至长安的漕运时间，较之过去节省了一半的时间。又如征和四年（公元前89年）武帝任命著名农学家赵过为搜粟都尉管理农业生产。赵过在总结了广大农民的生产经验的基础上创造了"代田法"："过能为代田，一亩三甽。岁代处，故曰代田，古法也。"这种新的轮种法，深耕细作，"用力少而谷多"。"其耕耘下种田器，皆有便巧。率十二夫为田一井一屋，故亩五顷，用耦犁，二牛三人，一岁之收常过缦田亩一斛以上，善者倍之。"（《食货志》）① 可见武帝的知人善任。武帝还能宽容那些直言敢谏之士，汲黯曾面责他："陛下内多欲而外施仁义，奈何欲效唐虞之治乎？"尽管武帝"变色而罢朝"，但事后仍称赞其为"社稷之臣"（《汲黯传》）。②

最后，博开艺能之路。作为察选方法举荐人才的补充，武帝也注意网罗天下艺能之士，"博开艺能之路，悉延百端之学，通一伎之士咸得自效，绝伦超奇者为右，无所阿私，数年之间，太卜大集"（《龟策列传》）。③ 如元狩六年（公元前117年），武帝专门派遣博士6人"分循行天下"以征召名士。他还专设"公车司马"一职以掌管"天下上书事"，鼓励吏民上书言事，他对此事十分关注，经常不厌其烦亲自阅览所上奏章。如主父偃、朱买臣等人，均由公车上书而受到武帝重用。

四、以德治农，以法治商

（一）以德治农

武帝在农业上实行德政。他极为重视对农业的管理，为了使农民能把时间和精力都用在农业上，他采取了一系列措施。这些措施包括打击豪强、迁徙东方大族、没收商人土地、开垦荒地等方式扩大耕地面积，以及"假民公田"、

---

① （东汉）班固撰：《汉书》，中华书局1962年版，第1139页。
② （东汉）班固撰：《汉书》，中华书局1962年版，第2317页。
③ （西汉）司马迁撰：《史记》，中华书局1959年版，第3224页。

屯田、屯垦等使农民拥有足够耕种的土地。他推行大亩制来增加农民耕地的使用面积。西汉初期一些地区在亩制上使用周制，"六尺为步，步百为亩"（《食货志》），① 方100步为一亩。武帝时推行大亩制。《盐铁论·未通篇》云："古者制田百步为亩，民井田而耕，什而藉一……先帝（武帝）哀怜百姓之愁苦，衣食不足，制田二百四十步而一亩，率三十而税一。"② 大亩制使耕种面积增加了约1.4倍，有利于发展农业经济。盐铁会议上御史大夫把武帝时推行大亩制后耕地面积增加，赋税仍然是三十税一，当作武帝的德政陈述，而贤良文学对此未有异议，可见这种政策在当时确属事实。

武帝十分重视兴修水利，他统治期间兴起了西汉兴修水利的高潮，关中开凿了许多渠道，主要有漕渠、白渠、龙首渠、六辅渠、灵轵渠、成国渠等，形成了一个纵横交错的水利网。关中以外，当时的朔方、西河、酒泉、汝南、九江、东海、泰山等地都有灌溉万顷以上的大渠。其他各种小型水利工程就更多了。首先开凿的是漕渠，武帝于元光六年（公元前129年）命水利专家徐伯主持这项工程，3年完成。漕渠凿成后，西起长安，东通黄河，运程只有300余里（原先运程是900余里），漕运时间减少了一半；还可灌溉田地1万余顷。除漕渠外，白渠最为著名。该渠始凿于太始二年（公元前95年），西起谷口（今陕西礼泉东北），东入栎阳（今陕西西安市内），引泾水，注入渭水，长200里，与郑国渠平行，溉田4500余顷。西北地区的朔方、西河、陇西、酒泉等郡，都开渠引黄河或川谷的水以溉田。中原地区的汝南、九江等郡，引淮水以溉田。泰山下引汶水以溉田。其他新开水渠、陂池很多，溉田在数千顷乃至万顷以上。

武帝修治黄河也是一项重大功绩。黄河于元光三年（公元前132年）夏在瓠子（今河南濮阳南）决口，水经瓠子河入巨野泽，流于淮、泗，受灾地区达16郡。武帝曾发卒10万人治理黄河，但不见功效。元封二年（公元前109年），他自泰山回长安途中，亲临黄河瓠子决口处，征发数万兵卒，并令"从

---

① （东汉）班固撰：《汉书》，中华书局1962年版，第1119页。
② （西汉）桓宽著：《盐铁论》，第17页，见《诸子集成》（第七册），中华书局2006年版。本著所引《盐铁论》语句，皆出自《诸子集成》本，下文同。

臣将军以下皆负薪塞河堤"(《武帝纪》),① 但因柴薪少,他就命令砍伐皇家园林的竹子,最后将决口堵住了。经过这次修治,黄河才流归故道,此后80年间未成大灾。武帝时期兴修的水利工程,数量之多、地域之广、规模之大都是空前的。

据班固《武帝纪》记载,武帝还多次下诏尊高年,免赋役,赐天下鳏寡孤独以米、帛等财物。他努力实行一系列德政措施造福于人民,在一定程度上缓和了因数次出击匈奴加剧的各种社会矛盾。

(二)以法治商

与以德治农相反,武帝以法治商。西汉初年以黄老道家的思想为指导,无为而治,政府不与民争利,经济政策较为宽松,铸币、煮盐、冶铁任由民间自便,相关措施适应了汉初恢复社会经济的需要,所以促进了工商业的恢复和发展。但是,盐铁私营导致富商大贾与国争利,不仅极大地减少了国家的财赋收入,也影响了农业发展。一些盐铁商人富比王侯,卓氏之富"倾滇蜀之民";程郑久居临邛,"富埒卓氏";南阳孔氏"家致富数千金";曹邴氏"以铁冶起,富至巨万"(《货殖列传》)。② 许多农民为了追求利益,弃农从商。武帝时期由于长期对匈奴进行频繁的战争,加之兴建各项水利、土木工程以及统治者挥霍浪费,国家财政日蹙。从元朔至元狩年间数次大规模出击匈奴,加之移徙灾民,国家财政越加困难,"富商大贾或蹛财役贫,转毂百数,废居居邑,封君皆低首仰给。冶铸煮盐,财或累万金,而不佐国家之急,黎民重困"(《平准书》)。③ 武帝认识到铸币、煮盐、冶铁等民间经营极大地减少了财政收入,经济大权旁落,地方王侯及富商疯狂聚敛钱财,在很大程度上操控了国家经济命脉。于是他不再坐视不管,采取了一系列经济改革和管理措施,打击富商大贾,拯救国家经济。

首先,实行盐铁官营政策。古代盐和铁都是关系到国计民生的重要商品。战国以来许多商人经营盐铁致富。武帝执政前期,盐铁民营。随着国家因数次对匈奴用兵而造成的财政困难,武帝采纳了盐铁丞孔仪、东郭咸阳的建议:

---

① (东汉)班固撰:《汉书》,中华书局1962年版,第193页。
② (西汉)司马迁撰:《史记》,中华书局1959年版,第3277~3279页。
③ (西汉)司马迁撰:《史记》,中华书局1959年版,第1425页。

"山海，天地之藏也，皆宜属少府，陛下不私，以属大农佐赋。愿募民自给费，因官器作煮盐，官与牢盆。浮食奇民欲擅管山海之货，以致富羡，役利细民。其沮事之议，不可胜听。敢私铸铁器煮盐者，钛左趾，没入其器物。郡不出铁者，置小铁官，便属在所县。"(《平准书》)① 将盐铁经营收归国有，私人不许私自铸铁、煮盐，盐铁生产由政府直接管理。他先后任命、重用了商贾子弟桑弘羊、齐地盐商东郭咸阳、南阳冶铁商人孔仅三位理财专家负责盐铁官营专卖政策的实施。于是在全国各地设盐官38处，铁官48处，统归大司农管辖，直属中央政府，对武帝负责。这样，盐铁之利完全收归国有，充实了国家财赋。

其次，实行均输、平准，稳定物价。均输、平准是中国古代为解决贡物运输和物价管理而提出的思想和政策措施。武帝元鼎二年（公元前115年），桑弘羊任大农丞时就创行试办均输法。到元封元年（公元前110年）他升任治粟都尉兼领大农令后，便着手大力推行。当时各郡国诸侯都必须把本地的土特产品作为贡物输送中央，这不仅要征用大量农民从事劳役，妨碍农业生产，而且贡物运到京师后按市价出售，还不足以偿付车船运费。这不仅是因为稍远郡国交通不便，转运困难，贡品在长途运输中损坏或变质；也因为有些贡品在当地为优品，运到京师后与其他地区同类产品比较就属于劣品，其售价更不能抵偿运费。桑弘羊创行均输法主要就是为了克服这些弊端。其具体内容是：先在各郡国设置均输官吏，令工官造车辆，加强运输力量，各郡国应交的贡品，除特优者仍应直接运送京师外，一般贡品则按当地市场价格，折合成当地丰饶而价廉的土特产品，交给均输官，由他负责运到其他价高地区销售。这样，既可免除各郡国输送贡物入京的繁难，减轻农民的劳役负担，又可避免贡物在运输中损坏和变质，增加国家财政收入。

平准法是与均输法同时提出的管理财政经济的法规，是国家运用手中掌握的大量物资和经济力量，贵时抛售，贱时收买，以稳定市场物价的一种经济管理活动。桑弘羊于武帝元封元年大力推行均输法时创设平准法。为了执行这一措施，他在京师长安设置了平准机构，专门管理此事。桑弘羊创设平准法的经济原因：一是在朝廷实行告缗令和国家统一铸币后，国库充盈，曾一度发给中

---

① （西汉）司马迁撰：《史记》，中华书局1959年版，第1429页。

央各部门一定数量的现金让其自由支配,这些部门利用手中现金在市场上竞相争购,致使曾经下跌的物价重又上涨。为了平抑物价,设置了平准机构。二是大力推行均输法后,在各郡国收购的物资中仍有大量要运京师出售。为了防止富商大贾操纵市场牟取暴利,也有必要设立平准机构。由于武帝采用了均输、平准等一系列新经济管理政策,国家财政得以复兴。

再次,统一货币,铸五铢钱。统一币制,将铸币和货币发行权归中央政府管理,是武帝管理财政、改革经济的又一重要举措。西汉初年各地诸侯可以自行发行货币,甚至个别人(如邓通)也可以发行货币,给中央财经管理和商品流通造成了很大的混乱。政府铸币时也没有规格,就更加剧了盗铸之风。元狩五年(公元前118年)武帝果断决定将铸币权统一收归中央管理,具体由上林三官(钟官、技巧、辨铜)负责铸币,故又称"上林三官钱"。严禁私人造币,违者处以极刑。经过数次更变后才正式决定采用五铢币。这种铜币质量较好,私铸无利可图,从而收到了统一钱币的效果。而且便于携带,非常有利于流通。

最后,推行算缗、告缗之法,向富商大贾及高利贷者征收财产税。武帝为了增加国家的财政收入,解决财政危机。他依据御史大夫张汤和侍中桑弘羊的建议,颁布了打击富商大贾的算缗令和告缗令。他元狩四年(公元前119年)下令推行算缗法,向商贾们征收资产税和车船税。据《史记·平准书》记载,这两项法令包括以下内容:一是凡属工商业主、高利贷者、囤积商等,不论有无市籍(汉代商人另立户口册,叫作市籍),都要据实向政府呈报自己的财产数字,并规定凡二缗(一缗为1000钱)抽取一算,即120文(有说200文)。而一般小手工业者,则每四缗抽取一算。这叫作"算缗"。二是除官吏、三老(乡官,掌教化)和北边骑士外,凡有轺车(小马车)的,一乘抽取一算;贩运商的轺车,一乘抽取二算;船5丈以上的抽取一算。三是隐瞒不报或呈报不实的人,罚戍边一年,并没收他们的财产。有敢于告发的人,政府赏给他没收财产的一半,这叫做"告缗"。四是禁止有市籍的商人及其家属占有土地和奴婢,敢于违抗法令的,即没收其全部财产。算缗法的实施增加了国家财政收入,引起富商们的极大不满。他们采取隐匿资财的办法来对抗新税法。对此,下达算缗令之后的第二年和第五年,武帝又两次颁布了更加严厉的算缗令,规定检举、告发违反算缗法的人，可得到所告者一半的资财。当时主管告缗的是杨可，告缗令发布后，很快形成了"杨可告缗遍天下，中家以上大抵遇告"（《食货志》）[①] 的风潮，许多富商因此下狱破产，国库也日益丰足充实，从而化解了窘迫的财政危机。

由于武帝推行了一系列经济改革政策和管理措施，国家经济活力明显增强，财政状况也得到了改善，打击抑制了豪强的经济势力，也缓和了日趋尖锐的社会矛盾，对加强中央集权起到了积极作用。

五、兵礼交用，维护和平

从西周开始，北方的游牧民族就武装威胁着中原政权。秦时北方的匈奴屡屡犯边，对秦王朝的统治构成严重的威胁。始皇因此派蒙恬抗击匈奴，并修筑了5000余里的秦长城。汉高祖曾亲率大军征讨匈奴，但并未取得胜利。之后，为了边境的安宁和恢复发展国内经济，高祖采用了和亲政策。文帝、景帝继承了高祖的和亲政策，休养生息，但匈奴仍然不时出兵犯境。这一状况一直延续到武帝初年。武帝的政治生涯最引人注目的就是抗击匈奴。元光二年（公元前133年），他命将屯将军王恢统军30余万，埋伏于马邑（今山西朔州）左右山谷中。企图诱歼匈奴。因消息走漏，无功而返。其后，汉朝与匈奴之间发生较大的战事有10余次之多。其中，汉军主动出击匈奴的先后有9次，重大战役有3次。

（一）河南之战，又称漠南之战

元朔二年（公元前127年）冬，匈奴贵族以2万骑兵入侵上谷（今河北怀来县）、渔阳。武帝派卫青率3万骑出云中（今内蒙古托克托县），于河套一带大破匈奴楼烦王、白羊王所率军队，俘敌数千，并一举收复了河套地区。此役的胜利极大地缓解了长期以来匈奴对长安的威胁，也是武帝抗击匈奴的第一次重大胜利。以后，为巩固黄河防线，确保京师安全，武帝采纳了主父偃的建议，设置了朔方郡、五原郡，移民10万屯垦，又修复了秦朝沿黄河所筑的长城，派兵驻守。这些举措为以后汉军主动出击匈奴奠定了坚实的基础。

---

① （东汉）班固撰：《汉书》，中华书局1962年版，第1170页。

（二）河西之战

河西之战主要分为两个阶段：第一阶段，武帝在连续取得河南、漠南之战的胜利后，单于及右贤王部远遁大漠以北。河西走廊匈奴势单力薄，但从地理态势看对西汉威胁依然较大。武帝决定抓住这一战机，对河西（今河西走廊和湟水流域）的匈奴浑邪王、休屠王等部发起进攻。元狩二年（公元前121年）春，武帝派霍去病为骠骑将军率精骑万人，自陇西（今甘肃临洮）出发进击河西匈奴，转战千余里，击杀匈奴折兰王、卢胡王、虏浑邪王之子及相国、都尉，获休屠王祭天金人，共斩获近9000人。在取得河西之战第一阶段的胜利后，武帝命令军队稍事休整，于元狩二年夏天，发起第二阶段的河西之战。派骠骑将军霍去病与合骑侯公孙敖率数万骑兵出北地（今甘肃庆阳西北），分两路进击河西匈奴。李广、张骞等名将均参加了这一阶段的战争。经过艰苦卓绝的奋战，汉军斩杀3.2万余骑，前后降服匈奴6500余人，其中包括单桓王、稽沮王、呼于屠王等诸王及贵族120余人。汉军亦损失惨重，霍去病部损失3/10，李广部死伤过半。战后，匈奴浑邪王率4万余众降汉。河西走廊匈奴基本肃清，汉廷遂减北地以西戍卒之半。

（三）漠北之战

漠南、河西之战后，单于虽率部远徙漠北，但仍不断地攻掠汉朝北部边郡，企图诱汉军越过大漠，以逸待劳击灭汉军。元狩四年（公元前119年）春，武帝派遣大将军卫青、骠骑将军霍去病各率5万骑兵分两路进军漠北，寻歼匈奴主力。并组织步兵数十万、马数万匹以保障作战。单于部署精兵于大漠北缘迎击汉军。武帝令霍去病部出代（今河北蔚县东北），命卫青部出定襄。卫青令李广、赵食其从东路迂回策应，自己亲率大军行军千余里，穿过大漠与单于本部接战，并指挥骑兵从侧翼包围单于。单于见汉军势大，率精骑数百突围逃走，匈奴军溃散。共歼敌近2万人，烧其积粟而还。霍去病率部出塞后，同右北平郡（治今内蒙古宁城西南）太守路博德部会师，然后穿过大漠，与匈奴左贤王部遭遇。汉军奋力战斗，匈奴兵溃逃。霍去病率部穷追至狼居胥山（今蒙古人民共和国乌兰巴托东，一说今内蒙古克什克腾旗西北）等地，歼敌7万余人而还。

此后，解除了陇西、北地、河西一带匈奴的威胁，进一步切断了匈奴与西羌的联系，打开了至西域的通道，为其后内地与西域各国的友好往来开辟了道路。

秦汉国家管理思想

在战场上取得胜利后，武帝对匈奴降众普施恩德，提拔重用归顺的少数民族人才。如元狩二年（公元前121年）匈奴数万人归降，武帝将他们安置在西北沿边五郡，称五属国。《卫将军骠骑列传》云："（武帝）乃分徙降者边五郡故塞外，而皆在河南，因其故俗，为属国。"注引《正义》曰："五郡谓陇西、北地、上郡、朔方、云中，并是故塞外。"又云："以降来之民徙置五郡，各依本国之俗而属于汉，故言'属国'也。"① 属国各依其旧俗，由原来的首领继续管理本族事务，汉设属国都尉以保卫属国安全，协调与周围民族的关系。这种尊重少数民族的风俗习惯和社会制度的管理办法，深得匈奴及其他少数民族的拥护。武帝还大量使用归降的少数民族将相，据班固《汉书·景武昭宣元成功臣表》记载，武帝封侯75人中许多是少数民族。典型的如匈奴归降的金日䃅封侯之后，还成为武帝临终托孤的顾命大臣。

西汉时西域计有大小36国。武帝派人出使西域的最初动机，是为了联络大月氏共同抗击匈奴。他于建元二年（公元前139年）派张骞出使西域。张骞经过12年的艰难曲折才辗转归来。张骞这次出使虽未能如愿，但却带来了大量西域各国的地理、经济、政治、物产等资料情况。促进武帝制定了一个沟通西域、开发西南、拓展帝国的宏伟构想。之后他于元狩四年（公元前119年）又派张骞率领300余人出使西域，发展与西域各国的友好关系。张骞两次出使西域，沟通了汉朝与西域诸国的友好往来，推进了相互之间的文化交流。此后，西域诸国同汉朝的往来频繁。汉朝先进的铸铁术、耕作技术及丝绸织品等丰富的物产沿着这条"丝绸之路"传入西域。西域的物产如骆驼、蚕豆、大蒜、胡萝卜、胡桃、西瓜、石榴、黄瓜、葡萄等，文化方面如胡戏、舞蹈、建筑术、雕塑等，也由此路传入中原地区，丰富了华夏文明。

在出击匈奴、沟通西域的同时，武帝还先后对闽越、南越、西南用兵，进一步拓展疆域。他对这些地区同样采取了兵礼交用的策略，用兵为下，攻心为上，发展同他们的友好交往。先后派张骞出使身毒、滇国，派严助出使南越，除了没有到达身毒，其他目标都实现了。这些往来进一步促进了境内各民族间的融合。

---

① （西汉）司马迁撰：《史记》，中华书局1959年版，第2934页。

第四节

司马迁的管理思想

司马迁不仅是西汉伟大的史学家、文学家,也是伟大的思想家,《史记》不仅一次把政治、经济、文化各个方面与历史学融合起来撰写,开拓了历史学的新领域;还通过对重要历史人物和事件的叙述表明自己推崇德治,反对暴政的思想。值得重视的是,司马迁在《史记》中专设《货殖列传》和《平准书》,间接表达了自己的经济管理思想。《史记》不同于先秦、汉初诸子的表现方式,诸子大都采用理论论证形式,一般都论点鲜明,论据充分,论证有力,极具理论色彩。司马迁表达的思想则是"见之于行事",用事实说话。《太史公自序》引用孔子的话:"子曰:'我欲载之空言,不如见之于行事之深切著明也。'"[①]他非常赞同孔子通过选择具体的历史事件作为载体来表达思想的做法,这是一方面。另一方面,他还在每篇传记后附以"太史公曰"的形式加以点评,直接表达自己的思想见解。

一、倡扬德治,反对暴政

司马迁在《报任安书》陈说了写《史记》的过程:"网罗天下放失旧闻,略考其行事,综其终始,稽其成败兴坏之纪。"[②]他考察历史逸闻和事件,从中钩稽出"成败兴坏之纪",探讨成败兴坏的普遍规律,以便给后人提供借鉴。

首先,司马迁提倡德治。这一思想体现在十二本纪的精心安排中。十二本纪在当时可划分为上古、近古、今世三大阶段。五帝、夏、殷、周四篇本纪记上古;秦、秦始皇、项羽三篇本纪记近古;汉代诸帝等五篇本纪记今世。其中,上古史的中心思想是论述儒家宣扬的"德政"的兴衰。《五帝本纪》突出记述了尧、舜、禹禅让,是典型的德政,司马迁总结曰:"自黄帝至舜、禹,

---

[①] (西汉) 司马迁撰:《史记》, 中华书局 1959 年版, 第 3297 页。
[②] (清) 严可均校辑:《全上古三代秦汉三国六朝文》(第一册), 中华书局 1958 年版, 第 272 页。

皆同姓而异其国号，以章明德。"① 他认为"明德"是五帝三王治理国家的核心指导思想。近古史重点叙述春秋战国至秦汉之际霸政兴衰的历史，表达了"力政"必然给民众带来灾难的思想。今世史叙述西汉王朝施行"德力结合"之治，高祖以力取天下，又提倡无为而治，管理上德力结合；文帝"专务以德化民"（《孝文本纪》），②"汉兴，至孝文四十有余载，德至盛也"（《孝文本纪》）；③武帝兼用儒法，施行"力政"，致使建元以后，由于过度使用国家民力财力，国势已露衰颓之景。司马迁通过叙述历史，表达了只有施行"德政"，国家才能长治久安的思想。

其次，司马迁不提倡力政，更反对暴政。他在《秦始皇本纪》中叙述秦始皇统一六国后到处巡视，刻石记功，治宫室、修陵墓，焚书坑儒，徭役赋敛无度等；《李斯列传》中叙述秦始皇去世后赵高弄权，李斯受制于赵高，秦二世严法酷刑，滥杀无辜；《蒙恬列传》中叙述蒙恬轻用民力，暴兵露师；《陈涉世家》中还叙述了秦王朝法令严酷，逼反人民。通过这些记述，表达了秦王朝灭亡最主要的原因是其行暴政，严刑峻法，不惜民力。

与秦的暴政相反，西汉前期以黄老道家无为而治的思想为指导，顺民之欲，与民休息。司马迁称颂对惠帝、吕后："政不出房户，天下晏然。刑罚罕用，罪人是希。民务稼穑，衣食滋殖。"（《吕太后本纪》）④《货殖列传》进一步解释："故善者因之，其次利道之，其次教诲之，其次整齐之，最下者与之争。"⑤ 认为与民争利的暴政是最下等的。通过这些对比，可以看出司马迁认为国家治乱兴衰的关键是顺从民俗，管理者要承认并合理引导民众的欲望，做到"人各任其能，竭其力，以得所欲……各劝其业，乐其事，若水之趋下，日夜无休时，不召而自来，不求而民出之。岂非道之所符，而自然之验邪？"（《货殖列传》）⑥ 因此，张大可云："司马迁创立一家之言的方法和目的，就是通过究天人之际，通古今之变来寻求治道的规律，回答何以有汉朝兴起的历史

---

① （西汉）司马迁撰：《史记》，中华书局1959年版，第45页。
② （西汉）司马迁撰：《史记》，中华书局1959年版，第433页。
③ （西汉）司马迁撰：《史记》，中华书局1959年版，第437页。
④ （西汉）司马迁撰：《史记》，中华书局1959年版，第412页。
⑤ （西汉）司马迁撰：《史记》，中华书局1959年版，第3253页。
⑥ （西汉）司马迁撰：《史记》，中华书局1959年版，第3254页。

发展。"① "司马迁研究历史，探寻治乱规律，颂扬大一统，为后王立法，为人伦立准则，目的只有一个，就是为天下长治久安，总结经验，提供方略。"②

司马迁在《高祖功臣侯者年表序》中云："居今之世，志古之道，所以自镜也，未必尽同。帝王者各殊礼而异务，要以成功为统纪，岂可绳乎？观所以得尊宠及所以废辱，亦当世得失之林也，何必旧闻？"③ 表达了其创作《史记》的目的之一是通过对历史事件和人物的记述，为当代管理者提供借鉴，即志古为镜。如秦国原是偏于一隅的小诸侯国，民穷地瘠。但自襄公始开始逐渐强大，被封为诸侯，并得到岐山以西之地。到穆公时实施人才强国战略，选贤授能，益国十二，拓地千里，遂霸西戎。孝公布惠施德于民，重用商鞅，实施变法，结果使秦更加强大，为统一六国奠定了坚实的基础。然而，在始皇统一天下之后，"怀贪鄙之心，行自奋之智，不信功臣，不亲士民，废王道，立私权，禁文书而酷刑法，先诈力而后仁义，以暴虐为天下始"，仍然"其道不易，其政不改"，所以其亡"可立而待"。（《过秦论》）④ 作者详细记述了秦国由弱渐强，并一统天下；然后由强变弱，最后土崩瓦解的过程，并引用贾谊《过秦论》之语对始皇的暴政给予批评，其目的就是给西汉及以后的国家管理者提供借鉴。《史记》中这样的事例很多，此处从略。

二、富民重商

司马迁在《平准书》和《货殖列传》中记述了从上古至其生活的武帝时期的社会经济状况和对经济的各种管理措施，反映了他的经济管理思想和财富观念。他把社会经济的发展状况与政治的治乱兴衰联系起来，注意历史上经济管理对政治的影响。《平准书》云："齐桓公用管仲之谋，通轻重之权，徼山海之业，以朝诸侯，用区区之齐显成霸名。魏用李克，尽地力，为强君。"⑤ 齐桓公成为春秋五霸之一、魏国强盛都是重用谋臣和发展经济的结果。在记述秦国的历史时，他也重视经济盛衰与政治成败的内在联系。商鞅变法之后秦国富强

---

① 张大可：《史记研究》，华文出版社 2002 年版，第 266～267 页。
② 张大可：《史记研究》，华文出版社 2002 年版，第 534～535 页。
③ （西汉）司马迁撰：《史记》，中华书局 1959 年版，第 878 页。
④ （西汉）司马迁撰：《史记》，中华书局 1959 年版，第 283 页。
⑤ （西汉）司马迁撰：《史记》，中华书局 1959 年版，第 1442 页。

起来，还兴修水利，开郑国渠，"于是关中为沃野，无凶年，秦以富彊，卒并诸侯"（《河渠书》）。① 经济凋敝是秦朝灭亡的直接原因。《平准书》云："及至秦，中一国之币为二等，黄金以溢名，为上币；铜钱识曰半两，重如其文，为下币。而珠玉、龟贝、银锡之属为器饰宝藏，不为币。然各随时而轻重无常。于是外攘夷狄，内兴功业，海内之士力耕不足粮饷，女子纺绩不足衣服。古者尝竭天下之资财以奉其上，犹自以为不足也。"② 秦朝虽然统一了全国的货币，但由于其经济管理上的混乱，货币"各随时而轻重无常"，加之"外攘夷狄，内兴功业"，致使"海内之士力耕不足粮饷，女子纺绩不足衣服"，民生无继，于是爆发了农民起义，推翻了秦王朝。

司马迁认为经济利益是人类从事各项社会活动的基本目的，管理好经济是管理者的一项重要任务。《货殖列传》云："贤人深谋于廊庙，论议朝廷，守信死节隐居岩穴之士设为名高者安归乎？归于富厚也。是以廉吏久，久更富，廉贾归富。富者，人之情性，所不学而俱欲者也。故壮士在军，攻城先登，陷阵却敌，斩将搴旗，前蒙矢石，不避汤火之难者，为重赏使也。其在闾巷少年，攻剽椎埋，劫人作奸，掘冢铸币，任侠并兼，借交报仇，篡逐幽隐，不避法禁，走死地如骛者，其实皆为财用耳。今夫赵女郑姬，设形容，揳鸣琴，揄长袂，蹑利屣，目挑心招，出不远千里，不择老少者，奔富厚也。游闲公子，饰冠剑，连车骑，亦为富贵容也。弋射渔猎，犯晨夜，冒霜雪，驰阬谷，不避猛兽之害，为得味也。博戏驰逐，斗鸡走狗，作色相矜，必争胜者，重失负也。医方诸食技术之人，焦神极能，为重糈也。吏士舞文弄法，刻章伪书，不避刀锯之诛者，没于赂遗也。农工商贾畜长，固求富益货也。此有知尽能索耳，终不馀力而让财矣。"③ 他分析了社会上各类职业人士从事相关社会活动的经济原因，并对人们正常的求富思想做了肯定，"故曰：'天下熙熙，皆为利来；天下攘攘，皆为利往。'夫千乘之王，万家之侯，百室之君，尚犹患贫，而况匹夫编户之民乎！"（《货殖列传》）④ 因为求富是人们的普遍追求，因此，管理好

---

① （西汉）司马迁撰：《史记》，中华书局1959年版，第1408页。
② （西汉）司马迁撰：《史记》，中华书局1959年版，第1442～1443页。
③ （西汉）司马迁撰：《史记》，中华书局1959年版，第3271页。
④ （西汉）司马迁撰：《史记》，中华书局1959年版，第3256页。

第三章　西汉中期的管理思想

国家的各项经济活动至关重要。《货殖列传》又云："谚曰：'百里不贩樵，千里不贩籴。'居之一岁，种之以穀；十岁，树之以木；百岁，来之以德。德者，人物之谓也……庶民农工商贾，率亦岁万息二千，百万之家则二十万，而更徭租赋出其中。衣食之欲，恣所好美矣……然是富给之资也，不窥市井，不行异邑，坐而待收，身有处士之义而取给焉。若至家贫亲老，妻子软弱，岁时无以祭祀进醵，饮食被服不足以自通，如此不惭耻，则无所比矣。是以无财作力，少有斗智，既饶争时，此其大经也。今治生不待危身取给，则贤人勉焉。是故本富为上，末富次之，奸富最下。"① 管理经济首要的是引导人们树立正确的经营观念，不仅包含对不同的商品采取不同的经营方法，还包含树立经济活动的道德观念，所谓"本富为上，末富次之，奸富最下"。

司马迁还认为财富可以直接对人们的社会地位和思想道德观念产生重要影响，因此，经济管理直接影响政治管理。财富同权势地位密切关联，《货殖列传》记述了若干此类事例。如孔子的弟子子贡经商致富，"结驷连骑，束帛之币以聘享诸侯，所至，国君无不分庭与之抗礼。夫使孔子名布扬于天下者，子贡先后之也。此所谓得埶而益彰者乎？"② 子贡从商致富而能与国君分庭抗礼，可见其地位之高；就连孔子名扬天下也是子贡传布的结果，而这种宣扬又与子贡的经济地位密切关联。秦和西汉初年虽然重农抑商，但富有的商人仍然可以改变他们的社会地位。靠经营畜牧业发财的倮，致使"秦始皇帝令倮比封君，以时与列臣朝请"；四川的寡妇清，"其先得丹穴，而擅其利数世，家亦不訾……秦皇帝以为贞妇而客之，为筑女怀清台"。③ 因此，只要富有，"千金之家比一都之君，巨万者乃与王者同乐"。④《货殖列传》又云："凡编户之民，富相什则卑下之，伯则畏惮之，千则役，万则仆，物之理也。"⑤ 认为当时财富占有的多寡已经决定人们的社会地位高下，经济地位已经决定人与人之间的社会关系。经济地位还影响人们的道德观念。司马迁《货殖列传》云："'仓廪实而知礼节，衣食足而知荣辱。'礼生于有而废于无。故君子富，好行其德；

---

① （西汉）司马迁撰：《史记》，中华书局1959年版，第3271～3272页。
② （西汉）司马迁撰：《史记》，中华书局1959年版，第3258页。
③ （西汉）司马迁撰：《史记》，中华书局1959年版，第3260页。
④ （西汉）司马迁撰：《史记》，中华书局1959年版，第3282～3283页。
⑤ （西汉）司马迁撰：《史记》，中华书局1959年版，第3274页。

小人富，以适其力。渊深而鱼生之，山深而兽往之，人富而仁义附焉。"① 认为财富是道德的物质基础，而道德观念依附于财富。这一思想含有唯物主义的成分。

班固的《司马迁传》评价《史记》曰："序游侠则退处士而进奸雄，述货殖则崇势利而羞贱贫，此其所蔽也。"②这种评价失之公允，司马迁客观"述货殖"，从《史记》中看不出其"崇势利而羞贱贫"的目的。司马迁注意到人们的经济生活对其他社会生活的重要性，认为要因势利导，适当满足人们对物质利益的追求，而不应该禁止这种追求，更不应该与民争利。他从社会发展的角度，认为农、工、商等行业都是不可或缺的。人们不应该轻视货殖，相反，要给予足够的重视。这些都是极具卓见的见解。他陈述了当时社会的客观现实，有钱则名誉地位随之，犯了法还可用钱去赎，所谓"千金之子，不死于市"。"故曰：'天下熙熙，皆为利来；天下攘攘，皆为利往。'夫千乘之王，万家之侯，百室之君，尚犹患贫，而况匹夫编户之民乎！"（《货殖列传》）③ 富有的子贡使孔子名声大振，春秋时期金钱就具有如此巨大的作用。到了汉代，这种作用进一步深入到社会的各个领域。从司马迁的这一观点出发可以推出这样的结论，即经济管理已经直接影响政治管理了。

三、商业管理

西汉中期国民经济已经进一步充实和发展，商业管理表现出以下两个方面的主要特征：首先，全国各地各个生产部门更紧密地结合在一起，互相依存，密切相关，不可分割。所有的农产品、手工业品、天然矿产品、林牧副渔之类的采集猎获品等，只要具备了一定的使用价值而成为生活必需品、便利品以及为人们喜好的奢侈品，就都成了商品经营的对象，被纳入国民经济的整体之中。《史记》叙述了这一繁荣的经济状况："夫山西饶材、竹、榖、纻、旄、玉石；山东多鱼、盐、漆、丝、声色；江南出楠、梓、姜、桂、金、锡、连、丹沙、犀、玳瑁、珠玑、齿革；龙门、碣石北多马、牛、羊、旃裘、筋角；铜、

---

① （西汉）司马迁撰：《史记》，中华书局1959年版，第3255页。
② （东汉）班固撰：《汉书》，中华书局1962年版，第2738页。
③ （西汉）司马迁撰：《史记》，中华书局1959年版，第3256页。

铁则千里往往山出棋置：此其大较也。皆中国人民所喜好，谣俗被服饮食奉生送死之具也。故待农而食之，虞而出之，工而成之，商而通之。此宁有政教发徵期会哉？人各任其能，竭其力，以得所欲。"（《货殖列传》）① 山西、山东、江南、龙门和碣石之北四大经济区的物产，都成为农、虞、工、商等行业经营的商品。但此时的商品往来主要是自发的，即经营者以营利为目的的自我管理，而不是国家统一管理，国家并没有"政教发徵期会"。

其次，这种自发的商品经营已经具有了资本主义萌芽的成分。当时的企业都是家族式企业，管理比较有利于实现利益的最大化。西汉从事商品生产的各种手工业基本是作坊手工业，尤其是产量巨大的采矿、炼铜、铸钱、冶铁、铸造、煮盐等，不可能以个体方式进行小量生产，必须是大规模经营，这是由这些行业自身的性质决定了它所采取的组织形式。在武帝实行禁榷制度以前，这些企业都是完全听任私人自由经营的。因为这些私营企业都具有资本雄厚、雇工多、产量多、利润多的特点，所以他们很早就含有资本主义萌芽的成分。一是这些企业的经营者或所有者都是资本所有者。司马迁敏锐地看到，诸如冶铸煮盐等大型企业的全部生产和营运都是以资本为中心进行的。《平准书》云："富商大贾或蹛财役贫，转毂百数，废居居邑，封君皆低首仰给。冶铸煮盐，财或累万金。"② 投资冶铸煮盐的企业都是富商大贾或地方豪强，他们先通过不同的途径发财致富后，才拥有足够的资本从事此类经营。二是因为这些企业规模大，其产品又是人人所必需的，拥有广大的国内市场，所以又具有产量多、利润高的特点，经营者大多能至巨富。司马迁在《货殖列传》中列举了大量事例来陈说这一现象。"乌氏倮畜牧，及众，斥卖，求奇缯物，间献遗戎王。戎王什倍其偿，与之畜，畜至用谷量马牛。秦始皇帝令倮比封君，以时与列臣朝请。"巴郡寡妇清继承祖辈的朱砂矿，数代人独揽其利，家产甚巨。"清，寡妇也，能守其业，用财自卫，不见侵犯。秦皇帝以为贞妇而客之，为筑女怀清台。"③ "猗顿用盬盐起。而邯郸郭纵以铁冶成业，与王者埒富。"④ "蜀卓氏之

---

① （西汉）司马迁撰：《史记》，中华书局1959年版，第3253~3254页。
② （西汉）司马迁撰：《史记》，中华书局1959年版，第1425页。
③ （西汉）司马迁撰：《史记》，中华书局1959年版，第3260页。
④ （西汉）司马迁撰：《史记》，中华书局1959年版，第3259页。

先，赵人也，用铁冶富"，后迁至临邛，"即铁山鼓铸，运筹策，倾滇蜀之民，富至僮千人。田池射猎之乐，拟于人君。""程郑，山东迁虏也，亦冶铸，贾椎髻之民，富埒卓氏，俱居临邛。""宛孔氏之先，梁人也，用铁冶为业。秦伐魏，迁孔氏南阳。大鼓铸，规陂池，连车骑，游诸侯，因通商贾之利，有游闲公子之赐与名。然其赢得过当，愈于纤啬，家致富数千金，故南阳行贾尽法孔氏之雍容。"鲁人曹邴氏"以铁冶起，富至巨万。"① 《平准书》还列举了东郭咸阳与孔仅，"（东郭）咸阳，齐之大煮盐，孔仅，南阳大冶，皆致生累千金"。② 可见，在汉初实行盐铁自由经营政策时，采矿、冶铁、煮盐等是关系到国计民生的社会生产生活领域的重要行业，是最能够给经营者带来巨大财富的。当时的这些企业都是家族式的私营企业，管理也确实能够实现利益的最大化。如冶铁工业主要铸造农具，而农具具有广大的国内市场需求；加之家族式管理比较有利于凝聚共识和更有效地执行有关措施，当然能至巨富。

武帝实行禁榷制度，盐铁皆收归官方经营和管理。官营冶铁业也主要是铸造农具，还在各郡县设置铁官以推销供应。但官营缺乏私营那样的利益驱动，有时由于官方的手工作坊单纯追求数量，粗制滥造；加之官僚主义的经营管理方式不善和推销者的服务态度差，反而给百姓带来不便。

四、货币管理

司马迁认为货币是商品交换发展的必然产物。《平准书》云："农工商交易之路通，而龟贝金钱刀布之币兴焉。所从来久远，自高辛氏之前尚矣，靡得而记云。"③ 他认为货币是随着社会经济的发展而自然发生的，不是个人主观意志的产物，当然也不是圣君贤臣的发明创造。但是，货币产生的时间已不可考。货币到了秦朝才有统一的形式，当时全国统一的货币有两种。《平准书》又云："及至秦，中一国之币为二等，黄金以镒名，为上币；铜钱识曰半两，重如其文，为下币。而珠玉、龟贝、银锡之属为器饰宝藏，不为币。然各随时

---

① （西汉）司马迁撰：《史记》，中华书局1959年版，第3277～3279页。
② （西汉）司马迁撰：《史记》，中华书局1959年版，第1428页。
③ （西汉）司马迁撰：《史记》，中华书局1959年版，第1442页。

而轻重无常。"① 秦朝建立才将货币形式集中统一到金属体上,黄金适宜于大额交易和财富的储存保有,金属铜币适宜于小额交易。

司马迁《平准书》又云:"从建元以来,用少,县官往往即多铜山而铸钱,民亦间盗铸钱,不可胜数。钱益多而轻,物益少而贵。"② 西汉从建元(公元前140年)以来,由于国家财政困难,于是国家大量铸币,民间也盗铸许多货币。司马迁认为流通中的货币数量越多,则货币购买力就越低;货物数量越少,则物价越昂贵。产生这种情况,货币的名义价值与实际价值相脱离是一个重要原因。当时法定半两钱的重量为4铢,而半两足值铸币应重12铢,法定的半两钱已不足值。因而这样的法定货币只是价值符号或货币代表,不再是足值的铸币,不可能起到自发调节流通中货币量的作用。加之官府巧法铸造和民间私铸的货币,经过刮磨铜屑后,会越铸越薄,也就越轻,远在4铢以下。可见,当时国家金融管理的混乱。基于此,他反对民间自由铸币,支持武帝集中铸造新"三官钱",建立全国统一的五铢钱制度。

《太史公自序》云:"维币之行,以通农商;其极则玩巧,并兼兹殖,争于机利,去本趋末。"③ 他充分肯定了货币在商品流通中的媒介作用,实现了商品在农、工、商之间的交换,促进了农业和商业的发展,对封建地主阶级专政社会的繁荣稳定具有重要意义;同时货币又具有消极作用,它激起人们对于货币的崇拜追逐,加剧了流通领域的投机取巧,尔虞我诈,相互倾轧,致使商业畸形发展,农业也会面临严重挑战等一系列社会危机。从司马迁《平准书》对西汉社会,尤其是武帝时期金融混乱的大量记述,以及这种混乱所造成的民生多艰,国家财政困难,社会危机频发等情况如实的叙写,表达了他对国家货币统一、金融稳定的渴望。

司马迁还把高利贷与工商业者并列,同情他们的致富活动,流露出对武帝打击商人政策的不满。《货殖列传》记载:"吴楚七国兵起时,长安中列侯封君行从军旅,赍贷子钱,子钱家以为侯邑国在关东,关东成败未决,莫肯与。唯无盐氏出捐千金贷,其息什之。三月,吴楚平,一岁之中,则无盐氏之息什倍,

---

① (西汉)司马迁撰:《史记》,中华书局1959年版,第1442页。
② (西汉)司马迁撰:《史记》,中华书局1959年版,第1425~1426页。
③ (西汉)司马迁撰:《史记》,中华书局1959年版,第3306页。

用此富埒关中。"① 高利贷经营业者称"子钱家",可见他们在当时已经普遍存在,无盐氏是他们中的杰出代表。他正面记述和肯定无盐氏,并将他与范蠡、计然、子贡、白圭、蜀卓氏等都作为"不害于政,不妨百姓",依靠"取与以时",是可资后来"智者"效仿的对象,而不是指斥的对象。他将货币借贷作为正当营业,未予否定,并客观记述了高利贷者资本的快速积累,毫无贬义。货币借贷作为货币经营管理的一项重要活动,司马迁对公开合法的货币借贷活动是肯定的,不管这种经营是不是高利贷。《货殖列传》还记述了那些没有爵位俸禄封地食邑的人,他们的盈利收入能与列侯封君匹敌,称为"素封",不含任何批评之意。

《平准书》记述了汉初至武帝的100年间包括货币、信用典章制度的兴废沿革,是研究西汉中期货币信用制度和思想史的重要史料。从总体上看,西汉中期甚至整个西汉时期,不论是商业还是手工业积累起来的大量商业资本,既没有足够发达的商品生产与之相结合,又不能把商业资本转化为产业资本。其出路,一是购置土地,从而形成历史上无解的土地兼并问题;二是转化为高利贷资本,通过重利盘剥使其自身增值。但不论是资本进行土地兼并,还是经营高利贷,对整个社会经济都起到消极的破坏作用。这就使中国古代地主阶级专政社会越发展,随着商业资本的高速积累,整个社会反而会越不发展,社会矛盾会越加激化,导致新的农民战争用革命的手段来调整旧的生产关系,使社会获得新的发展动力。

第五节

《盐铁论》的管理思想

昭帝始元六年(公元前81年)召开盐铁会议。元帝时期,庐江太守桓宽对此会议的内容进行辑录整理,成《盐铁论》一书。该书通过贤良、文学与大夫、御史的论辩,内容涉及经济、政治、军事、社会、思想、文化、外交等诸多领域,其中许多是中国古代政治、管理及文化史上的重要课题,诸如本与

---

① (西汉)司马迁撰:《史记》,中华书局1959年版,第3280~3281页。

末、义与利、德与刑、官营与私营、集权与分权等具有对立面的问题。虽然其问题与问题之间没有形成系统的逻辑联系，但所涉及范围之广、问题之多、价值之重要，且焦点主要集中在经济、政治的管理上，所以值得关注。

一、重仁义与重财富

管理国家要先确立一个基本指导思想。《盐铁论·本议》篇记述贤良、文学的主张："窃闻治人之道，防淫佚之原，广道德之端，抑末利而开仁义，毋示以利，然后教化可兴，而风俗可移也。"① 贤良、文学认为管理国家的基本指导思想以仁义为本，以财富为末，并以此作为基本出发点，思考解决"民间所疾苦"。《本议》篇贤良、文学又云："畜仁义以风之，广德行以怀之。是以近者亲附而远者悦服。故善克者不战，善战者不师，善师者不阵。修之于庙堂，而折冲还师。王者行仁政，无敌于天下，恶用费哉？""导民以德，则民归厚；示民以利，则民俗薄。俗薄则背义而趋利，趋利则百姓交于道而接于市。"② 都表达了以仁义为本的思想。《力耕》篇贤良、文学进一步阐释："夫上古至治，民朴而贵本，安愉而寡求。""是以王者不珍无用以节其民，不爱奇货以富其国。故理民之道，在于节用而尚本，分土井田而已。"③《地广》篇贤良、文学引用杨朱"为仁不富、为富不仁"之语，认为"苟先利而后义，取夺不厌"④。这种认识在一定程度上迎合了当时自然经济条件下农民的意愿，他们在自然和社会重压下无力改变自己的处境，就只好安贫乐道，祈求平安了，这是一方面。另一方面，这种思想又鲜明地表达了统治阶层维护其地位的企图，如果人们都安贫乐道，没有争夺，天下就太平了。所以，贤良、文学反复宣扬"贵德而贱利，重义而轻财"（《错币》）⑤ 的管理思想，反复标榜儒家"宁穷饥居于陋巷，安能变己而从俗化"（《论儒》）⑥ 的处世哲学。

与贤良、文学上述观点不同，大夫、御史基于国家边防和内政的实际需要提出："匈奴背叛不臣，数为寇暴于边鄙，备之则劳中国之士，不备则侵盗不

---

① ② （西汉）桓宽著：《盐铁论》，第1页。
③ （西汉）桓宽著：《盐铁论》，第3页。
④ （西汉）桓宽著：《盐铁论》，第19页。
⑤ （西汉）桓宽著：《盐铁论》，第5页。
⑥ （西汉）桓宽著：《盐铁论》，第13页。

止。先帝哀边人之久患，苦为虏所系获也，故修障塞。饬烽燧，屯戍以备之。边用度不足，故兴盐、铁，设酒榷，置均输，蕃货长财，以佐助边费。今议者欲罢之，内空府库之藏，外乏执备之用，使备塞乘城之士饥寒于边，将何以赡之？罢之，不便也。"(《本议》)① 他们认为在边用不足、府库内空的情况下，国家"兴盐、铁，设酒榷，置均输，蕃货长财"的重要性，充分肯定求富长财的必要性。《力耕》篇大夫、御史还认为："王者塞天财，禁关市，执准守时，以轻重御民。丰年岁登，则储积以备乏绝。""圣人因天时，智者因地财，上士取诸人，中士劳其形……宛、周、齐、鲁，商遍天下。故乃商贾之富，或累万金，追利乘羡之所致也。"② 认为只有"蕃货长财"才能保障国家安全和民生。"故均输之物，府库之财，非所以贾万民而专奉兵师之用，亦所以赈困乏而备水旱之灾也。"(《力耕》)因此，他们认为要采取一切必要手段来增加国家财富："今山泽之财，均输之藏，所以御轻重而役诸侯也。汝、汉之金，纤微之贡，所以诱外国而钓胡、羌之宝也。夫中国一端之缦，得匈奴累金之物，而损敌国之用。是以骡驴馲驼，衔尾入塞，驒騱騵马，尽为我畜，鼲貂狐貉，采旄文罽，充于内府，而璧玉珊瑚琉璃，咸为国之宝。是则外国之物内流，而利不外泄也。异物内流则国用饶，利不外泄则民用给矣。"(《力耕》)③ 这样才能保障国治民安。

可见，在确定国家管理的基本指导思想这一重大问题上，贤良、文学坚持道德决定论，而大夫、御史坚持经济决定论。要想实现长治久安，前者主张以"安愉寡求"为指导思想，后者主张以"蕃货长财"为指导思想。上述情况的出现，均可以从当时社会现实中找到其依据，前者重视小农自然经济的特殊性，后者重视经济是国家社会生活基础的基本规律，这是《盐铁论》两派关于国家管理思想之所以不同的出发点。可以说，这两种主张在当时的历史条件下都具有一定的合理性。

二、重农与重商

贤良、文学认为要以仁义作为国家管理的指导思想，但发展经济是国计民

---

① （西汉）桓宽著：《盐铁论》，第1页。
② （西汉）桓宽著：《盐铁论》，第2~3页。
③ （西汉）桓宽著：《盐铁论》，第3页。

第三章 西汉中期的管理思想

生的基础,因此,必须确立优先发展经济的立场。

在这一问题上,贤良、文学认为发展经济应当重农,以农为本,主张"力耕":"夫欲安民富国之道,在于反本,本立而道生。顺天之理,因地之利,即不劳而功成。夫不修其源而事其流,无本以统之,虽竭精神,尽思虑,无益于治。欲安之适足以危之,欲救之适足以败之。夫治乱之端,在于本末而已,不至劳其心而道可得也。"(《忧边》)① 并做了进一步论证:"古者尚力务本而种树繁,躬耕趣时而衣食足,虽累凶年而人不病也。故衣食者民之本,稼穑者民之务也。"(《力耕》)② 重农,以农为本,在以小农自然经济为基础的社会中有其合理性。但是,时至汉代,已经出现了农业、畜牧业、渔业、手工业、商业等社会分工,农业不再是社会经济的唯一产业;而发展商业能够调剂余缺,促进整个国民经济的发展。贤良、文学只看到农业的重要性,而忽视其他行业。因此,他们主张"力耕",贬低反对商业"通有":"荆、扬南有桂林之饶,内有江、湖之利,左陵阳之金,右蜀、汉之材,伐木而树谷,燔莱而播粟,火耕而水耨,地广而饶财;然民鮆窳偷生,好衣甘食,虽白屋草庐,歌讴鼓琴,日给月单,朝歌暮戚。赵、中山带大河,纂四通神衢,当天下之蹊,商贾错于路,诸侯交于道;然民淫好末,侈靡而不务本,田畴不修,男女矜饰,家无斗筲,鸣琴在室。是以楚、赵之民,均贫而寡富。宋、卫、韩、梁,好本稼穑,编户齐民,无不家衍人给。故利在自惜,不在势居街衢;富在俭力趣时,不在岁司羽鸠也。"(《通有》)③ 他们还站在道德决定论的立场批评发展工商业:"今世俗坏而竞于淫靡,女极纤微,工极技巧,雕素朴而尚珍怪,钻山石而求金银,没深渊求珠玑,设机陷求犀象,张网罗求翡翠,求蛮、貊之物以眩中国,徙邛、筰之货,致之东海,交万里之财,旷日费功,无益于用。"(《通有》)④

与贤良、文学相反,大夫、御史认为发展经济必须重视工商业:"贤圣治家非一宝,富国非一道……使治家养生必于农,则舜不甄陶而伊尹不为庖。故善为国者,天下之下我高,天下之轻我重。以末易其本,以虚荡其实。今山泽之财,均输之藏,所以御轻重而役诸侯也。汝、汉之金,纤微之贡,所以诱外

---

① (西汉)桓宽著:《盐铁论》,第14页。
② (西汉)桓宽著:《盐铁论》,第3页。
③④ (西汉)桓宽著:《盐铁论》,第4页。

国而钓胡、羌之宝也。夫中国一端之缦，得匈奴累金之物，而损敌国之用……是则外国之物内流，而利不外泄也。异物内流则国用饶，利不外泄则民用给矣。""富国何必用本农，足民何必井田也？"(《力耕》)① 针对商品交换不发达，商业落后，致使一些剩余产品无法流通，以及普遍轻视工商业的社会状况，大夫、御史提出"以末易其本，以虚荡其实"，认为通过发展工商业来推动整个社会经济发展。他们说："天地之利无不赡，而山海之货无不富也；然百姓匮乏，财用不足，多寡不调，而天下财不散也。""农商交易，以利本末。山居泽处，蓬蒿硗埆，财物流通，有以均之。是以多者不独衍，少者不独馑。若各居其处，食其食，则是橘柚不鬻，胸卤之盐不出，旃罽不市，而吴、唐之材不用也。"(《通有》)② 这种主张在当时具有进步意义。但中国古代作为农业国家，"以农为本"的思想长期居于主流地位，重视工商业的思想在许多时候没有得到应有的重视。另外，大夫、御史因重视商业却走上另一个极端："燕之涿、蓟，赵之邯郸，魏之温轵，韩之荥阳，齐之临淄，楚之宛、陈，郑之阳翟，三川之二周，富冠海内，皆为天下名都，非有助之耕其野而田其地者也，居五诸之衢，跨街冲之路也。故物丰者民衍，宅近市者家富。富在术数，不在劳身；利在势居，不在力耕也。"(《通有》)③ 却是为了反驳对方而走向了反面。

可见，贤良、文学崇本抑末、以农贬商，大夫、御史以末易本、以商通有。他们作为论辩的双方都希望自己的主张能更有利于国计民生，促进经济发展。但是，判断二者的标准只能看谁最后利于生产力发展。据此，以农为本和以商通有的主张都一定程度地符合当时生产力发展的要求，因而具有一定的合理性。但如果以农抑商或全民经商，都不利于生产力的发展。

三、富民与富国

无论重农还是重商，在经济发展的基础上，都面临解决财富管理和分配的问题。《盐铁论》关于富民与富国的争论，实质上就是为解决财富的管理和分配而进行的争论。

在财富的管理和分配问题上，贤良、文学主张藏富于民。"民人藏于家，

---

① （西汉）桓宽著：《盐铁论》，第3页。
②③ （西汉）桓宽著：《盐铁论》，第4页。

诸侯藏于国，天子藏于海内。故民人以垣墙为藏闭，天子以四海为匦匮⋯⋯是以王者不畜聚，下藏于民，远浮利，务民之义；义礼立，则民化上。"还认为："国富而教之以礼，则行道有让，而工商不相豫，人怀敦朴以相接，而莫相利。"(《禁耕》)^①《贫富》篇云："古者，事业不二，利禄不兼，然诸业不相远，而贫富不相悬也。夫乘爵禄以谦让者，名不可胜举也；因权势以求利者，人不可胜数也。"^② 其基本论点如下：一是藏富于民则国必富；二是富而有教则不相争；三是贫富差距缘于兼利；四是如果上取有量，自养有度，则上下交让，天下太平。贤良、文学认为富民对于富国具有重要意义，礼义在调节利益关系中也具有积极作用；他们要求统治者"上取有量、自养有度"，这些思想是比较合理的。但是，他们夸大了礼义在财富分配过程中的作用和调节统治阶级与被统治阶级利益关系的作用，特别是把贫富差距的原因归结为"礼义坏"和利禄相兼，这是其失当之处。

大夫、御史认为国家的财富应当由国家统一管理、分配、调节，否则将可能导致社会混乱。他们坚决主张盐铁官营，反对罢盐铁之议："家人有宝器，尚函匣而藏之，况人主之山海乎⋯⋯今放民于权利，罢盐铁以资暴强，遂其贪心，众邪群聚，私门成党，则强御日以不制，而并兼之徒，奸形成也。""山海有禁，而民不倾；贵贱有平，而民不疑。县官设衡立准，人从所欲，虽使五尺童子适市，莫之能欺。今罢去之，则豪民擅其用而专其利。决市闾巷，高下在口吻，贵贱无常，端坐而民豪，是以养强抑弱而藏于跖也。强养弱抑，则齐民消；若众秒之盛而害五谷。"(《禁耕》)^③ 国家在此基础上调节收入分配，使百姓家给人足："民大富，则不可以禄使也；大强，则不可以罚威也。非散聚均利者不齐。故人主积其食，守其用，制其余，调其不足，禁溢羡，厄利涂，然后百姓可家给人足也。"(《错币》)^④ 因此，国家实行盐铁专营不仅可以富国，还有利于发展农业，杜绝兼并："令意总一盐、铁，非独为利入也，将以建本抑末，离朋党，禁淫佚，绝并兼之路也。"(《复古》)^⑤ 这样，国家通过对

---

①③ （西汉）桓宽著：《盐铁论》，第6页。
② （西汉）桓宽著：《盐铁论》，第19页。
④ （西汉）桓宽著：《盐铁论》，第5页。
⑤ （西汉）桓宽著：《盐铁论》，第7页。

财富的统一管理、分配、调节,既保障民生,又调节贫富差距,维持社会稳定。对此,统一管理国家财富和调节收入分配是管理者们义不容辞的责任和义务。

在对待国家财富的管理和分配问题上,贤良、文学倾向无政府主义,大夫、御史则主张加强国家行政的权力。人类进入文明社会之后,对社会财富的管理和分配已经是社会管理的一项重要内容。贤良、文学主张藏富于民,自然不能取代对社会财富的管理和分配。他们认为礼义也可以独立承担对社会财富的管理和分配功能。与前者的理想主义相反,大夫、御史对当时社会经济的看法比较现实。他们认为国家对财富的占有是其他社会权力的基础,国家只有在掌控了必要的财富后,才能有效实现其他权力。他们坚决反对罢盐铁,就是基于这种现实考虑的。

四、德治与法治

《盐铁论》虽然以探讨当时国家、经济管理的指导思想和政策措施为主,但涉及内容颇广,包括政治、军事、文化、外交等方面的问题。尤其是对其中与经济管理密切关联的政治管理问题,论辩的双方亦展开了激烈争辩。

贤良、文学主张德治,反对法治。《遵道》篇文学云:"师旷之调五音,不失宫商。圣王之治世,不离仁义。故有改制之名,无变道之实。上自黄帝,下及三王,莫不明德教,谨庠序,崇仁义,立教化。此百世不易之道也。殷、周因循而昌,秦王变法而亡。"① 他们重仁义,尚德治,对于经济管理具有一定积极的作用。尤为重要的是,他们还认为管理的关键是管理好管理者:"欲影正者端其表,欲下廉者先之身。故贪鄙在率不在下,教训在政不在民也。"(《疾贪》)② 他们认为德政礼义是管理的基本指导思想:"礼所以防淫,乐所以移风,礼兴乐正则刑罚中。故堤防成而民无水菑,礼义立而民无乱患。故礼义坏,堤防决,所以治者,未之有也⋯⋯治国谨其礼,危国谨其法。昔秦以武力吞天下,而斯、高以妖孽累其祸,废古术,隳旧礼,专任刑法,而儒、墨既丧焉。塞士之涂,壅人之口,道谀日进而上不闻其过,此秦所以失天下而殒社稷

---

① (西汉)桓宽著:《盐铁论》,第26页。
② (西汉)桓宽著:《盐铁论》,第37页。

也。"(《论诽》)① 他们进一步以商鞅变法为例驳斥法治:"昔者,商鞅相秦,后礼让,先贪鄙,尚首功,务进取,无德厚于民,而严刑罚于国,俗日坏而民滋怨,故惠王烹菹其身,以谢天下。"(《国病》)② 又云:"法能刑人而不能使人廉,能杀人而不能使人仁。所贵良医者,贵其审消息而退邪气也,非贵其下针石而钻肌肤也。所贵良吏者,贵其绝恶于未萌,使之不为,非贵其拘之囹圄而刑杀之也。今之所谓良吏者,文察则以祸其民,强力则以厉其下,不本法之所由生,而专己之残心,文诛假法,以陷不辜,累无罪,以子及父,以弟及兄,一人有罪,州里惊骇,十家奔亡,若痈疽之相泞,色淫之相连,一节动而百枝摇……故世不患无法,而患无必行之法也。"(《申韩》)③ 因此,"治国谨其礼,危国谨其法",把德治与法治全然对立起来了。应该说,法律作为社会文明的成果,在国家的政治管理中发挥着不可或缺的作用。贤良、文学也在大力倡扬德治的时候,不得不承认法治的特有功能:"民之仰法,犹鱼之仰水。""春夏生长,圣人象而为令。秋冬杀藏,圣人则而为法。故令者教也,所以导民人;法者刑罚也,所以禁强暴也。二者,治乱之具,存亡之效也,在上所任。"(《诏圣》)④ 他们也没有盲目排斥法治。

大夫、御史在国家管理实践中深切体会到法治对于发展国民经济,维护社会稳定的必要性及重要性。《错币》篇大夫云:"禁御之法立,而奸伪息,奸伪息,则民不期于妄得,而各务其职。"⑤《刑德》篇大夫云:"令者所以教民也,法者所以督奸也。令严而民慎,法设而奸禁。罔疏则兽失,法疏则罪漏。罪漏则民放佚而轻犯禁。"御史又云:"执法者国之辔衔,刑罚者国之维楫也。故辔衔不饬,虽王良不能以致远;维楫不设,虽良工不能以绝水。"⑥ 都强调法令是管理者的重要手段。《申韩》篇御史云:"夫善为政者,弊则补之,决则塞之,故吴子以法治楚、魏,申、商以法强秦、韩也。"又云:"明理正法,奸邪之所恶而良民之福也。故曲木恶直绳,奸邪恶正法。是以圣人审于是非,察于治

---

① (西汉)桓宽著:《盐铁论》,第27页。
② (西汉)桓宽著:《盐铁论》,第31页。
③ (西汉)桓宽著:《盐铁论》,第58页。
④ (西汉)桓宽著:《盐铁论》,第60页。
⑤ (西汉)桓宽著:《盐铁论》,第5页。
⑥ (西汉)桓宽著:《盐铁论》,第56~57页。

乱，故设明法，陈严刑，防非矫邪，若隐括辅檠之正弧剌也。故水者火之备，法者止奸之禁也。无法势，虽贤人不能以为治；无甲兵，虽孙、吴不能以制敌。"① 认为法治不仅可以维护社会秩序，保障经济有序进行，还可以促进经济理性和合理化发展。他们还论述了法治的特殊功能："礼让不足禁邪，而刑法可以止暴。"（《诏圣》）② "夫理国之道，除秽锄豪，然后百姓均平，各安其宇。张廷尉论定律令，明法以绳天下，诛奸猾，绝并兼之徒，而强不凌弱，众不暴寡。"（《轻重》）③ 因此，"明理正法，奸邪之所恶而良民之福也。"（《申韩》）认为法治是实现和维护民富国强的不可或缺的手段。大夫、御史强调了礼义在一定程度上依赖刑法，却忽略了刑法也在一定程度上依赖礼义，致使他们关于法治的论说难以令贤良、文学信服。

在政治管理思想方面，贤良、文学和大夫、御史各执一词，互有短长。前者提倡德治，推崇礼义教化自有其合理的一面，但他们忽视了在利益对立的社会里，强制手段在管理中是不可或缺的。后者高度重视法治的作用，在当时具有更多的合理性，但他们忽视了礼义和道德教化是法治的重要基础和有效补充，甚至排斥礼治，也削弱了其辩说的力量。

综上，《盐铁论》记述和表达了西汉中期两种在许多方面相互对立的经济管理思想。这两种思想的论争，是当时社会经济客观矛盾的反映。武帝在反击匈奴、财政空虚的情况下实行盐铁官营、酒榷均输等经济政策，增加了政府的赋税收入。这在当时无疑是正确的。但是，当时的社会利益关系结构中存在三大利益集团：以王室为代表的最高统治者集团、诸侯贵族集团、下层民众。在这三大集团的利益争斗中，下层民众明显处于弱势地位而不能在争斗中发出自己的声音，只是前两者为谋取利益而借以言说的对象。《盐铁论》中争论双方分别代表了以王室为代表的最高统治者集团与诸侯贵族集团之间的利益。贤良、文学打着为民请命的旗号，其实质是为诸侯贵族请命。他们的主张虽有利于诸侯和地方经济的发展，但不利于国家对经济的统一管理，严重削弱了中央的财力。因此，大夫、御史从国家财政和边防的实际需要出发，主张依靠行政

---

① （西汉）桓宽著：《盐铁论》，第57～58页。
② （西汉）桓宽著：《盐铁论》，第60页。
③ （西汉）桓宽著：《盐铁论》，第16页。

法令加强对经济的统一管理，以增强中央财力。但是，严格的统一管理也会在一定程度上削弱地方经济发展的活力。从当时的背景看，武帝虽然实行"罢黜百家、独尊儒术"的国策，但实际管理中兼采法家，王霸杂用。贤良、文学更多继承了儒家思想，大夫、御史较多汲取了法家精华。《盐铁论》两派的论争，主要是围绕如何贯彻"罢黜百家、独尊儒术"这一国策而展开，贤良、文学认为唯孔孟之言是从，抛弃其他诸家之说；大夫、御史则认为要用诸家之说修正、补充、完善孔孟之道。可以说，《盐铁论》不仅记述了当时两种管理思想的论争，又开启了其后历代儒学内部争论的枢纽。

第四章　西汉后期的管理思想

西汉后期是指从元帝刘奭初年至刘玄更始末年的 70 余年的时间。虽然宣帝刘询统治时期，出现了"吏称其职，民安其业"(《宣帝纪》)[①] 的局面，史称"宣帝中兴"。但是，由于西汉王朝积弊已深，宣帝大力推行的招抚流亡、安定民生等措施，不足以从根本上解决土地兼并问题。到元帝即位后，社会矛盾进一步激化，西汉王朝逐渐走向衰落。其后，成帝荒淫，哀帝纵恣。[②] 至此，西汉完全衰落了。平帝为王莽所立，实为莽之傀儡。之后王莽新政，虽实行政治经济改革，但西汉政权的各个方面已经大坏。王莽改革的结果与初衷背道而驰，反而更加剧了各种社会矛盾，终于造成绿林、赤眉大起义。

第一节　西汉后期管理思想概述

西汉后期，社会阶级矛盾渐趋激化，其中最主要的原因是土地兼并；而官僚、地主、商人三位一体的结合，则加速了这一兼并的趋势。土地兼并使农民破产变成依附农民、流民和奴婢。元、成、哀、平四帝或昏庸无能，或荒淫腐化，他们无能力缓和已经激化的社会矛盾，封建统治更加危机四起。于是，引起地主阶级内部矛盾的调整，王莽改制应运而生。王莽改制是封建专制皇帝为挽救西汉统治阶级的管理危机而采取的改革措施，内容颇为复杂，其主要目的

[①] （东汉）班固撰：《汉书》，中华书局 1962 年版，第 275 页。
[②] 吕思勉：《秦汉史》，上海古籍出版社 2005 年版，第六章。

是通过专制皇帝对土地兼并集中和农民沦为奴婢等激化社会矛盾的现象进行限制和干涉。但是，其结果不仅没有达到最初的设想，还进一步加剧了已有的社会矛盾，最终不可避免地失败了。

一、西汉后期管理思想的发展

据《文帝纪》记载，汉元帝刘奭柔仁好儒，还在他当太子时，因见宣帝所用多文法吏，以刑名绳下，大臣杨恽、盖宽饶等坐刺讥辞语为罪而诛，尝侍燕从容言："陛下持刑太深，宜用儒生。"宣帝作色曰："汉家自有制度，本以霸王道杂之，奈何纯任德教，用周政乎！且俗儒不达时宜，好是古非今，使人眩于名实，不知所守，何足委任！"乃叹曰："乱我家者，太子也！"① 元帝即位后，宦官弘恭、石显勾结外戚大司马史高、中书仆射牢梁等，专权跋扈，满朝臣僚互相倾轧。元帝的老师太傅萧望之指责史高等人为非，元帝不能决断，致使萧望之被石显害死。宫廷挥霍无度，开支巨大。成帝时，石显一党失势。成帝母家外戚王氏势大。朝廷一些主要官员都是利禄之徒，皆看皇帝眼色行事。成帝淫逸奢侈更是空前，其本人经常微行长安城市中斗鸡走马，胡作非为，还为修建昭阳宫和昌陵大兴土木。成帝舅父外戚王凤、王商、王音、王根兄弟先后执掌朝政，许多重要官吏刺史、郡守出自王氏门下。他们强占土地，横征暴敛。哀帝有治国之志而无治国之才，又荒淫纵恣，是历史上一位有名的昏君。哀帝病死后，王莽为便于弄权，不肯立年岁较长的君主而迎立年仅8岁的刘衎为帝，是为平帝。平帝在位6年，被王莽毒死。因此，元、成、哀、平四帝的管理无可称道之处。

公元5年，王莽毒杀平帝，立年仅2岁的孺子婴为皇太子，王莽代摄朝政。初始元年（公元8年）王莽接受孺子婴禅让后称帝，改国号为"新"，改长安为常安。开中国历史上通过符命做皇帝之先河。西汉后期社会危机深重，人心思变，整个社会流行所谓汉室当"更受命"之说，为王莽代汉创造了舆论上的准备。加之西汉后期由于土地兼并严重，灾荒频仍，经济凋敝，阶级矛盾更加尖锐，人民起义不断。王莽代汉适应了当时整个社会的基本思潮，即人心

---

① （东汉）班固撰：《汉书》，中华书局1962年版，第277页。

思变、社会思治这一现实。王莽仿照周朝的制度推行新政，他屡次改变币制，更改官制与官名，削夺刘氏贵族权力，引发豪强不满。因此，他的改制不仅没有缓和社会矛盾，反而造成了更多的社会混乱。另外，他看不起边疆藩属，削王为侯，挑起对匈奴和东北、西南各族的战争。兵役、徭役、赋税繁重，刑政苛暴。公元11年黄河改道，灾民遍野。天凤四年（公元17年）各地农民纷起反抗，形成赤眉、绿林大起义。地皇四年（公元23年）绿林军攻入长安，王莽为商人杜虞所杀，新朝灭亡。王莽改制的目的是挽救封建地主阶级专政的危机，但适得其反，改制的结局却转化为绿林、赤眉农民起义战争的导火索。

二、西汉后期管理思想的代表人物

（一）汉元帝

汉元帝（公元前75～前33年），名刘奭，宣帝长子。公元前49～前33年在位。生于民间，8岁被立为太子。刘奭少好儒术，主张任用儒生。他认为宣帝所用多文法吏，以刑名绳下，持刑太深。宣帝甚至预言："乱我家者，太子也！"但顾念其为发妻许平君之子而没有褫夺其太子之位。黄龙元年（公元前49年），宣帝卒，刘奭即位，次年改号初元。刘奭温文尔雅，出入恭俭，但优柔寡断，不知所守。他先后用儒生为相。这些儒生往往不达事宜，喜欢颂古非今，而宦官弘恭、石显则专擅朝政。在他统治期间，过分放纵外戚、宦官；为了怀柔关东豪强，放弃了汉初以来迁徙关东豪强充实关中陵寝地区的制度，中央集权因此受到削弱。随着大地主豪强兼并土地之风日益盛行，统治阶级日趋腐朽没落。农民生活日趋困苦，不得不起为"盗贼"，社会危机日益加深。外交方面，他多次派兵击溃匈奴。建昭三年（公元前36年），汉将甘延寿、陈汤诛郅支单于康居。至此，唯一反汉的匈奴单于被消灭了，汉匈百年大战于此告终。竟宁元年（公元前33年）匈奴呼韩邪单于入朝求亲，刘奭以宫女王嫱（即王昭君）嫁之为妻。初元元年，在车师地区设立戊己校尉（今新疆吐鲁番），管理屯田和防务。建昭三年（公元前36年），打通西域道路，促进了中原与西域的经济、文化交流。

（二）王莽

王莽（公元前45～公元23年），字巨君，魏郡元城人（河北大名县东）。

元帝皇后王政君之侄。幼年时父亲王曼去世，很快其兄也去世。王莽自幼饱读诗书，孝母尊嫂，生活俭朴；还结交贤士，声名远播。他对身居大司马之位的伯父王凤极为恭顺，后者临死嘱咐王政君照顾王莽。公元前22年王莽初任黄门郎，后升为射声校尉。王莽礼贤下士，清廉俭朴，常把其俸禄分给门客和穷人，深受众人爱戴，甚至其叔父王商上书愿把自己封地的一部分让给王莽。绥和元年（公元前8年）继他的三位伯、叔之后出任大司马，时年38岁。翌年，成帝去世。哀帝刘欣继位后丁皇后的外戚得势，王莽退位隐居新野。公元前1年哀帝去世，王莽立年仅8岁的刘衎为帝，任大司马，兼管军事令及禁军。王莽一系列作为得到朝野的拥戴，公元1年王莽推辞再三之后接受了"安汉公"爵位，并将俸禄转封2万多人。公元3年王莽女儿成了皇后。元始四年（公元4年）加号宰衡，位在诸侯王公之上。他大力宣扬礼乐教化，得到儒生的拥戴，被加九锡。公元5年王莽毒死平帝，立年仅2岁的孺子婴为皇太子，王莽代天子朝政。初始元年（公元8年）王莽接受孺子婴禅让后称帝，改国号为"新"。王莽建"新"后，仿照周朝的制度推行新政，屡次改革币制，更改官制、官名，以"王田"制为名恢复"井田"制，把盐、铁、酒、币制及山林川泽收归国有，不停恢复西周的周礼模式。"今更名天下田曰王田，奴婢曰私属，皆不得买卖。"（《食货志》）① 因为王莽施行的许多管理政策措施不合实情，百姓未蒙其利，先受其害，引起全国豪强地主贵族乃至广大百姓的不满。此外，王莽外交政策极为不当。他将原本臣服于汉朝的匈奴、高句丽、西域诸国和西南夷等属国统治者由原本的"王"降格为"侯"，各国因此拒绝臣服新朝，造成边境战乱不绝。天凤四年（公元17年）各地农民纷纷起义，形成赤眉、绿林起义大军。地皇四年（公元23年），王莽连同他的新朝一起被农民起义的烽火吞噬了。

三、西汉后期管理思想的特点

西汉后期管理思想的特点是儒家思想居于统治地位。

武帝"罢黜百家、独尊儒术"是出于加强皇权，树立皇帝的绝对权威的现

---

① （东汉）班固撰：《汉书》，中华书局1962年版，第1144页。

实考虑。他从各种学说，包括法家汲取长处，从中拣取对自己皇权统治最有利的成分。他任用的大臣也是不同学说的持有者，思想观点并不一致，甚至矛盾对立。他杂用多种管理思想，在文治武功、内政外交等方面均取得了卓越的成就，把文帝、景帝开创的盛世推向更加强盛的高度。之后的宣帝反对专任儒术，王霸杂用。他不仅采用了儒家的仁德教化治国，任用一些儒生担任要职，还利用法家刑罚手段维护了皇权，打击了外戚势力，又采用法家的官吏考核和赏罚措施，来加强内政发展国力，西汉王朝得以中兴。

西汉后期，儒家思想在诸种管理思想中居于绝对地位，主要表现在以下四个方面：

首先，儒学之士受到极大重用，担任了国家管理阶层最重要的职务。元帝颇好儒术，他改变了宣帝王霸杂用的方略，加大任用儒士力度，儒家思想也由此获得绝对优势的地位。据《汉书》，元帝三相中有二人为硕儒：韦贤子韦玄成"少好学，修父业"，"复以明经历位至丞相"，故邹鲁有谚语道："遗子黄金满籯，不如一经。"（《韦贤传》）[1] 匡衡善《齐诗》，"诸儒为之语曰：'无说《诗》，匡鼎来；匡语《诗》，解人颐。'"（《匡衡传》）[2] 元帝御史大夫贡禹"以明经洁行著闻，征为博士"（《贡禹传》）。[3] 薛广德尝"以《鲁诗》教授楚国，龚胜、舍师事焉"，后经萧望之举荐，"为博士，论石渠，迁谏大夫，代贡禹为长信少府、御史大夫"（《薛广德传》）。[4] 成帝丞相六人，四人明经：除前已述及的匡衡外，一是张禹，"从沛郡施雠受《易》，琅邪王阳、胶东庸生问《论语》。既皆明习，有徒众，举为郡文学"，"甘露中，诸儒荐禹，有诏太子太傅萧望之问。禹对《易》及《论语》大义，望之善焉，奏禹经学精习，有师法，可试事"（《张禹传》）。[5] 二是翟方进，"读经博士，受《春秋》。积十余年，经学明习，徒众日广，诸儒称之"（《翟方进传》）。[6] 三是孔光，"孔子十四世之

---

[1] （东汉）班固撰：《汉书》，中华书局1962年版，第3107页。
[2] （东汉）班固撰：《汉书》，中华书局1962年版，第3331页。
[3] （东汉）班固撰：《汉书》，中华书局1962年版，第3069页。
[4] （东汉）班固撰：《汉书》，中华书局1962年版，第3046～3047页。
[5] （东汉）班固撰：《汉书》，中华书局1962年版，第3347页。
[6] （东汉）班固撰：《汉书》，中华书局1962年版，第3411页。

孙也","经学尤明"(《孔光传》)。① 成帝大司空二人：一是何武，"诣博士受业，治《易》"(《何武传》)。② 二是师丹，"治《诗》事匡衡"(《师丹传》)。③ 哀平之时，朝廷重臣主要是孔光、平当、何武等人其中的平当曾任哀帝丞相，初亦"以明经为博士，公卿荐当论议通明，给事中"(《平当传》)。④

其次，儒家的福瑞灾异论政非常普遍，几乎是议政必言灾异。班固述评汉代灾异议政状况曰："汉兴，推阴阳言灾异者，孝武时有董仲舒、夏侯始昌，昭、宣则眭孟、夏侯胜，元、成则京房、翼奉、刘向、谷永，哀、平则李寻、田终术。"(《眭两夏侯京翼李传》)⑤ 这是"学者"灾异论政。事实上，天子、朝臣论政亦如此。如元帝永光元年（公元前43年），"春霜夏寒，日青亡光"，元帝乃责备丞相于定国："郎有从东方来者，言民父子相弃。丞相、御史案事之吏匪不言邪？将从东方来者加增之也？何以错缪至是？欲知其实。方今年岁未可预知也，即有水旱，其忧不细。公卿有可以防其未然，救其已然者不？"定国惶恐上书请退，元帝复书劝留，其中即有"阴阳不调，灾咎之发，不为一端而作"等语，劝慰于定国不必把灾异之变归咎自己(《于定国传》)。⑥ 宣帝丞相魏相就把阴阳灾异同政治之关系做了极概括的说明。《魏相传》记载魏相征引《易经》来说明这种关系："臣闻《易》曰：'天地以顺动，故日月不过，四时不忒；圣王以顺动，故刑罚清而民服。'天地变化，必繇阴阳，阴阳之分，以日为纪。日冬夏至，则八风之序立，万物之性成，各有常职，不得相干。东方之神太昊，乘'震'执规司春；南方之神炎帝，乘'离'执衡司夏；西方之神少昊，乘'兑'，执矩司秋；北方之神颛顼，乘'坎'执权司冬；中央之神黄帝，乘'坤'、'艮'执绳司下土。兹五帝所司，各有时也。东方之卦不可以治西方，南方之卦不可以治北方。春兴'兑'治则饥，秋兴'震'治则华，冬兴'离'治则泄，夏兴'坎'治则雹。明王谨于尊天，慎于养人，故立羲和之官以乘四时，节授民事。君动静以道，奉顺阴阳，则日月光明，风雨时节，寒

---

① （东汉）班固撰：《汉书》，中华书局1962年版，第3352～3353页。
② （东汉）班固撰：《汉书》，中华书局1962年版，第3481页。
③ （东汉）班固撰：《汉书》，中华书局1962年版，第3503页。
④ （东汉）班固撰：《汉书》，中华书局1962年版，第3048页。
⑤ （东汉）班固撰：《汉书》，中华书局1962年版，第3195页。
⑥ （东汉）班固撰：《汉书》，中华书局1962年版，第3044～3045页。

第四章 西汉后期的管理思想

暑调和。三者得叙，则灾害不生，五谷熟，丝麻遂，草木茂，鸟兽蕃，民不夭疾，衣食有余。若是，则君尊民说，上下亡怨，政教不违，礼让可兴。夫风雨不时，则伤农桑；农桑伤，则民饥寒；饥寒在身，则亡廉耻，寇贼奸宄所繇生也。臣愚以为阴阳者，王事之本，群生之命，自古贤圣未有不繇者也。"①元帝之后，这种灾异论政更加普遍。甚至吏员任用也联系灾异。如成帝初年"数有灾异"，丞相司直何武上书举荐辛庆忌云："光禄勋庆忌行义修正，柔毅敦厚，谋虑深远。前在边郡，数破敌获虏，外夷莫不闻。乃者大异并见，未有其应。加以兵革久寝。《春秋》大灾未至而豫御之，庆忌家在爪牙官以备不虞。"其后，"拜（辛庆忌）为右将军、诸吏、散骑、给事中，岁余徙为左将军"（《辛庆忌传》）。② 包括王莽篡汉建新，其拥护者也多次以灾异符节为借口劝进。

再次，与灾异论政互相伴生，儒家经典成了议政施政的依据。如《平当传》记载平当"每有灾异，当辄傅经术，言得失"。元帝时，丞相韦玄成奏罢太上皇寝庙园。平当上书反对："臣闻孔子曰：'如有王者，必世而后仁。'三十年之间，道德和洽，制礼兴乐，灾害不生，祸乱不作。今圣汉受命而王，继体承业二百余年，孜孜不息，政令清矣。然风俗未和，阴阳未调，灾害数见，意者大本有不立与？何德化休征不应之久也！祸福不虚，必有因而至者焉。宜深迹其道而务修其本。昔者帝尧南面而治，先'克胆俊德，以亲九族'，而化及万国《孝经》曰：'天地之性人为贵，人之行莫大于孝，孝莫大于严父，严父莫大于配天，则周公其人也。'夫孝子善述人之志，周公既成文、武之业而制作礼乐，修严父配天之事，知文王不欲以子临父，故推而序之，上极于后稷而以配天。此圣人之德，亡以加于孝也。高皇帝圣德受命，有天下，尊太上皇，犹周文、武之追王太王、王季也。此汉之始祖，后嗣所宜尊奉以广盛德，孝之至也。《书》云：'正稽古建功立事，可以永年，传于亡穷。'"元帝纳其言，下诏复太上皇寝庙园。③ 依据儒家经典经义议政施政的事件，武帝时只是个别案例，在西汉后期才较为普遍。

最后，儒家重视仁治教化，儒学教育也得到朝廷的支持和发展。元帝初元

---

① （东汉）班固撰：《汉书》，中华书局1962年版，第3139页。
② （东汉）班固撰：《汉书》，中华书局1962年版，第2997页。
③ （东汉）班固撰：《汉书》，中华书局1962年版，第3049页。

五年（公元前44年）4月的诏书中云："博士弟子毋置员，以广学者。"（《元帝纪》）① 不再限制招收太学生的名额。据《汉书·儒林传》，武帝建元五年（公元前136年）初置太学生时，"为博士官置弟子五十人"，之后，"昭帝时举贤良文学，增博士弟子员满百人，宣帝末增倍之。元帝好儒，能通一经者皆复。数年，以用度不足，更为设员千人，郡国置《五经》百石卒史。成帝末，或言孔子布衣养徒三千人，今天子太学弟子少，于是增弟子员三千人。岁余，复如故。平帝时王莽秉政，增元士之子得受业如弟子，勿以为员，岁课甲科四十人为郎中，乙科二十人为太子舍人，丙科四十人补文学掌故云"。② 儒学弟子数量，从武帝时的50人增至成帝末的3000人，直至王莽秉政时的不限制名额。

平帝元始三年（公元3年）夏，"立官稷及学官。郡国曰学，县、道、邑、侯国曰校。校、学置经师一人。乡曰庠，聚曰序。序、庠置《孝经》师一人"（《平帝纪》）。③ 西汉在官方正式设立太学之前，景帝末年有文翁在蜀地办学。"（文翁）又修起学官于成都市中，招下县子弟以为学官弟子，为除更徭，高者以补郡县吏，次为孝弟力田。常选学官僮子，使在便坐受事。每出行县，益从学官诸生明经饬行者与俱，使传教令，出入闺阁。县邑吏民见而荣之，数年，争欲为学官弟子，富人至出钱以求之。由是大化，蜀地学于京师者比齐鲁焉。至武帝时，乃令天下郡国皆立学校官，自文翁为之始云。"（《循吏传》）④ 文翁首创郡邑学官主要是为了教化百姓，结果蜀地"由是大化"。武帝"令天下郡国皆立学校官"，推广文翁教化治民的管理经验，亦出于此。但自上而下正式建立一套学校制度，设经师以教授、研经，作为与京师太学配套教育措施的地方学校，则是从平帝时开始的。太学与郡国之学的发展加速了儒家经学的推广和普及。

宣帝早已说过："汉家自有制度，本以霸王道杂之。"汉朝历来的皇帝，包括武帝都兼采儒法等多种思想。法家明赏罚，因功授官。因此，即便王子王孙，若没有功劳是不能做官和不能封侯的，也不姑息放纵外戚和出现外戚专权

---

① （东汉）班固撰：《汉书》，中华书局1962年版，第285页。
② （东汉）班固撰：《汉书》，中华书局1962年版，第3594～3596页。
③ （东汉）班固撰：《汉书》，中华书局1962年版，第355页。
④ （东汉）班固撰：《汉书》，中华书局1962年版，第3626页。

的局面，这样就树立君权的绝对权威。武帝选拔社会上的贤能之士，并给予重用，也是出于让他们抗衡压制外戚势力的需要。但是，在儒家管理思想的支配下，元帝、成帝的大权被外戚劫走。成帝本有机会削弱外戚势力，可儒家仁政要求国君做仁的表率，推行仁义。他不处罚犯了错误的担任大司马的舅舅王凤，因为他怕母亲王政君伤心。他一味遵奉儒家的孝，认为这样就可以管理好国家。可外戚未必如儒家所倡言的对刘氏忠诚，元帝、成帝对外戚王家如彼仁义，最后却是外戚王莽这个事事必称儒家的人，篡了刘氏的皇权。其根本原因不是儒家的错，而是纯用儒家的错。

元帝、成帝基本上纯用儒家。儒家提倡"亲亲之恩"，要对外戚仁，照顾他们，依靠亲缘关系及教化授官，而不是法家因功和考核等手段授官，并想由此得到外戚的效忠。于是，就任人唯亲，赏罚不明，外戚王氏等家族无功受禄，王氏及其党羽占据了上上下下的要职，基本不存在考核了。由此形成了巨大的外戚官僚集团，导致西汉后期君权衰微，吏治败坏，矛盾丛生，社会危机四起，终于酿成外戚之患，直至王莽篡权。

在地方上，豪强大族趁机敛财，兼并土地。因为儒家倡导推行仁政，靠教化治民，不是铲除强民。因此，西汉后期推行儒家仁政，豪强大族得益；皇帝对豪强讲仁，豪强们却并不往下对百姓讲仁，他们绝不会为受盘剥的广大百姓推行仁义。因此，朝廷上君权衰落，外戚专权，朝政黑暗；地方上豪强权贵官吏刻意盘剥百姓，兼并土地。西汉终于在上述两种力量的推动下灭亡了。

第二节

王莽的管理思想

西汉后期，随着西汉封建专政国家经济的发展，地主阶级依靠其经济政治上的强大势力，疯狂兼并土地和聚敛财富，贫富对立日益加深："富者田连阡陌，贫者亡立锥之地。"（《食货志》）[1] 阶级矛盾日益尖锐，民变频发，严重威

---

[1] （东汉）班固撰：《汉书》，中华书局1962年版，第1137页。

胁到封建地主阶级的统治。尤其是严重的土地兼并使得大批劳动者失去土地，他们或沦为豪强地主的奴婢、徒属，或流离死亡，或成了反抗剥削的起义者。国家控制在编的纳税之民日益减少，国家财政收入严重削减，封建统治已经面临严重危机。

就是在这样的背景下发生了王莽改制。改制的主要内容是财政经济方面，也包含了对国家财政经济管理方面的改革（此处主要探讨其财政经济管理方面的改革）。王莽改制不但没有解决社会不公，反而加深了当时社会矛盾，其教训值得思考。

一、国家垄断

王莽财政经济管理改革的主要内容是实行国家垄断，即实行国家对土地等各种主要财源的垄断管理。王莽认为私有制导致土地兼并，造成极其巨大的贫富差距和对立，"强者规田以千数，弱者曾无立锥之居"，"富者犬马余菽粟，骄而为邪；贫者不厌糟糠，穷而为奸"（《王莽传》）。[①] 富者贪纵枉法，贫民为生存不惜铤而走险，正常的社会秩序受到严重危害。王莽认为，土地私有制导致严重的贫富对立，是造成社会动乱最主要的原因。因此，必须废除土地私有制，恢复国家拥有土地的"井田"制。于是，始建国元年（公元9年），他下令："今更名天下田曰'王田'，奴婢曰'私属'，皆不得卖买。其男口不盈八，而田过一井者，分余田与九族邻里乡党。故无田，今当受田者，如制度。"（《王莽传》）[②] 宣布土地为"王田"，即为国家垄断土地，禁止自由买卖，实行夏商周三代执行的"一夫一妇田百亩"的土地分配制度和"十一而税"的赋税制度。男口不足8人而土地不超过一井（即900亩）的人家，把多出的土地分给九族、邻里、乡党。无田者按一夫百亩的制度受田。

颁布"王田"制之后的始建国二年，王莽实行了对财税垄断的"五均六筦"政策。五均是在长安、洛阳、邯郸、临淄、宛、成都等大都市设立五均司市师，管理市场。六筦是由国家掌管盐、铁、酒、铸钱、五均赊贷等六项事业，不许私人经营；同时控制名山大泽，对在名山大泽中获取各种物产的人课

[①] （东汉）班固撰：《汉书》，中华书局1962年版，第4110～4111页。
[②] （东汉）班固撰：《汉书》，中华书局1962年版，第4111页。

税。此项措施旨在节制商人对农民的过度盘剥，制止高利贷者的猖獗活动，并使国家经济获得发展的效益。简言之，六筦就是由国家垄断重要的工商业活动和货币发行权，控制大城市的物价并直接进行赊贷。王莽认为，六筦所涉及的都是关系国计民生的重大经济事业，普通百姓无力经营，国家不垄断必然被地主商人控制，加剧贫富对立。只有国家垄断经营，才能抑制兼并。王莽下诏曰："夫盐，食肴之将；酒，百药之长，嘉会之好；铁，田农之本；名山大泽，饶衍之臧；五均赊贷，百姓所取平，卬以给澹；铁布铜冶，通行有无，备民用也。此六者，非编户齐民所能家作，必卬于市，虽贵数倍，不得不买。豪民富贾，即要贫弱，先圣知其然也，故斡之。"（《食货志》）① "今开赊贷，张五均，设诸斡者，所以齐众庶，抑并兼也。"（《食货志》）② 他说实行国家垄断土地和重要工商业的目的是抑制兼并，实际上他的另外一个目的是增加国家的财政收入。如"王田"制把土地税由之前的三十税一变成十税一，国家的田赋收入就增加两倍；国家垄断盐铁酒经营及山泽资源，则可以带来更大的利润。

王莽实行国家垄断赊贷。"民或乏绝，欲贷以治产业者，均授之，除其费，计所得受息。毋过岁什一。"（《食货志》）③ 规定百姓向国家借贷从事生产性经营活动，须上交一年所获利润的1/10。五均是通过贱买贵卖来平抑各地物价。"于长安及五都立五均官，更名长安东、西市令及洛阳、邯郸、临甾、宛、成都市长皆为五均同市师。东市称京，西市称畿，洛阳称中，余四都各用东、西、南、北为称，皆置交易丞五人，钱府丞一人。""诸司市常以四时中月实定所掌，为物上、中、下之贾，各自用为其市平，毋拘它所。众民卖买五谷、布帛、丝绵之物，周于民用而不雠者，均官有以考检厥实，用其本贾取之，毋令折钱。万物卬贵，过平一钱，则以平贾卖与民。其贾氏贱，减平者，听民自相与市，以防贵庚者。"（《食货志》）④ 在长安、洛阳、邯郸、临淄、宛、成都等大城市设五均司市师管理物价，先确定每季度中间一个月的物价为当地的标准价格，即"市平"，物价低于"市平"，任由百姓自由买卖。百姓生活必需的商

---

① （东汉）班固撰：《汉书》，中华书局1962年版，第1183页。
② （东汉）班固撰：《汉书》，中华书局1962年版，第1180页。
③ （东汉）班固撰：《汉书》，中华书局1962年版，第1181页。
④ （东汉）班固撰：《汉书》，中华书局1962年版，第1180~1181页。

品若卖不出去，官府按成本价收购，不让百姓赔本；若高于"市平"，官府则按市平价格将这些商品卖出。这样，既稳定物价，又可以为国家增收。

王莽实行的"王田"制和五均六筦政策，是要把原来掌握在豪强地主势力手里的土地、名山大泽及盐铁酒的生产和流通，主要城市的市场管理权等都收归国家垄断。这些政策直接触犯大地主官僚、大商人的利益，在实行过程中遭到他们的强力抵制和反对。尽管法令严禁买卖土地和奴婢，犯令者罪至死，但土地和奴婢依旧。始建国四年，王莽不得不宣布买卖王田及庶人者，勿拘以法。负责推行五均六筦政策的官员，多为富商大贾。他们勾结郡县官吏，共同牟取私利。因此，五均六筦政策不但未使百姓得益，反而给他们增加了诸多不便和痛苦。

二、赋繁税苛，掠夺民财

王莽实行"王田"制，把农业税由之前的三十税一改为十而税一。王莽认为之前田赋虽然是三十税一，但在土地私有制条件下，因为农民没有自己的土地，只得耕种大地主的土地，要将产品的一半作为缴纳的地租，因此，名义上是三十税一，实际则是十而税五："汉氏减轻田租，三十而税一，常有更赋，罢癃咸出，而豪民侵陵，分田劫假，厥名三十，实十税五也。"（《食货志》）[①]他的这种认识是有道理的，但却不能因此而认为重税比轻税对百姓更有好处。因为在当时的农村，除地主和佃农之外，还有作为社会重要组成部分的自耕农。田赋由三十税一变为十而税一，自耕农的田赋就增加了两倍。王莽的"王田"制无法将大地主多余的土地分给无地和少地的农民，佃农没有摆脱"豪民侵陵"的境况。如果说之前的田赋是三十税一，农民实际田赋是"什税五"，那么，王莽的十而税一，农民的负担就更重了。因此，王莽实行"王田"制，不但没有减轻农民的赋税，反而普遍加重了他们的负担。

据《汉书·食货志》，王莽"又以《周官》税民"，规定："诸取众物鸟兽鱼鳖百虫于山林水泽及畜牧者，嫔妇桑蚕织纴纺绩补缝，工匠医巫卜祝及它方技商贩贾人坐肆列里区谒舍，皆各自占所为于其所之县官，除其本，计其利，

[①] （东汉）班固撰：《汉书》，中华书局1962年版，第1143页。

十一分之，而以其一为贡。敢不自占、自占不以实者，尽没入所采取，而作县官一岁。"① 也就是说，不仅对农民要按十而税一征收赋税，对民众从事的其他各种生产经营活动，也都要按照其利润的多少实行十而税一，包括渔猎、畜牧、养殖行业，纺织、缝制等各种手工业，医生、巫卜和靠其他技艺谋生者，甚至摆地摊的、从事异地贩卖活动的小商贩等。这种税收，今天叫所得税。王莽没有规定征收这种税的起点，不论生产经营者资本大小、赢利多少，都要按利润的1/10向国家纳税。另外，据《汉书·食货志》，王莽还规定："凡田不耕为不殖，出三夫之税；城郭中宅不树艺者为不毛，出三夫之布；民浮游无事，出夫布一匹。其不能出布者，冗作，县官衣食之。"② 也就是说，不从事生产经营的也要纳税，有田不耕的要出三夫之税；园中空地不种树的出三夫之布；无职业之民要出夫布一匹等，以示惩罚。因此，王莽在打击大地主豪强、大商人势力的同时，也打击了普通细民百姓。渔猎、畜牧、养殖、纺织、缝制等只是农民副业，或是贫民不得已的谋生之路，在王莽的管理下，也得纳税。

此外，因降低匈奴王封爵导致匈奴反叛。据《汉书·食货志》："作货布后六年，匈奴侵寇甚，莽大募天下囚徒、人奴，名曰猪突豨勇，壹切税吏民，訾三十而取一。又令公卿以下至郡县黄绶吏，皆保养军马，吏尽复以与民。"③ 为了攻打匈奴，王莽又征收官吏、百姓的资产税，按1/30征收，还规定公卿以下所有官吏都要养军马。于是，各级官吏利用职权，将负担转嫁给百姓，民众负担进一步增加。

在王莽政权的掠夺下，社会中上层不得安宁，下层百姓更是生计危殆，朝不保夕。"民摇手触禁，不得耕桑，徭役烦剧，而枯旱蝗虫相因。又用制作未定，上自公侯，下至小吏，皆不得俸禄，而私赋敛，货赂上流，狱讼不决。吏用苛暴立威，旁缘莽禁，侵刻小民。富者不得自保，贫者无以自存，起为盗贼，依阻山泽，吏不能禽而覆蔽之，浸淫日广，于是青、徐、荆楚之地往往万数。战斗死亡，缘边四夷所系虏，陷罪，饥疫，人相食，及莽未诛，而天下户

---

① （东汉）班固撰：《汉书》，中华书局1962年版，第1180~1181页。
② （东汉）班固撰：《汉书》，中华书局1962年版，第1180页。
③ （东汉）班固撰：《汉书》，中华书局1962年版，第1184~1185页。

口减半矣。"(《食货志》)① 王莽政权在夺取大地主豪强、大商人利益时，也在更大程度上加深了广大平民百姓的痛苦。

三、货币贬值，洗劫社会

国家垄断铸币和货币材料的开采冶炼，是王莽的六筦之一。王莽通过国家垄断货币而控制市场，从大地主富商手中获取财赋。为了实现这一目的，王莽在其当政期间曾在 8 年中进行了 5 次货币改革。

居摄二年（公元 7 年），王莽第一次货币改革："王莽居摄，变汉制，以周钱有子母相权，于是更造大钱，径寸二分，重十二铢，文曰'大钱五十'。又造契刀、错刀。契刀，其环如大钱，身形如刀，长二寸，文曰'契刀五百'。错刀，以黄金错其文，曰'一刀直五千'。与五铢钱凡四品，并行。"(《食货志》)② 即在当时通行的五铢钱之外，加铸三种货币：一是大钱，每枚重 12 铢，当 5 株钱 50 枚使用；二是契刀，每枚当 5 铢钱 500 枚使用；三是金错刀，每枚当 5 铢钱 5000 枚使用。四种货币同时流通。

始建国二年（公元 10 年），王莽第二次货币改革："乃更作小钱，径六分，重一铢，文曰'小钱直一'，与前'大钱五十'者为二品，并行。"王莽认为"刘"（劉）字由卯、金、刀三字组成，"皇天革汉而立新，废刘而兴王。夫'劉'之为字'卯、金、刀'也，正月刚卯，金刀之利，皆不得行"(《王莽传》)③。于是，废除契刀、错刀和 5 铢钱。除了当大钱 50 枚继续通行外，又加铸重 1 铢的"小钱"，当 5 铢钱 1 枚使用。二者同时流通。

始建国三年，王莽第三次货币改革：颁行新的货币制度"宝货制"。他认为："宝货皆重则小用不给，皆轻则儳载烦费，轻重大小各有差品，则用便而民乐。""于是造宝货五品"。(《王莽传》)④ "宝货制"货币名称有 6 种，共有 28 个品种："更作金、银、龟、贝、钱、布之品，名曰'宝货'。小钱径六分，重一铢，文曰'小钱直一'。次七分，三铢，曰'幺钱一十'。次八分，五铢，

---

① （东汉）班固撰：《汉书》，中华书局 1962 年版，第 1185 页。
② （东汉）班固撰：《汉书》，中华书局 1962 年版，第 1177 页。
③ （东汉）班固撰：《汉书》，中华书局 1962 年版，第 4109 页。
④ （东汉）班固撰：《汉书》，中华书局 1962 年版，第 4122 页。

曰'幼钱二十'。次九分，七铢曰'中钱三十'。次一寸，九铢，曰'壮钱四十'。因前'大钱五十'，是为钱货六品，直各如其文。黄金重一斤，直钱万。朱提银重八两为一流，直一千五百八十。它银一流直千。是为银货二品。元龟岠冉长尺二寸，直二千一百六十，为大贝十朋。公龟九寸，直五百，为壮贝十朋。侯龟七寸以上，直三百，为幺贝十朋。子龟五寸以上，直百，为小贝十朋。是为龟宝四品。大贝四寸八分以上，二枚为一朋，直二百一十六。壮贝三寸六分以上，二枚为一朋，直五十。幺贝二寸四分以上，二枚为一朋，直三十。小贝寸二分以上，二枚为一朋，直十。不盈寸二分，漏度不得为朋，率枚直钱三。是为贝货五品。大布、次布、弟布、壮布、中布、差布、厚布、幼布、幺布、小布。小布长寸五分，重十五铢，文曰'小布一百'。自小布以上，各相长一分，相重一铢，文各为其布名，直各加一百。上至大布，长二寸四分，重一两，而直千钱矣。是为布货十品。凡宝货三物，六名，二十八品。"（《食货志》）①

"宝货制"的颁行严重扰乱了社会经济生活，难以流通。"百姓愦乱，其货不行。民私以五铢钱市买。""于是农商失业，食货俱废，民涕泣于市道。坐卖买田宅奴婢铸钱抵罪者，自公卿大夫至庶人，不可称数。"王莽不得不宣布："但行小钱直一，与大钱五十，二品并行，龟、贝、布属且寝。"（《食货志》）②只行小钱和大钱二品，余者停止使用。这是他的第四次货币改革。

天凤元年（公元14年），王莽第五次货币改革："复申下金、银、龟、贝之货，颇增减其贾直。而罢大、小钱，改作货布，长二寸五分，广一寸，首长八分有奇，广八分，其圜好径二分半，足枝长八分，间广二分，其文右曰'货'，左曰'布'，重二十五铢，直货泉二十五。货泉径一寸，重五铢，文右曰'货'，左曰'泉'，枚直一，与货布二品并行。又以大钱行久，罢之，恐民挟不止，乃令民且独行大钱，与新货泉俱枚直一，并行尽六年，毋得复挟大钱矣。"（《食货志》）③ 废止大钱和小钱，另作货布、货泉两种货币；大钱可贬值当一枚货泉。

---

① （东汉）班固撰：《汉书》，中华书局1962年版，第1178～1179页。
② （东汉）班固撰：《汉书》，中华书局1962年版，第1179页。
③ （东汉）班固撰：《汉书》，中华书局1962年版，第1184页。

王莽的货币改革有一些重要的特点。首先，王莽每一次货币改革都是以小易大，以轻易重，货币大幅贬值。第一次改革的大钱重 12 铢，含铜仅为 5 铢钱的 2.4 倍，却当 50 枚 5 铢钱使用，这样每发行一枚大钱就要从百姓手中夺去 47.6 枚 5 铢钱。第二次改革禁行 5 铢钱，改铸重 1 铢的小钱当 1 枚 5 铢钱使用，这样每发行 1 枚小钱就从民众手中夺去 4 倍于小钱的价值。第三次改革中的大布重 1 两，即 24 铢（不抵 5 铢钱 5 枚），却当 5 铢钱 1000 枚使用。第五次改革中的货布，重 25 铢（为 5 铢钱 5 倍），却当 25 枚 5 铢钱使用。

其次，王莽每一次货币改革都以新废旧。虽然第五次改革准许大钱贬值使用 6 年，但未明文规定 6 年后如何处理。禁止使用旧币，对旧币的持有者是重大损失。为了避免这种损失，人们纷纷私自铸钱，"民多盗铸者"。为了禁止盗铸，王莽"乃禁不得挟铜炭"，"禁列侯以下不得挟黄金，输御府受直，然卒不与直"（《王莽传》）。① 将旧币按货币金属兑换新币，本已损失惨重，然即便这种不等价兑换，王莽政权最终不肯付钱，实际是直接掠夺旧币持有者的财富。但要使用新币，民众就得拿自己的资财与国家交换，这就把民众的大量财富集中到国库里。因此，王莽的每一次改革货币，就是对全国民众，包括大地主富商的一次洗劫，"每一易钱，民用破业"（《食货志》）。② 这种反复进行货币贬值，洗劫社会的改革，不仅使王莽政权受到大地主官僚、大商人的反对，更受到广大普通民众的反对，王莽也就失去了统治的社会基础。

但是，王莽极为迷信权力，迷信皇权。认为"制定则天下自平"（《王莽传》）。③ 因此，为了推行"王田"制，规定："敢有非井田圣制，无法惑众者，投诸四裔，以御魑魅。"（《王莽传》）④ 为了推行五均六筦，规定："复明六筦之令。每一筦下，为设科条防禁，犯者罪至死，吏民抵罪者。"（《王莽传》）⑤ 虽然"宝货制"极为不便，"百姓不从，但行小大钱二品而已。盗铸钱者不可禁"，但为了推行，"乃重其法，一家铸钱，五家坐之，没入为奴婢。吏民出

---

① （东汉）班固撰：《汉书》，中华书局 1962 年版，第 4087 页。
② （东汉）班固撰：《汉书》，中华书局 1962 年版，第 1184 页。
③ （东汉）班固撰：《汉书》，中华书局 1962 年版，第 4140 页。
④ （东汉）班固撰：《汉书》，中华书局 1962 年版，第 4111 页。
⑤ （东汉）班固撰：《汉书》，中华书局 1962 年版，第 4150 页。

入，持布钱以副符传，不持者，厨传勿舍，关津苛留"(《王莽传》)。① 在王莽依靠专制暴力推行的改革下，"农商失业，食货俱废，民人至涕泣于市道。及坐卖买田宅、奴婢、铸钱，自诸侯、卿、大夫至于庶民，抵罪者不可胜数"(《王莽传》)。② 最后，广大民众无法生存下去了，终于爆发了声势浩大的农民起义战争，推翻了王莽的统治。

---

① （东汉）班固撰：《汉书》，中华书局 1962 年版，第 4122 页。
② （东汉）班固撰：《汉书》，中华书局 1962 年版，第 4112 页。

第五章 东汉前期的管理思想

东汉前期是指从光武帝刘秀建武初年至章帝刘炟章和末年的 60 余年时间。公元 25 年,出身西汉皇族的刘秀以武力击败了篡位的王莽,夺得帝位,建都洛阳,年号建武,是为光武帝。刘秀仍称汉朝,史称东汉。刘秀建立东汉后,在政治管理方面上改革官制,整顿吏治,加强对官员的监察,强化对军队的控制。在经济管理方面,废除"官奴",清查土地,把公田借给农民耕种,提倡垦荒,发展屯田,安置流民,赈济贫民。到公元 1 世纪中叶,经过光武帝、明帝、章帝三代的治理,东汉王朝逐渐恢复了昔日汉朝的强盛。

第一节
东汉前期管理思想概述

东汉前期沿用了西汉初年的许多管理方针与政策,并在某些方面做了适当调整和改革,使之更加适合当时的社会状况。本节先阐述东汉前期管理思想的形成,然后介绍此时期管理思想的主要代表,之后论析此时期管理思想的特点。

一、东汉前期管理思想的形成

刘秀于建武元年(公元 25 年)称帝,建立东汉。于建武十三年(公元 37 年)重新统一全国。刘秀管理天下,有宽厚柔仁的一面,也有严切的一面。

两汉之际由于王莽的残暴统治和数十年间的战争,社会发生了极大变化。

西汉后期的全国垦田面积曾一度达到827万余顷，而到王莽末年，冯衍《计说鲍永》叙写了当时荒芜的社会状况："众强之党，横击于外，百僚之臣，贪残于内，元元无聊，饥寒并臻，父子流亡，夫妇离散，庐落丘墟，田畴芜秽，疾疫大兴，灾异蜂起。于是江湖之上，海岱之滨，风腾波涌，更相骑藉，四垂之人，肝脑涂地，死亡之数，不啻太半，殃咎之毒，痛入骨髓，匹夫僮妇，咸怀怨怒。"（《冯衍传》）[1] 王莽新政结束后，又经10余年间的兼并战争，社会更加凋敝，"野谷旅生，麻尗尤盛，野蚕成茧，被于山阜"（《光武帝纪》），[2] 整个社会荆棘丛生。与此同时，全国户口也由于弊政、战争、灾荒等因素锐减。西汉末年全国曾达到5900多万的人口，经王莽的暴政，"攻战之所败，苛法之所陷，饥馑之所夭，疾疫之所及，以万万计"（《隗嚣传》），[3] "战斗死亡，缘边四夷所系虏，陷罪，饥疫，人相食，及莽未诛，而天下户口减半矣"（《食货志》）。[4] 东汉初年，几经战乱，人口更加减少。社会生产力受到严重破坏，人民生活根本无法保障。因此，东汉前期要使政权巩固，社会秩序得到恢复，刘秀必须采取得当的管理政策措施。在全国统一过程中，刘秀就迫不及待地推行了一系列休养生息、务在养民、扶助贫弱的宽厚柔仁之政。

另外，如果对豪强地主等兼并势力一味宽厚放任，不加限制，仍然不可能实现恢复、发展社会经济和巩固国家政权的目的。东汉政权在建立过程中，因为形势需要曾先后分封了大批功臣。他们原本多为豪强地主，此时通过分封进一步发展了政治经济势力。这虽然使他们成了巩固和扩大东汉政权的阶级基础，却增加了大批的官僚贵族和特权阶层。一旦机会适宜，他们会迅速暴露出其兼并性和割据性。鉴于西汉末年权臣当政、皇权衰落、土地兼并严重的深刻教训，如果不抑制豪强地主和官僚贵族等特权阶层，国家政权就不稳固。因此，在全国统一后，刘秀政治上逐渐"以严猛为政"：一是在"退功臣而进文吏"的同时新提拔大批文职官员，削弱三公权力，并加强对他们的监督；二是对地方官员也严加督察；三是打击宗室诸王；四是对执掌军政大权而乱

---

[1]（南朝·宋）范晔撰：《后汉书》，中华书局1965年版，第966页。
[2]（南朝·宋）范晔撰：《后汉书》，中华书局1965年版，第32页。
[3]（南朝·宋）范晔撰：《后汉书》，中华书局1965年版，第517页。
[4]（东汉）班固撰：《汉书》，中华书局1962年版，第1185页。

法纪的人严加打击。明帝刘庄即位后，进一步采取"严切"的措施限制公卿百官的权力，抑制打击功臣元勋等各种势力。在章帝刘炟即位后，虽然严切之政受到激烈抨击，章帝也采取了宽松的政策，但"严切"的措施并没有根本改变。

二、东汉前期管理思想的代表人物

东汉前期，明帝、章帝在很大程度上承袭了光武帝的管理思想，而生活于此时期的著名史学家班固亦在其《汉书》中陈述了他对管理的认识和主张。因此，本时期管理思想的代表人物主要有光武帝和班固。

（一）光武帝

光武帝刘秀（公元前6～公元57年），字文叔，南阳蔡阳（今湖北枣阳市西南）人，高祖刘邦的九世孙，南阳豪富。王莽地皇三年（公元22年），刘秀与长兄刘縯起兵反对王莽政权。同年加入绿林起义军。翌年二月，起义军将领拥立刘玄为更始帝，建立起更始政权。三月，刘玄命刘秀、王凤、王常出征，攻下昆阳、定陵、郾三县；王莽慌忙派王邑、王寻率领42万大军南下，企图一举消灭起义军。昆阳被王莽军围困，形势危急。刘秀说服诸将固守昆阳，留农民军将领王凤、王常率八九千人守城，自己带13骑突围至郾、定陵，调集援兵。他亲率3000援军直冲王莽军中坚，杀死王寻；城内守军也出城夹击，王莽军大败。昆阳一战，歼灭了王莽主力。但在这时，更始政权内部发生分裂，更始帝杀了刘縯。刘秀听从冯异计谋，摆脱更始帝监控，被获准去河北略地。他先消灭了河北的割据势力王郎，接着他打着更始旗号，采用军事进攻和分化瓦解相结合的手段，镇压、收编了河北铜马等几十万起义军，控制了河北地区。建武元年（公元25年）6月，刘秀称帝，定都洛阳，建立东汉。但当时国内还存在王莽势力的残余以及绿林、赤眉义军的其他力量。刘秀采取集中力量，由近及远、各个击破的方略，先后剪除、吞并了王莽残余和义军力量，于公元36年统一了全国。

在政治管理方面，刘秀鉴于西汉权臣当政和外戚篡权的教训，极力加强皇权，把权力集中于皇帝一身。在经济管理方面，他着力恢复生产，发展经济，稳定社会秩序；针对人口减少而县级行政机构繁多的现状，他合并了400余县，削减了许多官吏，从而节省了行政支出；释放奴婢，禁止虐待奴婢，缓和阶级矛盾；在田赋方面，减轻农民赋税负担；为增加政府的收入，刘秀还下令度田，把公田借给农民耕种，提倡垦荒，发展屯田，安置流民，赈济贫民。在思想上提倡经学，表彰名节。上述措施，使社会安定，生产发展，东汉王朝兴盛，史称"光武中兴"。

（二）班固

班固（公元32～92年），字孟坚，扶风安陵（今陕西咸阳）人，东汉著名史学家、文学家。班固早慧，9岁能诵读诗赋。建武二十三年（公元47年）前后入太学博览群书，穷究九流百家之言。其学无常师，不死守章句，只求通晓大义。建武三十年丁父忧，自太学返回乡里。在其父著名史学家班彪续补《史记》之作《后传》的基础上，开始撰写《汉书》，章帝建初七年（公元82年）基本完成，小部分未竟内容由其妹班昭续完。章帝建初三年（公元78年）担任守卫玄武门的下级官吏玄武司马。章帝好儒术文学，赏识班固，多次召他入宫廷侍读。第二年，章帝为了广泛动员今文经学派和古文经学派的力量，促进儒家思想与谶纬学紧密结合，加强儒家思想的统治地位，在白虎观召集当时名儒讨论五经同异，并亲自裁决。班固以史官的身份兼任这次会议的记录，奉命整理成《白虎通德论》（又称《白虎通义》）。和帝永元元年（公元89年），大将军窦宪远征匈奴，班固任中护军，参与谋议。窦宪大败北单于，登上燕然山（今蒙古境内的杭爱山），班固撰写了燕然山铭文，刻石记功而还。永元四年，窦宪在政争中失败自杀，班固被牵连入狱，死于狱中。

《汉书》是继《史记》之后，整齐了纪传体史书的形式，并开创了"包举一代"的断代史体例，与《史记》一起成为后世正史的典范。《汉书》在《史记》的基础上新增加了《刑法志》、《五行志》、《地理志》、《艺文志》，开创了政区地理志体例，记录了大量自然和人文地理资料，保存了宝贵的边疆地理资料。

三、东汉前期管理思想的特点

首先，刘秀统一全国后兢兢业业，勤于国家各种政务管理。为了稳定社会秩序，巩固新生的东汉政权，他奉行西汉初年黄老无为而治的指导思想，主张以德治国、以仁治国、以柔治国。他曾云："吾理天下，亦欲以柔道行之。"

《光武帝纪》)① 因匈奴内乱，建武十九年臧宫与杨虚侯马武上书要求出兵平乱，刘秀下诏云："《黄石公记》曰，'柔能制刚，弱能制强'。柔者德也，刚者贼也，弱者仁之助也，强者怨之归也。故曰有德之君，以所乐乐人；无德之君，以所乐乐身。乐人者其乐长，乐身者不久而亡……逸政多忠臣，劳政多乱人。故曰务广地者荒，务广德者强。有其有者安，贪人有者残。残灭之政，虽成必败。今国无善政，灾变不息，百姓惊惶，人不自保，而复欲远事边外乎？孔子曰：'吾恐季孙之忧，不在颛臾。'且北狄尚强，而屯田警备传闻之事，恒多失实。诚能举天下之半以灭大寇，岂非至愿；苟非其时，不如息人。"(《臧宫传》)② 可见，刘秀已在处理内政外交方面都将黄老道家思想作为指导思想。在他管理全国的30多年中，也基本上是以黄老思想作为制定国策的指导。

其次，实行抑强扶弱的政策措施。由于西汉末年王莽弊政和农民起义战争所导致的社会混乱，社会生产力受到严重破坏，社会经济遭到空前摧残，民生艰危。因此，刘秀要巩固政权，恢复社会秩序，就必须采取有利于生产力恢复和发展的政策措施，就必须扶助广大下层民众，即"扶弱"。另外，在东汉政权建立过程中，刘秀先后分封了大批功臣，形成了数量庞大的大官僚地主贵族等特权阶层。鉴于西汉末年皇权衰微、权臣当道、土地并兼、豪右盛行以及农民起义的深刻教训，必须对他们加以限制，即"抑强"。

在抑强方面，刘秀对功臣贵族采取了在经济上给予他们优厚待遇，而政治上加以防范、限制的办法，使大多数功臣皆以列侯奉朝请，自动放弃政治上的特权。即使可以参议国家大事的邓禹、李通、贾复三人，也深知刘秀"不欲功臣拥众京师"，"并剽甲兵，敦儒学"(《贾复传》)，③避荣宠远名势。刘秀还设置御史、司隶校尉和十二部州刺史，对中央和地方官吏严加督责。《申屠刚传》云："时内外群官，多帝自选举，加以法理严察，职事过苦，尚书近臣，乃至捶扑牵曳于前，群臣莫敢正言。"④ 建武时任大司徒的伏湛、韩歆、欧阳款等人，皆因事罢官或下狱。刘秀为抑制三公的权力，扩大尚书台职权，任用资历

---

① （南朝·宋）范晔撰：《后汉书》，中华书局1965年版，第68～69页。
② （南朝·宋）范晔撰：《后汉书》，中华书局1965年版，第695～696页。
③ （南朝·宋）范晔撰：《后汉书》，中华书局1965年版，第667页。
④ （南朝·宋）范晔撰：《后汉书》，中华书局1965年版，第1017页。

浅的中下级官吏,"虽置三公,事归台阁","三公之职,备员而已"(《仲长统传》)。① 明帝即位后,对待官吏更加严切。《钟离传》云:"帝(明帝)性偏察,好以耳目隐发为明,故公卿大臣数被诋毁,近臣尚书以下至见提拽。尝以事怒郎药崧,以杖撞之……朝廷莫不悚栗,争为严切,以避诛责。"② 另外,光武帝、明帝对宗室诸王以及外戚皆严加控制。刘秀严禁王子、诸王交通宾客,结党营私。明帝屡兴大狱,如广陵王刘荆、楚王刘英、淮阳王刘延、济南王刘康等,皆因不法"徙者数万";还规定外戚不得封侯,使得贵戚莫敢犯法。光武帝、明帝还抑制和打击郡国大姓、地主豪强、富商大贾及其他潜在的、不利于国家稳定和统一的各种势力。在这方面,如采取限制商人购置土地;或直接颁布诏令,抑制豪强的不法行为;或任用酷吏,打击豪强等方法。

在抑强的同时,光武帝、明帝、章帝进一步推行扶弱政策,因为扶弱和抑强密切关联。他们都十分重视扶植贫弱,休养生息,务在养民。由于东汉前期社会秩序极为混乱,社会经济相当凋敝,民众生活困苦不堪,所以要迅速恢复社会生产力,巩固国家政权,扶弱在一定程度上比抑强更加迫切。他们先后实行了一系列的扶弱政策,释放囚徒和奴婢,革除王莽弊政;把公田分给贫民,轻徭薄赋;采取赐爵、赈贷等办法安置流民等,下文将详细论述。

第二节

光武帝的管理思想

东汉王朝的开国皇帝光武帝刘秀是我国地主阶级专政历史上的一位较有作为的开明君主,他面对东汉初年江山破碎、断壁残垣的社会状况,勤于管理国家各种事务,锐意开拓,使东汉王朝在满目疮痍中恢复和发展起来,开创了东汉王朝盛世——"光武中兴"。作为一代明君,其管理思想在中国管理思想史上具有重要意义。

---

① (南朝·宋)范晔撰:《后汉书》,中华书局1965年版,第667页。
② (南朝·宋)范晔撰:《后汉书》,中华书局1965年版,第1409页。

一、宗奉黄老，尊儒尚节

为了巩固新生的东汉政权，光武帝确定以黄老无为思想为指导，实行宽厚柔仁之政。他曾云："吾理天下，亦欲以柔道行之。"（《光武帝纪》）① 因匈奴内乱，建武十九年臧宫与杨虚侯马武上书要求出兵平乱，刘秀在其诏书（前已引到）中明确提出要以黄老道家思想作为国家管理及对外关系等方面的指导思想。从刘秀兢兢业业管理国家的30多年来看，他确实实践了上面诏书中提出的管理思想。

刘秀起兵初年，为了延揽英雄，壮大力量，对部属宽厚泛爱、广施恩德。若将士犯了不很严重的错误，他"每能回容，宥其小失"（《马武传》）。② 如攻灭王郎后，"收文书，得吏人与郎交关谤毁者数千章。光武不省，会诸将军烧之，曰：'令反侧子自安'"（《光武帝纪》）。③ 他还比较体恤部属。如在攻灭王郎的过程中，武固侯李忠家属被敌拘捕，他下令李忠归救老母妻子："宜自募吏民能得家属者，赐钱千万，来从我取。"（《李忠传》）④ 又如贾复在攻打青犊起义军的战斗中负了重伤，刘秀知后则大惊："我所以不令贾复别将者，为其轻敌也。果然，失吾名将。闻其妇有孕，生女邪，我子娶之，生男邪，我女嫁之，不令其忧妻子也。"（《贾复传》）⑤ 光武对其他将领伤亡的善后工作也及时得体。如建元十一年来歙征蜀，被刺客所杀，刘秀省书揽涕，赐策表彰，还"乘舆缟素临吊送葬"（《来歙传》）。⑥ 对其他将领如祭遵、吴汉、铫期等人去世后，刘秀也都亲自参加葬礼。正因如此，将士们都忠心追随，愿为前赴后继，大大增强了刘秀部队的战斗力。

对于其他割据势力等异己力量，刘秀依据黄老道家的权变原则，尽量采用分化、拉拢等手段使其归顺，避免使用武力，甚至对仇者也不念旧恶，争取为我所用。如朱鲔因谋害刘秀兄刘𬙂，又谏劝更始帝不派遣刘秀北伐，他"自知

---

① （南朝·宋）范晔撰：《后汉书》，中华书局1965年版，第68~69页。
② （南朝·宋）范晔撰：《后汉书》，中华书局1965年版，第785页。
③ （南朝·宋）范晔撰：《后汉书》，中华书局1965年版，第14~15页。
④ （南朝·宋）范晔撰：《后汉书》，中华书局1965年版，第755页。
⑤ （南朝·宋）范晔撰：《后汉书》，中华书局1965年版，第665页。
⑥ （南朝·宋）范晔撰：《后汉书》，中华书局1965年版，第589页。

罪深"不敢投降。刘秀为了打消朱鲔疑虑,曰:"夫建大事者,不忌小怨。鲔今若降,官爵可保,况诛罚乎?河水在此,吾不食言。"(《岑彭传》)① 朱鲔降后,刘秀拜鲔为平狄将军,封扶沟侯,传封累代。刘秀破铜马等起义军,封其渠帅为列侯,但降者犹不自安,刘秀知道他们的疑虑,敕令他们各归营勒兵,自乘轻骑按行部阵,降者更相语曰:"萧王推赤心置人腹中,安得不投死乎!"由是皆服(《光武帝纪》)。②

对于功臣元勋,刘秀采取黄老道家的柔性管理思想,有效避免了功臣与皇权的冲突。东汉建立之初,刘秀为了取得统一战争的胜利,曾大封功臣将领,并在政治和经济上给予优厚待遇。但是,全国统一后,如何与这些功臣将领分享国家权力成了突出问题。刘秀吸取了西汉前期的狡兔死、走狗烹的教训,在经济上给予他们优厚的待遇,而在权力上加以限制,多数功臣皆以列侯奉朝请,但"不以功臣任职","高秩厚礼,允答元功"(《马武传》),③ 使得功臣们得以善终,避免了功臣受诛的悲剧。

在统一天下的过程中,刘秀适应了民心思治的客观形势,颁布了许多对社会经济恢复和发展有利的政策措施。如释放囚徒,革除王莽苛政;减轻田租,轻徭薄赋;存问孤寡,释放奴婢;"务进柔良,退贪酷"(《光武帝纪》),④ 抑强扶弱等。这些宽厚柔仁的政策措施迅速恢复和发展了社会经济,得到民众的大力支持,为完成统一起到了巨大作用。

刘秀出身皇族,从小受到很好的儒学教育,他的管理思想中也因此融合了儒家思想的成分。在统一战争期间他就很重视儒学,每到一处就征集搜罗古代典籍,拜访当地著名儒学人物,对他们封官、封赏。每天政务之余,还和一些儒者畅谈儒学经典,夜深不寐。有时还亲自主持有关辩论,乐此不疲。东汉建国后,他在洛阳修建官方的最高学府,即太学,设五经博士,恢复了西汉的14博士之学。还常到太学巡视。在他的倡导下,许多郡县都兴办了地方学校,民间也出现了许多私学,尊尚儒学成为一时之风气。为了尊儒,刘秀巡幸鲁地

---

① (南朝·宋)范晔撰:《后汉书》,中华书局1965年版,第655页。
② (南朝·宋)范晔撰:《后汉书》,中华书局1965年版,第17页。
③ (南朝·宋)范晔撰:《后汉书》,中华书局1965年版,第787页。
④ (南朝·宋)范晔撰:《后汉书》,中华书局1965年版,第39页。

时曾派遣大司空祭祀孔子,后来又封孔子后裔孔志为褒成侯;对儒家今文学派的谶纬学更是崇拜备至。

同时,刘秀鉴于西汉末年许多官员、名士贪醉利禄,依附王莽,于是倡导儒家气节。对王莽新朝时隐居不仕的官员、名士加以表彰,诏告天下,表扬他们忠于汉室、不仕二姓的高风亮节,还礼聘他们,拔擢一些学识渊博的儒士。范晔《后汉书·逸民传》云:"光武侧席幽人,求之若不及,旌帛蒲车之所征贲,相望于岩中矣。若薛方、逢萌,聘而不肯至;严光、周党、王霸,至而不能屈。群方咸遂,志士怀仁,斯固所谓'举逸民天下归心'者乎!肃宗亦礼郑均而征高凤,以成其节。"① 东汉末年对高士的钦慕往往胜过王公贵族,党锢之祸中涌现出来的李膺、陈蕃、范滂等蹈仁践义、视死如归的名士大夫,都与刘秀提倡儒家气节而形成重气节的风气密切相关。

二、发展经济

恢复和发展社会经济是巩固新生的东汉政权,维护社会稳定的基本条件。公元 25 年刘秀建立了东汉王朝,但是,之前的长期战乱和正在进行的战争使东汉经济恢复缓慢,当时社会可谓"丧乱之余,群县残荒"(《郑兴传》),② 战争对社会生产力造成严重破坏。建武二年(公元 26 年),"三辅大乱,人相食,城郭皆空,白骨蔽野"(《刘盆子传》)。③ 在废墟之中建立起来的政权如果不尽快恢复陷于危机之中的社会经济,发展民生,这个新生的政权就必然会丧失其存在的基础。而要恢复和发展当时的社会经济,根本任务是恢复和发展农业生产力。这不仅需要有一个安定的社会环境,而且要使生产者具备基本的生产与生活条件。因此,刘秀采取了一系列积极措施以恢复和发展社会经济,使东汉走向了"中兴"之路。

首先,释放奴婢、刑徒,安置流民。随着西汉中后期豪强地主土地兼并加剧,大量自耕农破产,农民沦为奴婢、刑徒者日益增多,这是西汉末年阶级矛盾日趋尖锐的重要因素。哀帝和王莽都曾想解决这个问题,但皆未果。王莽末

---

① (南朝·宋)范晔撰:《后汉书》,中华书局 1965 年版,第 2756~2757 页。
② (南朝·宋)范晔撰:《后汉书》,中华书局 1965 年版,第 1223 页。
③ (南朝·宋)范晔撰:《后汉书》,中华书局 1965 年版,第 484 页。

年，许多的奴婢、刑徒参加起义，不少的奴婢、刑徒也参加了一些割据势力。刘秀在重建刘汉王朝的统一战争中，为了瓦解敌人和壮大自己，也为了稳定社会秩序和缓和阶级矛盾，曾多次下诏，命令释放奴婢，并规定凡虐待杀伤奴婢者皆处罪。诏令免奴婢为庶人的范围主要是：王莽新政期间吏民被非法没为奴的，或因贫困被卖为奴婢的；王莽末年因饥荒、战乱被卖为奴婢的；在战乱中被掠为人妻的。另外，还规定不得任意杀伤奴婢，废除"奴婢射伤人弃市律"（《光武帝纪》）。① 在省减刑罚的诏令中，刘秀还多次宣布释放刑徒，即"见徒免为庶人"（《光武帝纪》）。② 正是刘秀坚决推行了释放奴婢、刑徒的政策，解放了大量的农业劳动力，使他们又回到了土地上从事农业生产，极大地恢复和发展了农业经济。

流民问题在东汉初年较为严重。从西汉末期到东汉初年，连年战争，严重的土地兼并，频发的自然灾害，致使大量农民流离失所。《后汉书》应劭《汉官》注曰："世祖中兴，海内人民可得而数，裁（才）十二三。"（《郡国志》）③ 大量流民不仅直接影响了社会稳定和经济发展，也直接影响了国家的财赋收入和兵役徭役的征发。刘秀采取了一系列相应的措施来安置流民：一是赐爵以稳定自耕农的社会地位。为防止自耕农流亡，刘秀曾多次发布赐爵诏令，如建武二十九年（公元53年）他宣布："赐天下男子爵，人二级；鳏、寡、孤、独、笃癃、贫不能自存者粟，人五斛。"第二年水灾，他又发布了两道内容基本相同的诏书（《光武帝纪》）。④ 二是通过开垦荒地来安置流民。建武六年（公元30年）李忠任丹阳太守期间，重视农业生产，"垦田增多，三岁间流民占著者五万余口"。（《李忠传》）⑤ 三是组织流民实边。建武十一年（公元35年）马援任陇西太守，上疏迁还金城流入武威的农民3000多人，"使各反旧邑。援奏为置长吏，缮城郭，起坞候，开导水田，劝以耕牧，郡中乐业"（《马援传》）。⑥ 建武二十一年，"始遣中郎将马援、谒者，分筑烽候，堡壁稍兴，立郡县十余

---

① （南朝·宋）范晔撰：《后汉书》，中华书局1965年版，第58页。
② （南朝·宋）范晔撰：《后汉书》，中华书局1965年版，第39页。
③ （南朝·宋）范晔撰：《后汉书》，中华书局1965年版，第3533页。
④ （南朝·宋）范晔撰：《后汉书》，中华书局1965年版，第80~81页。
⑤ （南朝·宋）范晔撰：《后汉书》，中华书局1965年版，第756页。
⑥ （南朝·宋）范晔撰：《后汉书》，中华书局1965年版，第836页。

万户，或空置太守、令、长，招还人民……乃建立三营，屯田植谷，驰刑谪徒以充实之"(《郡国志》引应劭《汉官》注)。① 在边郡建立三营，迁送罪犯屯田种粮。刘秀采取这一系列的措施较好地安置了流民，对于恢复和发展农业，稳定社会秩序具有重要意义。

其次，全国度田，轻徭薄赋。在全国范围内推行度田是刘秀一项重要的经济管理政策，核心是打击豪强地主大量占有和兼并土地。由于豪强地主占有大量农村劳动力，并对其占有的大量土地、户籍人口隐匿不报或所报不实，致使国家的财政收入蒙受重大损失；也使国家不能有效地对土地、户籍进行管理。刘秀决心解决这一问题，建武十五年（公元39年）他"诏下州郡检核垦田顷亩及户口年纪"（《光武帝纪》），② 全国范围内推行度田。刘秀度田不仅是为了全面掌握豪强地主非法占有劳动人口，增加政府的赋税收入；而且他企图通过对户口、垦田的检核，解散豪强地主的武装，打击地主豪强势力。从他度田的过程看，虽然下诏之后迅速出现了"河南帝城，多近臣，南阳帝乡，多近亲，田宅逾制，不可为准"的状况，以及"刺史、太守多不平均，或优饶豪右，侵刻羸弱"（《刘隆传》）现象，③ 使度田过程曲折复杂。但是，刘秀采取了果决的措施，坚决抑制豪强。一方面，他下诏"考实二千石长吏阿枉不平者"，处死了大司徒欧阳歙，"河南尹张伋及诸郡守十余人，坐度田不实，皆下狱死"（《光武帝纪》）；④ 对一些功大罪轻者，如六郡太守刘隆、琅琊太守李章、陈留太守周防等分别给予刑、免等严重处分。另一方面，因为一些度田官不敢对豪强地主如实度田，而是把度田所造成的矛盾转嫁给中小地主和广大农民身上。为了增加"多田"数字，度田官们不仅丈量他们的小块耕地，连他们的住宅、村落都丈量了进去。百姓怨声载道，困苦不堪，引起他们大规模的骚乱。刘秀采用武装镇压和分化瓦解相结合的方式，镇压了这些民变，并派遣官员进行更正，使度田得以进行下去。这说明刘秀并不同意对"河南帝城"、"南阳帝乡""田宅逾制"不加限制的做法，也不同意让"优饶豪右，侵刻羸弱"，而是要坚决抑制贵族豪强。虽然度田的过程中出现了不少问题，但度

---

① （南朝·宋）范晔撰：《后汉书》，中华书局1965年版，第3533页。
②④ （南朝·宋）范晔撰：《后汉书》，中华书局1965年版，第66页。
③ （南朝·宋）范晔撰：《后汉书》，中华书局1965年版，第780～781页。

田迫使一些被"优饶"的豪右补交了由于隐瞒土地、户籍人口而少缴的租税。通过度田，刘秀较全面地掌握了全国各地的户口、垦田情况，基本上达到了增加国家赋税收入的目的；还通过对户口、垦田数字的核实，不同程度地打击了豪强地主势力；在镇压了因度田不公而引起的民变事件后，刘秀把许多"郡国大姓"和"兵长"迁移他郡，解除了他们的私人武装，没收了他们的大量地产，沉重打击了地方豪强等割据势力。因此，刘秀度田的目的还是基本上实现了的。

东汉初年，民众饱经战乱，人口锐减，刘秀实行与民休息的政策，轻徭薄赋。建武六年（公元 30 年）他下诏："顷者师旅未解，用度不足，故行什一之税。今军士屯田，粮储差积。其令郡国收见田租三十税一，如旧制。"（《光武帝纪》）① 恢复西汉前期三十税一的赋制。刘秀还经常利用减免田租、算赋等方式来助弱扶贫。如建武二十二年南阳地震，他下诏："其令南阳勿输今年田租刍稿……赐郡中居人压死者棺钱，人三千。其口赋逋税而庐宅尤破坏者，勿收责。吏人死亡，或在坏垣毁屋之下，而家羸弱不能收拾者，其以见钱谷取佣，为寻求之。"（《光武帝纪》）② 刘秀还减省民众徭役。"帝在兵间久，厌武事，且知天下疲耗，思乐息肩。自陇、蜀平后，非儆急，未尝复言军旅"，"量时度力，举无过事"（《光武帝纪》）。③ 建武十三年下诏："往年已敕郡国，异味不得有所献御，今犹未止，非徒有豫养导择之劳，至乃烦扰道上，疲费过所。其令太官勿复受。明敕下以远方口实所以荐宗庙，自如旧制。"（《光武帝纪》）④

最后，裁撤冗员，精兵简政。东汉建国之初国家财政极为困难，加之统一战争未竟，这对刘秀是一个重要的考验。为了克服各个方面的困难，刘秀采取了开源节流的政策，在向百姓征收"什一之税"的同时，组织军队屯田，积储军粮，这叫开源；节流主要是采取裁冗简政的措施。建武六年，为了紧缩开支，刘秀下诏："夫张官置吏，所以为人也。今百姓遭难，户口耗少，而县官

---

① （南朝·宋）范晔撰：《后汉书》，中华书局 1965 年版，第 50 页。
② （南朝·宋）范晔撰：《后汉书》，中华书局 1965 年版，第 74 页。
③ （南朝·宋）范晔撰：《后汉书》，中华书局 1965 年版，第 85 页。
④ （南朝·宋）范晔撰：《后汉书》，中华书局 1965 年版，第 60 页。

吏职所置尚繁,其令司隶、州牧各实所部,省减吏员。县国不足置长吏可并合者,上大司徒、大司空二府。"(《光武帝纪》)① 采取了压缩国家机构,裁撤冗员的措施,根据该诏令,共裁并了 400 多个县,约占刘秀当时管理县数的 1/3;"吏职减损,十置其一",又将国家公职人员裁减了 9/10 左右。《后汉书·百官志》云:"世祖(刘秀)中兴,务从节约,并官省职,费减亿计,所以补复残缺,及身未改,而四海从风,中国安乐者也。"② 通过精简机构,裁撤冗员,为国家节约了大量开支,社会稳定,百姓安乐。在国家财政好转起来之后,刘秀为减轻农民负担,又恢复了赋税三十税一的制度(《光武帝纪》)。③

建武七年,他又下诏:"今国有众军,并多精勇,宜且罢轻车、骑士、材官、楼船士及军假吏,令还复民伍。"(《光武帝纪》)④ 裁减地方部队,令将士复员,为农业生产补充了大量的劳动力;还取消了郡内每年征兵训练时的都试,地方防务改由招募而来的职业军队担任,这些精兵简政的措施对恢复东汉初年的农村经济起了重要作用。

三、整顿吏治,加强集权

刘秀建汉后,在整顿吏治、强化中央集权方面吸取了前代的经验教训,采取了一系列重要措施。

首先,刘秀采取"虽置三公,事归台阁"⑤ 的措施,防止大臣专权。刘秀建立东汉后,鉴于西汉时期三公权重,权柄下移,尤其是西汉后期权臣专政,皇权衰微的教训,决心加强中央集权。他决定仍然设置三公之位,但把一切行政大权归之于尚书台,由皇帝直接指挥。这样就将政务中枢由三公府移至尚书台,由尚书协助皇帝管理国家事务,这叫"事归台阁"。这种制度的核心是使三公,即太尉、司徒、司空有名无实,实权过渡给皇帝直接管理的尚书台。刘

---

① (南朝·宋)范晔撰:《后汉书》,中华书局 1965 年版,第 49 页。
② (南朝·宋)范晔撰:《后汉书》,中华书局 1965 年版,第 3555 页。
③ (南朝·宋)范晔撰:《后汉书》,中华书局 1965 年版,第 50 页。
④ (南朝·宋)范晔撰:《后汉书》,中华书局 1965 年版,第 51 页。
⑤ 仲长统《昌言·法诫篇》总结刘秀此项措施,曰:"光武皇帝愠数世之失权,忿强臣之窃命,矫枉过直,政不任下,虽置三公,事归台阁。自此以来,三公之职,备员而已。"见范晔撰:《后汉书·仲长统传》,中华书局 1965 年版,第 1657 页。

秀时，尚书台设尚书令 1 人，俸禄 1000 石；尚书仆射 1 人，俸禄 600 石；尚书 6 人（称六曹尚书），俸禄也是 600 石。尚书台官员的官阶和俸禄远不能和位尊望重、俸禄万石的三公相比，但他们的实权远在三公之上。他们掌握着国家机密，出入王命，有时甚至是皇帝的代言人。尚书令总典纲纪，无所不统，其下的六曹尚书分别管理全国公卿、官吏、民政、狱事、外交事务等。三公地位虽显，已无实权，即便是随刘秀打天下的李通、邓禹、贾复三人，虽位至三公，但在权力斗争中，皆避荣宠远权力。可见，尚书台已由宫廷机关变成了国家最高行政管理机关。

其次，采用"退功臣而进文吏"的方法，消夺功臣权力。刘秀深知他手下那些能征善战的将领未必都具有管理天下的才能，他们或许可能是战场的英雄，但在治国理政方面却可能很蹩脚，更有甚者可能自恃功高，罔顾国法。如何处理与功臣的关系，是刘秀重新统一全国后重要而迫切的任务。西汉初年，高祖刘邦为了加强皇权，对功臣采取兔死狗烹、卸磨杀驴的策略，处死了许多妨碍皇权的功臣。刘秀改变了刘邦的做法，对功臣采取怀柔政策，在经济上给予他们优厚的待遇，而在权力上加以限制，从而防止了相互之间关系的恶化，也避免了功臣受诛的悲剧。建武二年，刘秀"封功臣皆为列侯，大国四县，余各有差"，当时封邓禹为梁侯、吴汉为广平侯，皆食封四个县的租税。刘秀同时下诏告诫他们："人情得足，苦于放纵，快须臾之欲，忘慎罚之义。惟诸将业远功大，诚欲传于无穷，宜如临深渊，如履薄冰，战战栗栗，日慎一日。"有个叫刘恭的博士不理解刘秀分封的用意，曰："古帝王封诸侯不过百里，故利以建侯，取法于雷，强干弱枝，所以为治也。今封诸侯四县，不合法制。"刘秀虽然立即批评了这种论调："古之亡国，皆以无道，未尝闻功臣地多而灭亡者。"但还是谆谆告诫功臣："在上不骄，高而不危；制节谨度，满而不溢。敬之戒之。传尔子孙，长为汉藩。"（《光武帝纪》）[①] 当时正处在全国统一战争期间，分封功臣并未剥夺他们的军权。但全国统一后，这种做法就改变了。如建武十三年，大将军吴汉打败公孙述凯旋，刘秀在宫中设宴，"于是大飨将士，班劳策勋。功臣增邑更封，凡三百六十五人。其外戚恩泽封者四十五人"。但

---

① （南朝·宋）范晔撰：《后汉书》，中华书局 1965 年版，第 26 页。

同时"罢左右将军官。建威大将军耿弇罢"(《光武帝纪》)。① 这次分封时统一战争基本结束,所以同时罢免了左、右将军和拥有重兵的建威大将军耿弇。分封的功臣除"奉朝请"外,一般不给予参与朝政的权力。但刘秀对他们却非常优待,不仅赦免他们的小错,若建立新功,还随时增加封赏。这样,不仅保全了他们的俸禄,更重要的是保全了他们的晚节。如随刘秀起兵的南阳二十八将,就"功成而退",得以善终。

刘秀尊重知识,尊重人才。为招贤纳士参与国家管理,他采取了察举与征辟相结合的措施,多次下诏察举、征辟全国人才,充实官员队伍。建武十二年(公元36年),刘秀下诏让三公以下至州牧的官吏,按"四科"(德行、言语、政事、文学)标准每人推荐茂才、廉吏1~3人。为防止作弊,他还对推荐上来的人才亲自考核。同时,也经常考核朝中现任官吏的政绩,选优汰劣。可以说,刘秀任用的官吏是比较称职的。如他重用的张堪,少年时品学兼优。刘秀封其为郎中,后升为蜀郡太守,在任期间恪尽职守,廉洁奉公,"慰抚吏民,蜀人大悦";调离蜀郡时乘的是破马车,穿的是粗布衣。范晔《张堪传》接着叙述张堪:"在郡二年,征拜骑都尉,后领骠骑将军杜茂营,击破匈奴于高柳,拜渔阳太守。捕击奸猾,赏罚必信,吏民皆乐为用。匈奴尝以万骑入渔阳,堪率数千骑奔击,大破之,郡界以静。乃于狐奴开稻田八千余顷,劝民耕种,以致殷富。百姓歌曰:'桑无附枝,麦穗两岐。张君为政,乐不可支。'视事八年,匈奴不敢犯塞。"(《张堪传》)② 余者不一一列举。刘秀在选拔人才方面也不拘一格。如把王莽时曾掌管执法官吏的名儒伏湛任为尚书,负责典定制度。刘秀每次外出,皆委任伏湛留守京师,主管京师各级官员。

刘秀的这种做法,被称为"退功臣而进文吏"(《光武帝纪》)。③ 通过这种措施,对功臣"高秩厚礼",使他们得以善终;又使朝廷能够"峻文深宪,责成吏职"(《朱景王杜马刘傅坚马列传论》),④ 从而保证了各项政令得到有效执行,也保证了官员队伍的质量。

---

① (南朝·宋)范晔撰:《后汉书》,中华书局1965年版,第62页。
② (南朝·宋)范晔撰:《后汉书》,中华书局1965年版,第1100页。
③ (南朝·宋)范晔撰:《后汉书》,中华书局1965年版,第85页。
④ (南朝·宋)范晔撰:《后汉书》,中华书局1965年版,第787页。

再次，集中兵权。军队是维护国家统治的机器，兵权与政权密切关联。刘秀认为，加强中央集权，必须解除、削减地方兵权，使其不构成对中央的威胁。

随着统一战争逐渐在全国取得胜利，刘秀也按步骤、分阶段削弱地方兵权。建武六年匈奴与汉通好，边境相对安宁，加之征西大将军冯异打败西北割据势力隗嚣的军队，刘秀决定："初罢郡国都尉官。始遣列侯就国。"（《光武帝纪》）① 第一次削夺郡国都尉的兵权。建武七年，采取了进一步措施，二月"罢护漕郎都尉官"，三月下诏："今国有众军，并多精勇，宜且罢轻车、骑士、材官、楼船士及军假吏，令还复民伍。"（《光武帝纪》）② 该诏令实际就是解散地方军队。刘秀高瞻远瞩，遣散地方军队，一方面增加了农业劳动人口，对于战后恢复和发展农业起了重要作用；另一方面削减了军费开支，减少国家财政负担。更为重要的是避免了形成地方割据势力，强化了中央对地方的控制。

与上述行动同时，刘秀扩充中央军队。东汉的中央军队分两大部分：野战部队和卫戍部队。野战部队的首领为将军，不常置；下设有第一大将军，次骠骑将军，次军骑将军，次卫将军，又有前、后、左、右将军。刘秀时曾以吴汉为大将军、景丹为骠骑将军。野战部队的主要职责是受皇帝旨意对外征伐。战争结束，取消将军职务。卫戍部队是皇帝直接统领指挥的保卫皇室王宫的部队，以南军和北军为核心，南军保卫皇宫，北军卫戍京师，担负君主宿卫、京城安全的责任。南军、北军是保卫刘秀政权的重要力量，也是他的嫡系部队。刘秀通过削弱地方兵权和扩充中央军队的方法，来实现完全掌控国家军队的目的。

最后，加强对各级官吏的监督。刘秀建汉后，极为注意对官员的监督，并形成一套自上而下的监察体系。

在中央设置负责监督的官员廷尉、御史中丞和司隶校尉。廷尉"掌平狱，奏当所应。凡郡国谳疑罪，皆处当以报"（《百官志》），③ 凡属郡国处罚不当的案件，均由廷尉上报。御史中丞负责总的"密举非法"，下设治书侍御史二人，"掌选明法律者为之。凡天下诸谳疑事，掌以法律当其是非。"下又设侍御史

---

① ② （南朝·宋）范晔撰：《后汉书》，中华书局1965年版，第51页。
③ （南朝·宋）范晔撰：《后汉书》，中华书局1965年版，第3582页。

15人，"掌察举非法，受公卿群吏奏事，有违失举劾之。凡郊庙之祠及大朝会、大封拜，则二人监威仪，有违失则劾奏"（《百官志》）。① 司隶校尉，"掌察举百官以下，及京师近郡犯法者"，"并领一州"，监察权力很大；下设从事史十二人，"都官从事，主察举百官犯法者。功曹从事，主州选署及众事。别驾从事，校尉行部则奉引，录众事。簿曹从事，主财谷簿书。其有军事，则置兵曹从事，主兵事。其余部郡国从事，每郡国各一人，主督促文书，察举非法"（《百官志》）。② 司隶校尉除三公不察外，其余官员犯法无所不纠。

在地方建立刺史制。建武十一年（公元35年）初步恢复西汉武帝就已设立的刺史制，当时称为州牧。建武十八年正式恢复刺史之名，当时全国除京都地区由司隶校尉"主察举百官犯法者"外，其余12个州设置12位刺史，每一刺史各主一州。各州刺史常在每年8月巡行所管辖的郡国，以"六条问事"查访各州郡有无冤狱、官员是否忠于职守。这"六条问事"是："一条，强宗豪右，田宅逾制，以强凌弱，以众暴寡。二条，二千石不奉诏书，遵承典制，倍公向私，旁诏守利，侵渔百姓，聚敛为奸。三条，二千石不恤疑案，风厉杀人，怒则任刑，喜则任赏，烦扰刻薄，剥戮黎元，为百姓所疾，山崩石裂，妖祥讹言。四条，二千石选署不平，苟阿所爱，蔽贤宠顽。五条，二千石子弟恃怙荣势，请托所监。六条，二千石违公下比，阿附豪强。通行货赂，割损正令。"（《百官志》注引东汉蔡质《汉仪》）③ 凡属刺史劾奏的官员，无论其在中央还是在地方任职，刘秀毫不手软给予训斥，乃至罢免。当时朱浮上疏批评刘秀的这种做法："（刘秀）即位以来，不用旧典，信刺举之官，黜鼎辅之任，至于有所劾奏，便加退免，复案不关三府，罪谴不蒙澄察。"（《朱浮传》）④ 刘秀并没有因朱浮等官员的批评而放弃监察制度，认为只有建立从中央到地方的监察机构，才能实现对各级官员的有效监控。实践证明，刘秀时期吏治清明，与这时期的严格的监察制度密切关联。

刘秀作为东汉王朝的开国之君，不仅以其卓越的才力结束了西汉末年的农

---

① （南朝·宋）范晔撰：《后汉书》，中华书局1965年版，第3599页。
② （南朝·宋）范晔撰：《后汉书》，中华书局1965年版，第3613～3614页。
③ （南朝·宋）范晔撰：《后汉书》，中华书局1965年版，第3617～3618页。
④ （南朝·宋）范晔撰：《后汉书》，中华书局1965年版，第1143页。

民起义战争和军阀割据，使国家政权重新获得统一，而且兢兢业业，励精图治，"每旦视朝，日仄乃罢。数引公卿、郎、将讲论经理，夜分乃寐"，"虽身济大业，兢兢如不及，故能明慎政体，总揽权纲，量时度力，举无过事"（《光武帝纪》）。① 在确立国家所宗奉的管理思想后，不仅着力恢复和发展社会经济，解决好民生问题，而且重视政权建设，加强中央集权，终于创造了又一个地主阶级专政王朝的兴盛时期，史称"光武中兴"。

第三节

班固的管理思想

东汉著名史学家班固的管理思想主要体现在《汉书》中。班固认为，管理国家应该礼法并用，礼作为治国之本，刑罚也不可或缺，即以德为主，刑罚为辅。他认为刑罚要适宜，执法要公正，才能真正发挥刑法在国家管理中的辅助作用。班固还认为食与货皆为民生之本，食足货通，社会经济才会发展。《食货志》云："食足货通，然后国实民富，而教化成。""财者，帝王所以聚人守位，养成群生，奉顺天德，治国安民之本也。"② 财包括"食"与"货"。班固认为，"食足"与"货通"两者缺一不可，整个社会经济的发展是这两方面的同步发展的结果。

一、礼法并用，德主刑辅

班固认为管理国家应礼法并用。《汉书·礼乐志》序云："礼节民心，乐和民声，政以行之，刑以防之。礼、乐、政、刑四达而不悖，则王道备矣。"③ 他还认为在国家政治管理中，刑法是不可或缺的。《刑法志》序云："鞭扑不可弛于家，刑罚不可废于国，征伐不可偃于天下。用之有本末，行之有逆顺耳。"④

---

① （南朝·宋）范晔撰：《后汉书》，中华书局1965年版，第85页。
② （东汉）班固撰：《汉书》，中华书局1962年版，第1117页。
③ （东汉）班固撰：《汉书》，中华书局1962年版，第1028页。
④ （东汉）班固撰：《汉书》，中华书局1962年版，第1091页。

但是，刑罚在管理中应该处于何种地位？《刑法志》序继续云："文德者，帝王之利器；武者，文德之辅助也。"① 即应以礼为主，刑法为辅。《礼乐志》序还引用刘向的话："教化，所恃以为治也，刑法所以助治也。"② 都是强调礼主刑辅的思想。班固还认为仅凭刑法管理国家会产生诸多弊端，秦朝就因为专任刑罚而迅速灭亡。从班固对贾谊的叙写，可知他非常赞同贾谊的"夫礼者禁于将然之前，而法者禁于已然之后"的观点，认为管理国家应该以德为主，"贵绝恶于未萌，而起教于微眇，使民日迁善远罪而不自知"；③ 应该重视德教，想方设法让民众不犯罪，而不要等到民众犯罪后再去惩罚他们，这样才能民安国泰。

防止人们犯罪应该发挥礼乐的教化作用。《礼乐志》序引用孔子的话："安上治民，莫善于礼；移风易俗，莫善于乐。"④ 礼乐具有如此重要的作用，管理者必须给予足够的重视，"人函天、地、阴、阳之气，有喜、怒、哀、乐之情。天禀其性而不能节也，圣人能为之节而不能绝也，故象天地而制礼乐，所以通神明，立人伦，正情性，节万事者也"。否则全国上下就可能暴嫚失礼，就可能政荒世乱，"治身者斯须忘礼，则暴嫚入之矣；为国者一朝失礼，则荒乱及之矣"。⑤《礼乐志》还引用贾谊的话进一步论说："夫立君臣，等上下，使纲纪有序，六亲和睦，此非天之所为，人之所设也。人之所设，不为不立，不修则坏。汉兴至今二十余年，宜定制度，兴礼乐，然后诸侯轨道，百姓素朴，狱讼衰息。"⑥ 概言之，"治道非礼乐不成"。⑦

班固认为，礼不只是适用于统治阶级内部，而且是适用于整个社会各阶层的、维护社会等级秩序的思想和道德。社会上每一个人都应该懂礼，都应接受礼乐教化。董仲舒《举贤良对策》云："凡以教化不立而万民不正也。夫万民之从利也，如水之走下，不以教化堤防之，不能止也。是故教化立而奸邪皆止

---

① （东汉）班固撰：《汉书》，中华书局1962年版，第1091页。
② （东汉）班固撰：《汉书》，中华书局1962年版，第1034页。
③ （东汉）班固撰：《汉书》，中华书局1962年版，第2252页。
④ （东汉）班固撰：《汉书》，中华书局1962年版，第1028页。
⑤ （东汉）班固撰：《汉书》，中华书局1962年版，第1027页。
⑥ （东汉）班固撰：《汉书》，中华书局1962年版，第1030页。
⑦ （东汉）班固撰：《汉书》，中华书局1962年版，第1070页。

者，其堤防完也；教化废而奸邪并出，刑罚不能胜者，其堤防坏也。"① 班固对此极为赞同，他认为不仅下层人物需要教化，上层人物也需要教化；不仅穷人需要教化，富人也需要教化。司马迁《货殖列传》序云："礼生于有而废于无。故君子富，好行其德；小人富，以适其力。渊深而鱼生之，山深而兽往之，人富而仁义附焉。"② 司马迁认为人们如果富有了就会懂得礼义。班固虽然承认"国实民富而教化成"的观点，但不同意如果人们富有了就一定仁义的看法，认为有不少"富者骄而为邪"，所以要"富而教之"。③ 因此，《礼乐志》序云："古之王者，莫不以教化为大务，立大学以教于国，设庠序以化于邑。教化以明，习俗以成，天下尝无一人之狱矣。"④ 认为对全体民众进行广泛的礼乐教育，这样就能够达到"天下尝无一人之狱"的太平局面。

班固重视礼乐教化的重要作用，但并不认为这是万能的。他认为还有一些经过礼乐教育仍然顽固不化，还要触犯刑律的人，就需要对他们处以刑罚。《礼乐志》序引用董仲舒的话："阳为德，阴为刑。天使阳常居大夏，而以生育长养为事；阴常居大冬，而积于空虚不用之处，以此见天之任德不任刑也。阳出布施于上而主岁功，阴入伏藏于下而时出佐阳。阳不得阴之助，亦不能独成岁功。"⑤ 董仲舒主张管理国家应该以礼为主，但礼乐教化也需要刑罚辅助，礼法并用。班固非常赞同这一观点。可见，班固主张管理国家应该礼法并用，德主刑辅；礼为治国之本，刑法是不可缺少的辅助手段。

二、刑罚适宜，执法公正

班固的国家管理不仅要礼法并用，德主刑辅。同时，在发挥刑罚的辅助作用时，应该做到轻重适宜，公正执法。

班固在《汉书》的《刑法志》及有关《纪》、《传》中，表达了他极力反对酷刑，赞同轻刑，但又不得过轻，实际上是主张刑罚要轻重适宜。班固在《刑法志》中叙述了从上古唐、虞时期至汉代刑罚的发展历程。《刑法志》云："昔

---

① （东汉）班固撰：《汉书》，中华书局1962年版，第2503页。
② （西汉）司马迁撰：《史记》，中华书局1959年版，第3255页。
③ （东汉）班固撰：《汉书》，中华书局1962年版，第1123页。
④ （东汉）班固撰：《汉书》，中华书局1962年版，第1032页。
⑤ （东汉）班固撰：《汉书》，中华书局1962年版，第1031页。

周之法，建三典以刑邦国，诘四方：一曰，刑新邦用轻典；二曰，刑平邦用中典；三曰，刑乱邦用重典。五刑：墨罪五百，劓罪五百，宫罪五百，刖罪五百，杀罪五百，所谓刑平邦用中典者也。"西周五种刑罚：墨（也称黥刑，在额头上刻字涂墨）、劓（割鼻子）、宫（毁坏生殖器）、刖（断足）、杀（死刑）。《刑法志》继续云："陵夷至于战国，韩任申子，秦用商鞅，连相坐之法，造参夷之诛；增加肉刑、大辟，有凿颠、抽胁、镬亨之刑。"战国时期，韩国的申不害、秦国的商鞅实行连坐法，夷三族；还增加肉刑、大辟，有凿颠、抽胁、镬亨（投入油锅）之刑，刑罚越来越重。秦始皇专任刑罚，以至于"赭衣塞路，囹圄成市"，班固对始皇专任刑罚进行了准确的揭露。①

刘邦入关，尽除秦朝苛法，与民约法三章："杀人者死，伤人及盗抵罪"，于是"兆民大悦"。但《刑法志》又指出："汉兴之初，虽有约法三章，网漏吞舟之鱼。然其大辟，尚有夷三族之令。令曰：'当三族者，皆先黥，劓，斩左右止，笞杀之，枭其首，菹其骨肉于市。其诽谤詈诅者，又先断舌。'故谓之具五刑。彭越、韩信之属皆受此诛。"②惠帝即位，"省法令妨吏民者；除挟书律"（《惠帝纪》），③废除秦朝以来妨碍官民工作和生活的法律，废除敢有藏书者族杀的法令。吕后又"除三族罪、妖言令"（《吕后纪》），④废除夷三族之酷刑，事实上可能没有执行。据《刑法志》记载，文帝即位后，又诏丞相、太尉、御史讨论废除夷三族等连坐法，左、右丞相周勃、陈平不同意，以为连坐法可以使人们感到恐惧，不敢轻易犯法。但是，文帝坚持废除连坐法，于是"尽除收律、相坐法"。但事过不久，文帝发现被方士新垣平欺诈时，"复行三族之诛"。班固总结道："由是言之，风俗移易，人性相近而习相远，信矣。夫以孝文之仁，平、勃之知，犹有过刑谬论如此甚也，而况庸材溺于末流者乎？"⑤对文帝先废除后恢复夷三族酷刑表示遗憾。

文帝即位十三年，齐太仓令淳于公有罪当处以刑罚，其女缇萦上书要求替父赎罪。之后，文帝下令废除黥、劓、砍左脚趾三种肉刑。丞相张苍、御史大

---

① （东汉）班固撰：《汉书》，中华书局1962年版，第1095～1096页。
② （东汉）班固撰：《汉书》，中华书局1962年版，第1104页。
③ （东汉）班固撰：《汉书》，中华书局1962年版，第90页。
④ （东汉）班固撰：《汉书》，中华书局1962年版，第96页。
⑤ （东汉）班固撰：《汉书》，中华书局1962年版，第1104～1105页。

夫冯敬建议："当黥者，髡钳为城旦舂"，即黥刑用髡（剃去头发）、钳（用铁圈束住颈项）、城旦舂（男犯服修筑长城等劳役，女犯服舂米等劳役，为5年刑）等刑罚代替；"当劓者，笞三百"，劓刑用笞（用竹板或荆条打）300代替；"当斩左止者，笞五百"，砍去左脚趾用笞500代替；"当斩右止，及杀人先自告，及吏坐受赇枉法，守县官财物而即盗之，已论命复有笞罪者，皆弃市"（《刑法志》）。① 约在此期间，文帝还宣布废除了宫刑（《景帝纪》）。② 文帝废除肉刑，在刑罚史上是一种进步，但改判笞刑的犯人，往往是还未打足300下或者500下，就被打死了，实际并未减轻刑罚。班固因此批评文帝"外有轻刑之名，内实杀人"（《刑法志》）。③

因为笞刑的这种弊端，景帝即位，两次下诏"减笞法"，先将笞500下降为300下；接着又将笞300下降为笞200下，笞200下降为100下。同时，又下"定箠令"：规定笞刑的刑具一律为竹制的棰杖，长5尺，执刑者手持部分为1寸，用来打人的部分薄半寸，都要削平竹节；笞刑只能打臀部，行刑一位罪犯不得换人。班固对景帝减轻刑罚表示赞赏，"自是笞者得全"。但又认为将斩右脚趾等改为死刑，死刑又重了，加之"酷吏犹以为威"，所以"死刑既重，而生刑又轻，民易犯之"（《刑法志》）。④

武帝又实行酷刑，"于是招进张汤、赵禹之属，条定法令，作见知故纵、监临部主之法，缓深故之罪，急纵出之诛。其后奸猾巧法，转相比况"，实际上恢复了连坐法，还重新恢复了宫刑等。其次是繁律密典，"文书盈于几阁，典者不能遍睹"。班固批评武帝实行酷刑："及至孝武即位，外事四夷之功，内盛耳目之好，征发烦数，百姓贫耗，穷民犯法，酷吏击断，奸轨不胜……是以郡国承用者驳，或罪同而论异。奸吏因缘为市，所欲活则傅生议，所欲陷则予死比，议者咸冤伤之。"宣帝以后，又重新恢复了轻刑政策（《刑法志》）。⑤

西汉时期还特别注意减轻针对老人、小孩、残疾及孕妇的刑罚。如惠帝

---

①③ （东汉）班固撰：《汉书》，中华书局1962年版，第1099页。
② （东汉）班固撰：《汉书》，中华书局1962年版，第137页。
④ （东汉）班固撰：《汉书》，中华书局1962年版，第1100页。
⑤ （东汉）班固撰：《汉书》，中华书局1962年版，第1101页。

即位时，曾下令："民年七十以上若不满十岁有罪当刑者，皆完之。"(《惠帝纪》)①"完"就是不加肉刑，仅剃去脸颊上的毛和鬓发。景帝规定："年八十以上，八岁以下，及孕者未乳，师、朱儒当鞫系者，颂系之。"(《刑法志》)②"师"即乐师中双目失明的人，"颂系"即宽容拘禁，不加桎梏等刑具。宣帝下诏："朕惟耆老之人，发齿堕落，血气衰微，亦亡暴虐之心，今或罹文法，拘执囹圄，不终天命，朕甚怜之。自今以来，诸年八十以上，非诬告、杀伤人，佗皆勿坐。"(《宣帝纪》)③成帝规定："年未满七岁，贼斗杀人及犯殊死者，上请廷尉以闻，得减死。"(《刑法志》)④这些减刑诏书和规定，是人道主义精神的体现，为后世实行仁政的治国者所汲取。班固对此给予了高度的肯定和赞赏："合于三赦幼弱、老眊之人。此皆法令稍近古而便民者也。"(《刑法志》)⑤

可见，班固反对酷刑，赞赏轻刑，他批评否定实行酷刑的秦皇汉武，对文帝废除肉刑之后但刑罚仍然很重也不满意："且除肉刑者，本欲以全民也，今去髡钳一等，转而入于大辟，以死罔民，失本惠矣。故死者岁以万数，刑重之所致也。"(《刑法志》)⑥但是，他又反对刑罚过轻。他认为西汉的刑罚死刑重而生刑轻："至乎穿窬之盗，忿怒伤人，男女淫佚，吏为奸臧，若此之恶，髡钳之罚又不足以惩也。故刑者岁十万数，民既不畏，又曾不耻，刑轻之所生也。"(《刑法志》)⑦这是有失公平的。他引用孙卿之语："凡制刑之本，将以禁暴恶，且惩其未也。杀人者不死，伤人者不刑，是惠暴而宽恶也。"(《刑法志》)⑧过度轻刑同样是不可取的。他认为刑罚轻重要根据时代的发展变化做出相应的调整："禹承尧、舜之后，自以德衰而制肉刑，汤、武顺而行之者，以俗薄于唐、虞故也。今汉承衰周暴秦极敝之流，俗已薄于三代，而行尧、舜之刑，是犹以鞿而御駻突，违救时之宜矣。"(《刑法志》)⑨因此，班固认为管理国家，刑罚是必要的。但他反对酷刑，赞赏轻刑，主张在轻刑基础上实行轻

---

① （东汉）班固撰：《汉书》，中华书局1962年版，第85页。
②④⑤ （东汉）班固撰：《汉书》，中华书局1962年版，第1106页。
③ （东汉）班固撰：《汉书》，中华书局1962年版，第258页。
⑥⑦ （东汉）班固撰：《汉书》，中华书局1962年版，第1112页。
⑧ （东汉）班固撰：《汉书》，中华书局1962年版，第1111页。
⑨ （东汉）班固撰：《汉书》，中华书局1962年版，第1108页。

重适宜的刑罚。

班固认为刑罚要轻重适宜，与此密切关联，他还主张执法要公正。《汉书》中揭露了汉代执法不公、冤狱繁多的现象。《刑法志》云："今汉道至盛，历世二百余载，考自昭、宣、元、成、哀、平六世之间，断狱殊死，率岁千余口而一人，耐罪上至右止，三倍有余。"① 东汉初年，每年死刑人数仍高达数万计，全国监狱多达2000多所。成帝本人也在其诏书中承认："明有所蔽，德不能绥，刑罚不中，众冤失职，趋阙告诉者不绝。"（《成帝纪》)② 班固认为，造成如此众多的冤狱，其原因是"礼教不立，刑法不明，民多贫穷，豪杰务私，奸不辄得，狱豻不平"，"今堤防凌迟，礼制未立；死刑过制，生刑易犯；饥寒并至，穷斯滥溢；豪杰擅私，为之囊橐，奸有所隐，则狃而浸广：此刑之所以蕃也"（《刑法志》)。③ 礼制没有发挥对人们进行教化的作用；不仅死刑太多，其他刑罚也泛滥；百姓饥寒困顿，为生计犯法；豪强依凭势力包庇纵容犯罪；罪案得不到及时法办，卷入人数增加。在这些弊端中，执法不公是一个极为严重的问题。

班固认为，执法不公不仅与刑罚是否轻重适宜密切相关，管理者的指导思想及政策措施也直接影响司法公正。如汉武帝："外事四夷之功，内盛耳目之好，征发烦数，百姓贫耗，穷民犯法，酷吏击断，奸轨不胜。于是招进张汤、赵禹之属，条定法令，作见知故纵、监临部主之法，缓深故之罪，急纵出之诛。"（《刑法志》)④ 武帝"缓深故之罪"，对用法过重或故意判处人罪的官吏予以宽缓；"急纵出之诛"，对开释罪犯从轻处罚的官吏则疑为故纵而严加惩处。重判、多判成为狱吏能干的标准，公平执法反遭祸殃。这样，狱吏便靠陷害无辜、多判重罪以获得升官发财的机会，执法就不可能公正了。

执法能否公平的关键在于执法的人，而在人的因素当中，最重要的是国家的最高管理者皇帝。在地主阶级专政社会，皇帝具有绝对的权力，皇帝能否依法办事或者凌驾于法律之上，是影响执法公平最重要的因素。班固认为皇帝也

---

① （东汉）班固撰：《汉书》，中华书局1962年版，第1111页。
② （东汉）班固撰：《汉书》，中华书局1962年版，第315页。
③ （东汉）班固撰：《汉书》，中华书局1962年版，第1109页。
④ （东汉）班固撰：《汉书》，中华书局1962年版，第1101页。

应该依法办事，不能凌驾于法律之上。他对文帝废除"夷三族"的法律之后又施行"夷三族"表示遗憾；对汉武帝不徇私情，依法斩了自己的女婿表示赞赏。他认为，只有皇帝带头公正执法，整个社会才能够做到执法公正。

执法官员是执法公正的基本因素，班固在《循吏传》和《酷吏传》等篇中赞扬了那些公正执法、为政清廉的官员，而对不法酷吏给予无情的鞭挞。如张释之任廷尉，文帝要从重处罚造成其出行之马受惊的人，以及"盗高庙座前玉环"的人，张释之依据法律力争，公平法办，"天下称之"（《张释之传》）。① 于定国任廷尉，"其决疑平法，务在哀鳏寡，罪疑从轻。加审慎之心"，也受到人们的称赞："张释之为廷尉，天下无冤民；于定国为廷尉，民自以不冤。"（《于定国传》）② 而杜周任廷尉，"上所欲挤者，因而陷之；上所欲释，久系待问而微见其冤状"，他专看武帝眼色行事，武帝不喜欢的人，他就想方设法陷害；武帝欲开释的罪犯，他就替其脱罪。有人质问杜周："君为天下决平，不循三尺法，专以人主意指为狱，狱者固如是乎？"他答曰："三尺安出哉？前主所是著为律，后主所是疏为令；当时为是，何古之法乎！""至周为廷尉，诏狱亦益多矣。二千石系者新故相因，不减百余人。郡吏大府举之延尉，一岁至千余章。章大者连逮证案数百，小者数十人；远者数千里，近者数百里。会狱，吏因责如章告劾，不服，以掠笞定之。于是闻有逮证，皆亡匿。狱久者至更数赦十余岁而相告言，大氐尽诋以不道，以上延尉及中都官，诏狱逮至六七万人，吏所增加十有余万。"（《杜周传》）③ 从班固对杜周的叙写中，可以清晰地看出他对杜周执法不公的批评谴责。《酷吏传》还对其他酷吏如宁成、路温舒等人进行了谴责。

三、食货二本，食足货通

班固重视社会经济活动，也重视经济管理，《汉书》中《食货志》、《货殖传》等内容不仅专门记述汉代的经济活动，也比较集中地反映了班固的经济管理思想。

---

① （东汉）班固撰：《汉书》，中华书局1962年版，第2310～2311页。
② （东汉）班固撰：《汉书》，中华书局1962年版，第3043页。
③ （东汉）班固撰：《汉书》，中华书局1962年版，第2659～2660页。

首先，《食货志》提出了"食货二本"的新思想。《食货志》开篇即云："《洪范》八政，一曰食，二曰货。食谓农殖嘉谷可食之物，货谓布帛可衣，及金、刀、龟、贝，所以分财布利通有无者也。二者，生民之本，兴自神农之世。"① 班固认为，"食"即谷物等的农业生产，"货"即商品货币活动和工业生产。

班固重视经济，《汉书》认真记载先秦至西汉末年的经济发展状况和国家的经济管理措施。司马迁《史记》设有《平准书》主要介绍自西汉建国以来至武帝即位时的经济状况，以推求社会演变和社会风气的变化。但《平准书》的主旨："维币之行，以通农商；其极则玩巧，并兼兹殖，争于机利，去本趋末。作《平准书》以观事变。"② 《平准书》记述的内容主要是班固所说的"货"。班固的《食货志》在内容上比《平准书》有重大发展，班固增写了先秦至汉初的史实，续写了武帝晚期至王莽灭亡 170 多年间的经济发展状况和经济管理措施。司马迁的《平准书》只记载西汉初年至武帝时期的经济状况和经济措施，而班固《汉书·食货志》弥补了《平准书》的不足，堪称一篇上古至西汉末年的财政经济通史和财经管理通史。此外，《食货志》增加了"食"的内容，把对经济的认识扩充为"食"和"货"两大部分，这是班固的创造，并为后世史家所继承。

班固将"食""货"并提，把农业和工商业都看成是民众生存的根本。《食货志》说"食"与"货"二者，皆"生民之本"，这种"食货二本"，既重视农业，同时又重视工商业的思想，深化了对传统的经济思想和经济管理思想的认识。中国古代极为重视农业生产，认为农业生产为本业，这种重视和鼓励发展农业无疑是正确的。但许多人常把农业与工商业对立起来，在重农的同时，视工商业为末业而加以限制。两汉普遍存在这种认识，实行重本抑末、重农抑商的管理政策。班固不为传统思想束缚，创造性地提出"食货二本"思想，极其可贵。班固认为"食"与"货"二者都是人类社会生存和发展所必需的，缺一不可。《食货志》云："'斫木为耜，煣木为耒，耒耨之利以教天下'，而食足；'日中为市，致天下之民，聚天下之货，交易而退，各得其所'，而货通。食足

---

① （东汉）班固撰：《汉书》，中华书局 1962 年版，第 1117 页。
② （西汉）司马迁撰：《史记》，中华书局 1959 年版，第 3306 页。

货通，然后国实民富，而教化成。"① 认为只有农业和工商业都发展了，"食足货通"才会"国实民富"，对民众的教化才能取得成效。

中国古代是一个以农村自然经济为主的农业国家，农业在国民经济中占有十分重要的地位。但自战国以来，工商业经济也有了较大发展，逐渐成为民众生活不可缺少的行业。班固的先人就以工商业致富："班氏之先，与楚同姓，令尹子文之后也……始皇之末，班壹避地于楼烦，致马牛羊数千群。值汉初定，与民无禁，当孝惠、高后时，以财雄边，出入弋猎，旌旗鼓吹，年百余岁，以寿终，故北方多以'壹'为字者。"② "致马牛羊数千群"当然是为了出卖。因此，班固对工商业有比较合理的认识，他认为不仅要重农，也要重视工商业，提出了"食货二本"的思想。司马迁重视工商业，认为农工商都是人们生活所不可缺少的，但还未把农业和工商业都视为本业。后世大多论者也常将农业视为本业，工商业视为末业。可见，班固"食货二本"思想极富开创性。

"食足货通"就是发展农业和工商业，在当时就是发展经济。班固认为只有"国实民富"，经济发展了，国家政权才能稳固。《食货志》云："殷周之盛，《诗》《书》所述，要在安民，富而教之。故《易》称：'天地之大德曰生，圣人之大宝曰位；何以守位曰仁，何以聚人曰财。'财者，帝王所以聚人守位，养成群生，奉顺天德，治国安民之本也。"③ 认为发展经济是国家太平、人民安定的根本，明确论述了经济和经济管理对国家的重要性，深刻认识到经济活动的历史作用，这一认识是超前的。

其次，班固认为食足而后货通。班固认为"食"和"货"都是本业，"食"应该处于第一位，"货"应该处于第二位，《食货志》将"食"排在"货"之前论述。古代中国作为一个农业国家，"食"与"货"二者是实现国泰民安的根本，其中"食"又是"货"的基础。因为在中国古代自给自足的自然经济占主要地位，农业和家庭手工业的结合是这种自然经济的重要特征；农业生产又是手工业生产的前提，手工业主要依靠农业提供原料。农业和手工业的发展是商业发展的前提，如果没有农业和手工业生产提供产品或商品，就不可能有商业

---

①③ （东汉）班固撰：《汉书》，中华书局1962年版，第1117页。
② （东汉）班固撰：《汉书》，中华书局1962年版，第4197～4198页。

的发展。班固看到了这一点,因此,他认为食足是货通的基础,应该重视农业发展,将农业放在优先发展的位置上。而要优先发展农业,必须处理好下列问题:

一是必须解决好土地问题。班固记述了《孟子》、《周礼》、《诗经》关于古代井田制度的记载,如古代村社土地共有,定期分配土地,村社成员在生产活动中互相帮助等。从中可以看出,班固赞赏井田制度,但不主张恢复井田制度,而是赞赏井田制度中土地平均分配的精神,他同意"不患寡而患不均,不患贫而患不安;盖均亡贫,和亡寡,安亡倾"的思想,①认为土地分配要"正其经界",以口授田,给每位农民分配一份土地,确保他们的生产顺利进行。他反对土地兼并,批评商鞅变法造成"富者田连仟伯,贫者亡立锥之地"不平等的社会现象。②他认为解决好土地问题,是发展农业生产的前提。

二是必须保障农民基本的生产生活条件。《食货志》引用李悝对粮食价格的评论:"籴甚贵伤民,甚贱伤农。民伤则离散,农伤则国贫,故甚贵与甚贱,其伤一也。善为国者,使民毋伤而农益劝。"③表达了他对农民的生活深切关怀。《食货志》记述了李悝对自耕农生活的考察,并引用晁错对农民生活状况的描述,表达了对他们的同情:"今农夫五口之家,其服役者不下二人,其能耕者不过百亩,百亩之收不过百石。春耕夏耘,秋获冬藏,伐薪樵,治官府,给徭役;春不得避风尘,夏不得避暑热,秋不得避阴雨,冬不得避寒冻,四时之间亡日休息;又私自送往迎来,吊死问疾,养孤长幼在其中。勤苦如此,尚复被水旱之灾,急政暴赋,赋敛不时,朝令而暮当具。有者半贾而卖,亡者取倍称之息,于是有卖田宅、鬻子孙以偿责者矣。"④他认为农民生活困苦如此,根本不可能发展农业生产。只有减轻农民负担,轻徭薄赋,保障农民基本的生产生活条件。他对汉初轻徭薄赋,实行十五税一,后来减轻为三十税一的做法表示赞许,认为只有保障农民基本的生产生活条件,保护农民生产的积极性,农业生产才可能顺利进行。

---

① (东汉)班固撰:《汉书》,中华书局 1962 年版,第 1117 页。
② (东汉)班固撰:《汉书》,中华书局 1962 年版,第 1137 页。
③ (东汉)班固撰:《汉书》,中华书局 1962 年版,第 1124 页。
④ (东汉)班固撰:《汉书》,中华书局 1962 年版,第 1132 页。

三是应该不断改进农业生产技术。班固在《食货志》赞赏武帝时期赵过推广代田法:"武帝末年,悔征伐之事,乃封丞相为富民侯。下诏曰:'方今之务,在于力农。'以赵过为搜粟都尉。过能为代田,一亩三甽。岁代处,故曰代田,古法也。后稷始甽田,以二耜为耦,广尺、深尺曰甽,长终亩。一亩三甽,一夫三百甽,而播种于甽中。苗生叶以上,稍耨陇草,因隤其土以附苗根……比盛暑,陇尽而根深,能风与旱,故儗儗而盛也。其耕耘下种田器,皆有便巧。率十二夫为田一井一屋,故亩五顷,用耦犁,二牛三人,一岁之收常过缦田亩一斛以上,善者倍之。过使教田太常、三辅,大农置工巧奴与从事,为作田器。二千石遣令长、三老、力田及里父老善田者受田器,学耕种养苗状。民或苦少牛,亡以趋泽,故平都令光教过以人挽犁。过奏光以为丞,教民相与庸挽犁。率多人者田日三十亩,少者十三亩,以故田多垦辟。过试以离宫卒田其宫壖地,课得谷皆多旁田,亩一斛以上。令命家田三辅公田,又教边郡及居延城。是后边城、河东、弘农、三辅、太常民皆便代田,用力少而得谷多。"① 赵过总结农民的生产经验,推广代田法;并配合这套新的耕作法改进了许多农具,推行二牛三人的耦犁法等,使得生产"用力少而得谷多",为缓和武帝后期的社会危机做出了重要贡献。因此,班固认为农业生产技术对产量具有重要影响,应该不断改进。

四是应该解决好士农工商协调发展的问题。班固《货殖传》认为最理想的社会是士农工商四民"各安其居而乐其业,甘其食而美其服"。② 他主张农工商三者协调发展,反对其中某一方面畸形发展导致三者之间失衡。西汉以来重农抑商,结果是"法律贱商人,商人已富贵矣;尊农夫,农夫已贫贱矣"。③ 因为在农工商三者中,"用贫求富,农不如工,工不如商,刺绣文不如倚市门"。④ 致富最容易是商业,其次是手工业。因此,许多人热衷商业,"背本趋末",文帝时"百姓之从事于末以害农者蕃,为酒醪以靡谷者多"。⑤ 元帝时更甚,贡

---

① (东汉)班固撰:《汉书》,中华书局1962年版,第1138~1139页。
② (东汉)班固撰:《汉书》,中华书局1962年版,第3680页。
③ (东汉)班固撰:《汉书》,中华书局1962年版,第1133页。
④ (东汉)班固撰:《汉书》,中华书局1962年版,第3687页。
⑤ (东汉)班固撰:《汉书》,中华书局1962年版,第128页。

禹曾云当时："民心动摇，弃本逐末，耕者不能半。"① 从事农业生产的人口日少，经商者日多，农业与商业之间失衡，农工商三者协调发展受到破坏。农业作为社会经济的基础，但这种商人兼并农人，造成许多农人失业，不仅不利于农业生产的发展，也有害于商业的进一步发展。如果农业被破坏了，商业就会成为无源之水。因此，班固认为应该优先发展农业，主张商业发展要适应农业生产发展的要求，并保持与农业相适应的数量和规模，反对商业畸形发展。农业生产发展了，自然会促进商业的发展。

四、工商管理

班固认为，"货通"互通有无，调剂余缺，取有余而补不足，可以促进其他行业的发展。《汉书·食货志》中记载了管仲任齐桓公丞相时通"轻重之权"："岁有凶穰，故谷有贵贱；令有缓急，故物有轻重。人君不理，则畜贾游于市，乘民之不给，百倍其本矣。故万乘之国必有万金之贾，千乘之国必有千金之贾者，利有所并也。计本量委则足矣，然而民有饥饿者，谷有所臧也。民有余则轻之，故人君敛之以轻；民不足则重之，故人君散之以重。凡轻重敛散之以时，即准平。守准平，使万室之邑必有万钟之臧，臧繦千万；千室之邑必有千钟之臧，臧繦百万。春以奉耕，夏以奉耘，耒耜器械，种饷粮食，必取澹焉。故大贾畜家不得豪夺吾民矣。"② 即在丰年粮食剩余，政府及时收购并储存；粮食歉收的年成，政府卖出储存的粮食。这样一来控制粮价，使农民不受损害，不仅保证了农业生产的顺利进行，也使齐国进一步强大起来，结果是"桓公遂用区区之齐合诸侯，显伯名"，成为春秋五霸之一。可见，班固主张国家应该发挥管理职能，加强对工商业的管理，反对让工商业放任自流。

首先，班固认为要对士农工商进行宏观管理和调控，以保证这些行业协调发展和有序运行。《汉书·货殖传》云："四民因其土宜，各任智力，夙兴夜寐，以治其业，相与通功易事，交利而俱赡，非有征发期会，而远近咸足……各安其居而乐其业，甘其食而美其服，虽见奇丽纷华，非其所习，辟犹戎翟之

---

① （东汉）班固撰：《汉书》，中华书局1962年版，第1176页。
② （东汉）班固撰：《汉书》，中华书局1962年版，第1150页。

与于越,不相入矣。"① 四民在协调发展中致富,不出现畸形发展而失衡现象,这就是班固所称赏的理想的社会状态。他认为通过国家对工商业数量的控制,减少和杜绝"稼穑之民少,商旅之民多,谷不足而货有余"② 之类事件的出现。与此相联系,班固反对国家全部放开工商业由百姓自由经营,认为土地、山川、铸钱、盐铁等重要行业不能放开,必须由国家垄断经营。他认为这些重要行业的利益应该属于国家,如果由私人经营,就侵犯了国家利益。因此,他赞同武帝实行铸钱、盐铁等官营的政策。《汉书·食货志》云:"汉兴,以为秦钱重难用,更令民铸荚钱。黄金一斤。而不轨逐利之民蓄积余赢以稽市,物痛腾跃,米至石万钱,马至匹百金。"③ 西汉初年允许私人铸钱带来了许多弊病,一些奸商乘机获利。"郡国铸钱,民多奸铸,钱多轻"(《食货志》),④ 地方铸钱偷工减料,致使铜钱越来越轻。因为铸钱"为利甚厚",许多人不再从事农业,转而采铜铸钱。造成市场上"奸钱日多",⑤ 更加混乱。班固认为只有把币权收归中央,由国家垄断货币供应,才能调节供需关系和平衡物价,从而解决"奸钱"问题,稳定社会经济秩序和增加政府收入。

其次,班固赞成私人经营工商业,反对损害他人利益的奸巧取利。据《汉书·货殖传》记载,宣曲任氏,"其先为督道仓吏。秦之败也,豪桀争取金玉,任氏独窖仓粟。楚、汉相距荥阳,民不得耕种,米石至万,而豪桀金玉尽归任氏,任氏以此起富。富人奢侈,而任氏折节为力田畜。人争取贱贾,任氏独取贵善,富者数世。然任公家约,非田畜所生不衣食,公事不毕则不得饮酒食肉"。因此,宣曲任氏"以此为闾里率,故富而主上重之"。⑥ 反之,班固反对那些乘国家危难之机大发横财者。武帝时,晁错上书指出当时商业的状况:"商贾大者积贮倍息,小者坐列贩卖,操其奇赢,日游都市,乘上之急,所卖必倍。故其男不耕耘,女不蚕织,衣必文采,食必粱肉;亡农夫之苦,有仟佰之得。因其富厚,交通王侯,为过吏势,以利相倾;千里游遨,冠盖相望,乘

---

① (东汉)班固撰:《汉书》,中华书局1962年版,第3679～3680页。
② (东汉)班固撰:《汉书》,中华书局1962年版,第3681页。
③ (东汉)班固撰:《汉书》,中华书局1962年版,第1152～1153页。
④ (东汉)班固撰:《汉书》,中华书局1962年版,第1169页。
⑤ (东汉)班固撰:《汉书》,中华书局1962年版,第1155页。
⑥ (东汉)班固撰:《汉书》,中华书局1962年版,第3692～3693页。

坚策肥，履丝曳缟。"① 许多商人乘国家危难之机发国难财，危害社会平等和公平。对此，班固坚决反对。一些工商业者"或滞财役贫，转毂百数，废居居邑，封君皆氐首仰给焉。冶铸煮盐，财或累万金，而不佐公家之急"② 等。因此，他认为国家应该加强对这些工商业者的管理。

---

① （东汉）班固撰：《汉书》，中华书局1962年版，第1132页。
② （东汉）班固撰：《汉书》，中华书局1962年版，第1162页。

第六章 东汉中期的管理思想

东汉中期是指从和帝刘肇永元初年至桓帝永康元年的近 80 年时间。从和帝时期开始,外戚和宦官开始当政,安帝、顺帝、桓帝诸朝都是这样。外戚、宦官之间或为了某一暂时的共同权益而互相勾结,或为了攫取权力而相互斗争,朝政极端黑暗腐败。在管理思想方面,东汉中期诸帝皆无甚可称道之处。但面对当时的社会现实,一些文人士大夫思考着如何改良社会、改良管理,探寻着治国理政的良方,政论家王符、崔寔可谓其中的代表。

第一节　东汉中期管理思想概述

东汉中期是东汉王朝从兴盛走向衰败的转折时期,这一时期的管理思想与东汉前期有着明显的差异。东汉前期的管理思想,尤其是光武帝、明帝、章帝的管理思想都具有现实的指导性和实践性。到了东汉中期,主要是一些关心政治的知识分子如王符、崔寔等人,对现实社会的管理思想进行检讨,而提出一些针砭时弊的思想方法,缺少了东汉前期的实践性。本节先论述东汉中期管理思想的发展,然后介绍这一时期管理思想方面的主要代表,最后阐述本时期管理思想的主要特点。

一、东汉中期管理思想的发展

从和帝开始,东汉政权不再稳定,朝廷内部出现了外戚和宦官交替专政的局面，封建统治趋于黑暗腐朽。东汉初期，皇族多与豪族联姻，以便得到他们的支持，但不允许后妃外戚干政。但是，光武帝、明帝、章帝尚能控制后族，而东汉中期，和帝9岁即位，之后即位的皇帝也多为幼童；皇帝年幼，于是年轻的太后临朝。这些临朝的太后们，年龄一般不过二十几岁。她们死了丈夫，精神空虚颓废，于是把思想感情的关注点从夫妻生活转移到朝廷大事的管理上来。然而，她们缺乏管理经验和相关的政策措施，根本没有能力管理好国家机器，不得不重用她的后族父兄来协助管理朝政，这样就形成了外戚当政的局面。外戚自恃亲贵，骄横擅权，无视幼主。外戚当政，政治非常黑暗，更无可以称道的治国指导思想可言。他们任人唯亲，卖官鬻爵，广收贿赂，打击异己，各种管理异常混乱；他们贪得无厌，派人到各地搜刮财物，不实行任何发展经济和管理经济的措施。

但是，到了皇帝成年，为了从外戚手里夺回政权，只有依靠自己身边的宦官了。皇帝幼长深宫，势单力薄，与他们关系最密切的就是宦官。《后汉书·宦者列传》云："内外臣僚，莫由亲接，所与居者，唯阉宦而已。"[①] 而由于宦官照管皇帝的日常起居，熟悉皇帝的习惯、性情，是皇帝的亲信。当皇帝长大成人，不甘忍受外戚的作威作福，要夺回本来就属于自己的最高权力时，必然与企图继续专权的外戚集团发生矛盾。在同外戚集团的斗争中，宦官成为皇帝的天然盟友。于是，皇帝依仗自己的心腹宦官发动政变，除掉外戚，夺回了权力。皇帝亲政后自然重用夺权有功的宦官，这样就形成宦官当政的局面。宦官当权，其黑暗腐朽比外戚有过之而无不及。他们中有少部分原来就是豪族，但更多是暴发户，专权后根本不讲究和实施任何治国理政的措施，而是急不可待地、残酷地掠夺社会财富。他们还把父兄弟侄安插在各地做官，这些人仰仗着当权宦官的权势，在地方上掠夺甚于虎狼。随着皇帝的去世，因为宦官身份卑贱不能辅政，于是又由新的外戚当政。这种外戚、宦官交替专权，使国家管理异常混乱，是东汉中期和后期的一个特点。

面对这种混乱的管理局面，一些思想家、政论家对现实进行反思和省察，提出一些救治当时混乱局面的管理主张。

---

① （南朝·宋）范晔撰：《后汉书》，中华书局1965年版，第2509页。

二、东汉中期管理思想的代表人物

东汉中期管理思想的主要代表人物有王符和崔寔。

(一) 王符

王符(公元约85~约163年),字节信,东汉政论家、进步思想家、文学家,安定临泾(今甘肃镇原)人。王符一生隐居著书,对世道政治、民生疾苦非常关心,对政治、经济、管理都有较为深刻的见解。《后汉书·王符传》记载:"(王符)少好学,有志操……自和、安之后,世务游宦,当涂者更相荐引,而符独耿介不同于俗,以此遂不得升进。志意蕴愤,乃隐居著书30余篇,以讥当时失得,不欲彰显其名,故号曰《潜夫论》。"① 王符终生不仕,其《潜夫论》,今存本36篇。全书以《赞学》始,以《五德志》叙帝王世系、《志氏姓》考谱牒源流而终。其余诸篇,分题论述封建国家的行政管理、选贤用能、边疆管理等内外管理策略,还兼及时政弊端和批评当时迷信卜巫、交际势利等社会不良风气。"其指讦时短,讨谪物情,足以观见当时风政。"(《王符传》)②

(二) 崔寔

崔寔(公元约103~约170年)字子真,又名台,字元始,东汉中期政论家,涿郡安平(今河北安平)人。祖父崔骃为东汉著名文学家、史学家,父亲崔瑗为书法家。崔寔从青年时代就博览群书。成年后,在桓帝时曾两次被朝廷召拜为议郎。曾与边韶、延笃及等人在东观(皇家图书馆)著作。他还两次出任为外官,先是为五原(在今内蒙古河套北部)太守,在任期间着力解决民生疾苦;整顿边防,以保证边境安宁。由于他在五原政绩卓著,三四年后又被推举为带有边防重任的辽东太守,但赴任途中母亲病故,"上疏求归葬行丧"(《崔寔传》),③ 获准。后来升为尚书,由于党祸不到一年便被免归。崔寔为官清廉,病卒时"家徒四壁立,无以殡敛"(《崔寔传》)。④ 后由一些好友为其备办棺木葬具。崔寔是继崔骃之后崔氏在文林中最享盛名的一个,他一生"所著碑、论、箴、铭、答、七言、祠文、表、记、书"各类著作凡15篇,其中

---

①② (南朝·宋)范晔撰:《后汉书》,中华书局1965年版,第1630页。
③④ (南朝·宋)范晔撰:《后汉书》,中华书局1965年版,第1731页。

《政论》为代表作；另有关于农业生产的名著《四民月令》，其管理思想主要体现在上述两部著作中。

三、东汉中期管理思想的特点

王符和崔寔在管理思想上有两个共同点：一是兼容儒法；二是重农不抑商。

首先，兼容儒法。王符《潜夫论》虽然反映了他思想的复杂性，但主流还是儒家思想，兼杂有法家和道家思想。王符未能摆脱西汉思想的影响，《潜夫论》主张兼用儒家和法家，《德化》云："人君之治，莫大于道，莫盛于德，莫美于教，莫神于化。"①《叙录》云："兼秉威德，赏有建侯，罚有刑渥。"②认为管理要兼用儒家和法家思想，这显然与汉初儒生持论相通。但到了东汉中期，儒家名教的德化之治已经显得不切实际，宫帷祸迭，吏治败乱，民不聊生。《爱日》云："奸臣肆心于上，乱化流行于下。"③《三式》云："细民冤结，无所控告。"④ 随着时代变换，王符认为管理要"各随时宜"，认为"议者必将以为刑杀当不用，而德化可独任。此非变通者之论也，非叔世者之言也"（《衰制》）。⑤ 因此，他认为管理要兼容儒家和法家思想，儒法德刑可以互补为用。

崔寔亦主张管理要德法兼用。《政论》亦云："盖为国之道，有似理身，平则致养，疾则攻焉。夫刑罚者，治乱之药石也；德教者，兴平之粱肉也。"⑥"德"和"刑"都有其不同的适用范围，要兼采德刑。

其次，重农不抑商。《潜夫论》主张"重本抑末"，但这里的"末"，不是指工商业，而有其特定的内涵。《潜夫论》思路与《盐铁论》也不一样，《盐铁论》中本（农业）就是本，末（工商业）就是末，二者是一对一的关系，反映了时人对西汉社会经济发展水平的认识。时至东汉中期，经济渐趋衰败和复杂

---

① （东汉）王符著：《潜夫论》，第156页，见《诸子集成》（第八册），中华书局2006年。本著所引《潜夫论》语句，皆出自《诸子集成》本，下文同。
② （东汉）王符著：《潜夫论》，第196页。
③ （东汉）王符著：《潜夫论》，第88页。
④ （东汉）王符著：《潜夫论》，第87页。
⑤ （东汉）王符著：《潜夫论》，第101页。
⑥ （清）严可均校辑：《全上古三代秦汉三国六朝文》（第一册），中华书局1958年版，第723页。

化。针对这个现实,王符认为:"凡为治之大体,莫善于抑末而务本,莫不善于离本而饰末……夫富民者,以农桑为本,以游业为末;百工者,以致用为本,以巧饰为末;商贾者,以通货为本,以鬻奇为末;三者守本离末则民富,离本守末则民贫,贫则阨而忘善,富则乐而可教。"① 这样就把西汉一对一变为三对三,扩大了支持范围,缩小了打击范围。这一思想,是极富独创性的真知灼见。

崔寔有浓厚的重农思想。《政论》云:"农桑勤而利薄,工商逸而入厚……苟无力穑,焉得有年?财郁蓄而不尽出,百姓穷匮而为奸寇,是以仓廪空而囹圄实,一谷不登,则饥馁流死。上下俱匮,无以相济。国以民为根,民以谷为命,命尽则根拔,根拔则本颠。此最国家之毒忧,可为热心者也。"② 但他重农不抑商,其《四民月令》安排士、农、工、商"四民"的生活,就是以农业、小手工业收入为主,商业收入为辅来维持的。他做五原太守时,就组织技师把中原的纺织技术教给了边郡五原的人民,使他们免除了寒冻之苦,亦可见他重视工商业。

第二节

王符的管理思想

《潜夫论》,自《隋书·经籍志》以降,至《郑常读书记补逸》诸书,仅《直斋书录解题》将其归入杂家,其余官、私经籍史志均将其列入子部儒家类,可见,古今学术界对其主要思想的判断。《四库全书总目提要》云:"符书洞悉政体似《昌言》,而明切过之;辨别是非似《论衡》,而醇正过之,前史列入儒家,斯为不愧。"《潜夫论》主旨是探讨"治道",即治国理政之道,全书大部分篇目的第一句均不离"治"。王符较全面地汲取前人治国理民的思想,兼采百家诸说精要,构建了其如何治国平天下的管理思想体系。

---

① (东汉)王符著:《潜夫论》,第6~7页。
② (清)严可均校辑:《全上古三代秦汉三国六朝文》(第一册),中华书局1958年版,第724页。

一、重农富民，发展工商

《潜夫论》认为要实现国家富强、社会稳定，根本途径就是要发展生产。《务本》云："夫用天之道，分地之利，六畜生于时，百物聚于野，此富国之本也。"[①] 认为只有农业、畜牧业和工商业都全面发展，提供丰厚的产品，国家才能富强。他认为富国兴邦的根本途径是发展经济，生产是"固国之本"，主张农、工、商协调发展。《务本》还云："夫富民者，以农桑为本，以游业为末；百工者，以致用为本，以巧饰为末；商贾者，以通货为本，以鬻奇为末：三者守本离末则民富，离本守末则民贫，贫则陋而忘善，富则乐而可教。"[②] 先秦以来，一般所谓重本轻末就是重农抑商，这一传统思想影响后世近2000年。重农抑商不仅是为了发展农村自然经济，也使农民附着于土地，更有利于稳固地主阶级专制的统治秩序，但不利于发展商品生产和商品经济。司马迁已认识到这一点，虽然他也采用本末之说，但《史记·货殖列传》重农而不抑商。《潜夫论》的本末说没有承袭重农抑商的传统思想，而是把农、工、商都视为治生正道，认为农业生产为国家提供赋税，增强国家财力；手工业为社会提供日常生活所需器物；商业则流通远近有无之货，促进各地物质和文化交流。农、工、商地位都重要，不存在孰本孰末。对于整体社会经济而言，农者要以农桑为本，手工业者要以致用为本，商人要以通货为本，以游业、巧饰、鬻奇皆为末；"三者守本离末则民富"，人民富裕则知礼节、守规范，这是国家兴盛、社会太平的基础。

出于对富民强国的思考，王符颇富独创性地将在农、工、商三者关系认识上的本末论引入了农、工、商内部，认为手工业者如果能提供民众生产生活的必需品，达到了"致用"的目的，就可以划入"本"的范畴，如果生产的是巧华不实的东西，那就属于"末"；商人如果能够实现商品流通，调剂余缺，也应归入"本"的范畴，如果囤积居奇牟取暴利，那只能算是"末"。以这个新本末论为基础，《潜夫论》还明确区分了富家与富国。《务本》云："今民去农桑，赴游业，披采众利，聚之一门，虽于私家有富，然公计愈贫矣。百工者，

---

① （东汉）王符著：《潜夫论》，第7页。
② （东汉）王符著：《潜夫论》，第6～7页。

所使备器也。器以便事为善，以胶固为上。今工好造雕琢之器，巧伪饬之，以欺民取贿，虽于奸工有利，而国界愈病矣。商贾者，所以通物也，物以任用为要，以坚牢为资。今商竞鬻无用之货、淫侈之币，以惑民取产，虽于淫商有得，然国计愈失矣。此三者，外虽有勤力富家之私名，然内有损民贫国之公实。故为政者，明督工商，勿使淫伪，困辱游业，勿使擅利，宽假本农，而宠遂学士，则民富国平矣。"① 认为当时社会上许多手工业者巧饰取宠，许多商人鬻奇致富，从而导致民生凋敝，社会衰乱。因此，要实现国富民强和社会太平，必须务农、工、商三者之本，即在重农富民、农桑为本的同时，正确指导工商业的发展。《潜夫论》的本末论着眼于国计民生全局，基本上克服了传统本末论的不足，给工商业提供了一个较为正确的定位，更有利于实现民富国强和社会稳定。

二、教化治国，法治为辅

首先，王符认为，"德化"（道德教化）是最理想的治国方略。他认为由德化培育良好的社会风气是法治所达不到的，《德化》云："是故上圣不务治民事而务治民心，……导之以德，齐之以礼，务厚其情而明则务义，民亲爱则无相害伤之意，动思义则无奸邪之心。夫若此者，非法律之所使也，非威刑之所强也，此乃教化之所致也。"② 因此，王符在其《德化》开篇即云："人君之治，莫大于道，莫盛于德，莫美于教，莫神于化。道者所以持之也，德者所以苞之也，教者所以知之也，化者所以致之也。民有性，有情，有化，有俗。情性者，心也，本也。化俗者，行也，末也。末生于本，行起于心。是以上君抚世，先其本而后其末，顺其心而理其行。心精苟正，则奸匿无所生，邪意无所载矣。"③ 王符认为，道德教化承担着"化变民心"的重要任务，且这种道德教化是由人君来实施的，即由人君来"治""民心"，"世之善否，俗之薄厚，皆在于君"（《德化》）；④ 由"心""本"入手，教化扶"末"而"行"，管理通

---

① （东汉）王符著：《潜夫论》，第7～8页。
② （东汉）王符著：《潜夫论》，第158页。
③ （东汉）王符著：《潜夫论》，第156页。
④ （东汉）王符著：《潜夫论》，第159～160页。

过化导"性情","顺其心而理其行",达到"化俗"的目的,从而实现"德气流布而颂声作也"(《班禄》),①即实现国家的德化而治。当然,人君"化""治"民众之前,须先"正己","五帝三王所以能画法像而民不违,正己德而世自化也"(《本训》)。②管理者品行的好坏,直接影响民德民风。王符继承了儒家的教化途径是自上而下的思想方法,认为管理者的言行是百姓的指南,君主应该率先垂范。王符还分几个层次说明了君主的表率作用:"是故世之善否,俗之薄厚,皆在于君。上圣和德气以化民心,正表仪以率群下,故能使民比屋可封,尧、舜是也。其次躬道德而敦慈爱,美教训而崇礼让,故能使民无争心而致刑错,文、武是也。其次明好恶而显法禁,平赏罚而无阿私,故能使民辟奸邪而趋公正,理弱乱以致治强,中兴是也。治天下,身处污而放情,急民事而急酒乐,近顽童而远贤才,亲谄谀而疏正直,重赋税以赏无功,妄加喜怒以伤无辜,故能乱其政以败其民,弊其身以丧其国者,幽、厉是也。"(《德化》)③君主个人的道德修养与治国平天下之间是如此重要的因果关系,所以,作为国家最高管理者的君主要加强个人道德修养,以身作则地做好百官和民众的道德楷模,从而实现社会安定、百姓安乐的管理目标。

《潜夫论》认识到道德教化在巩固封建地主阶级政权中具有重要作用,并认为教化是实现国家有效管理的重要方法。《务本》云:"夫为国者,以富民为本,以正学为(基)。民富乃可教,学正乃得义;民贫则背善,学淫则诈伪;入学则不乱,得义则忠孝。故明君之法,务此两者,以为成太平之基,致休徵之祥。"④王符认为,民富才能有效进行教化,他们接受了正确的教化才能心中有"义",即才能认同封建道德规范,才能做到尽孝尽忠;并在教化的内容上做了要求,就是封建礼教所规定的内容,知道该做的和不该做的,否则就是不入正道的"淫"学。因此,富民和教化是致太平的两块基石,如鸟之两翼,缺一不可腾飞。

在人性论上,王符继承了董仲舒的性三品说,将世人划分为上智、中庸和

---

① (东汉)王符著:《潜夫论》,第70页。
② (东汉)王符著:《潜夫论》,第156页。
③ (东汉)王符著:《潜夫论》,第159~160页。
④ (东汉)王符著:《潜夫论》,第6页。

下愚三类。《德化》云："上智与下愚之民少，而中庸之民多。中民之生世也，犹铄金之在炉也，从笃变化，惟冶所为，方圆薄厚，随镕制尔。"① 中庸之民即上至公卿下至庶民的绝大多数社会成员，中庸之民在社会上占绝大多数，是实施道德教化的主要对象，也是进行管理的主要对象。《德化》云："故民有心也，犹为种之有园也。遭和气则秀茂而成实，遇水旱则枯槁而生蘖。民蒙善化，则人有士君子之心；被恶政，则人有怀奸乱之虑。"②认为要像培育园中之苗那样培养民众的优良品性。

其次，王符认为，法治具有道德教化不可取代的作用，在优先采用德化而治的前提下，也应该发挥法治的辅助作用。王符关注法治，这在《述赦》、《三式》、《断讼》、《衰制》诸篇有集中体现。另外，在《潜夫论》其他篇目里，也大多关涉法治这个论题。《三式》云："法令赏罚者，诚治乱之枢机也，不可不严行也。"③《衰制》云："明法禁而和海内者，三王也。行赏罚而齐万民者，治国也；君立法而下不行者，乱国也……义者君之政也，法者君之命也……夫法令者，人君之衔辔棰策也。"④ 王符在对法令与国家、君主、治乱多维关系的考察中，突出了其在戡理乱势方面能发挥德化不可取代的重要作用。

王符还论述了立法的目的。《断讼》云："夫制法之意，若为藩篱沟堑以有防矣，择禽兽之尤可数犯者，而加深厚焉。今奸宄虽众，然其原少；君事虽繁，然其守约。知其原少奸易塞，见其守约政易持。塞其原则奸宄绝，施其术则远近治。"⑤认为："立法之大要，必令善人劝其德而乐其政，邪人痛其祸而悔其行。"（《断讼》）⑥ "是故凡立法者，非以司民短而诛过误，乃以防奸恶而救祸败，检淫邪而内正道尔。"（《德化》）⑦ 从这些关于树立法令宗旨目的的论述中，可知在王符的思想中，法令的出发点在于防恶和推行公平公正，在于让民众"劝其德乐其政"，在于为民除害，保障国泰民安。其中，"立法之大要，必令善人劝其德而乐其政，邪人痛其祸而悔其行"，表达了法令与德化有着不

---

①② （东汉）王符著：《潜夫论》，第159页。
③ （东汉）王符著：《潜夫论》，第87页。
④ （东汉）王符著：《潜夫论》，第99～100页。
⑤ （东汉）王符著：《潜夫论》，第94页。
⑥ （东汉）王符著：《潜夫论》，第98页。
⑦ （东汉）王符著：《潜夫论》，第158页。

同适用范围及功能的思想,有助于全面把握王符管理思想中法令与德化关系的定位。

法令与国家治乱之间有着重要的联系。《衰制》云:"是故民之所以不乱者,上有吏;吏之所以无奸者,官有法;法之所以顺行者,国有君也;君之所以位尊者,身有义也。义者君之政也,法者君之命也。人君思正以出令,而贵贱贤愚莫得违也,则君位于上,而民氓治于下矣。人君出令而贵臣骄吏弗顺也,则君几于弑,而民几于乱矣。夫法令者,君之所以用其国也。君出令而不从,是与无君等。主令不从则臣令行,国危矣。夫法令者,人君之衔辔棰策也,而民者,君之舆马也。若使人臣废君法禁而施己政令,则是夺君之辔策,而己独御之也……是故妄违法之吏,妄造令之臣,不可不诛也。"① 王符较为完整地论述了治乱与法令的关系,及法制规范与君臣民的关系。在这种关系定位中,法令对国家秩序的维护具有决定性意义,即"国无常治,又无常乱,法令行则国治,法令弛则国乱"(《述赦》)。②

在法令与君主的关系上,一方面,"法无常行,法无常弛。君敬法则法行,君慢法则法弛"(《述赦》)。③ "法以君为主,君信法则法顺行,君欺法则法委弃。"(《本政》)④ "法之奉与不奉,其秉皆在于君,非臣下之所能为也。"(《明忠》)⑤ 由于在封建地主阶级官僚体制中,君主具有绝对的权威,因此,王符认为法令对君主具有依赖性,君主对国家法令的实行具有决定性影响。另一方面,"法者君之命"(《衰制》),法令对于君主也极为重要。《明忠》云:"法禁所以为治也,不奉必乱……凡为人上,法术明而赏罚必者,虽无言语而势自治……法术不明而赏罚不必者,虽日号令,然势自乱。乱势一成,君自不能治也,况臣下乎?是故势治者,虽委之不乱;势乱者,虽勤之不治也。"认为君主在乱势管理社会秩序时,尤其需要法令的辅助作用。乱势中,"人君出令而贵臣骄吏弗顺也,则君几于弑,而民几于乱矣"(《衰制》),这样,"人臣废君法禁而施己政令","夫法令者,君之所以用其国也。君出令而不从,是与无君

---

① (东汉)王符著:《潜夫论》,第99~101页。
②③ (东汉)王符著:《潜夫论》,第79页。
④ (东汉)王符著:《潜夫论》,第36页。
⑤ (东汉)王符著:《潜夫论》,第152页。

等。主令不从则臣令行,国危矣"(《衰制》)。① 这是为国之君必须铭记的。

但是,在中国古代封建地主阶级官僚政体之下,法治往往是人治的附属物。一方面,在理论上是以民为本,"权原"在民,管理之道就是民本之道;另一方面,在现实政治中却是以君为本,"权原"在君,管理之道亦即君臣之道。这种二律悖反体现在君主与法治的关系上也是这样:一方面,在理论上探讨法令的重要性及赏罚的重要意义,并认为法令应该处于主导地位;另一方面,在现实中却强调君主的重要性,并认为君主应该处于支配地位。王符的管理思想中,在探讨法令与君主的对立倾向时,认为"君之所以位尊者,身有义也。义者君之政也"(《衰制》),把"义"看作君主管理国家的首要德行,并告诫君主:"自古于今,上以天子,下至庶人,蔑有好利而不亡者,好义而不彰者也。"(《遏利》)② 认为只有君主践行了"义",才能够"思正以出令",秉持公义管理国家,实现国泰民安。

三、选用贤能

王符认为人才是国家的栋梁,重用贤才国家才会兴盛。《实贡》开篇即云:"国以贤兴,以谄衰。"③《潜夫论》有《思贤》、《贤难》、《考绩》专论人才问题,另有近 10 篇涉及人才问题。可见,作为各级政府部门管理者的官吏及其任用的重要性。《思贤》云:"何以知国之将乱也?以其不嗜贤也……乱国之官,非无贤人也,其君弗之能任,故遂于亡也……尊贤任能,信忠纳谏,所以为安也。"④ 明确提出管理必须"尊贤任能,信忠纳谏",国家才能安定。

但是,到了东汉中期,外戚与宦官交替当权,纲政废弛,国家管理十分混乱。《贤难》篇云:"世之所以不治者,由贤难也。所谓贤难者,非直体聪明服德义之谓也。此则求贤之难得尔,非贤者之所难也。故所谓贤难者,乃将言乎循善则见妒,行贤则见嫉,而必遇患难者也。"⑤ 当时不仅"循善则见妒,行

---

① (东汉)王符著:《潜夫论》,第 100 页。
② (东汉)王符著:《潜夫论》,第 11 页。
③ (东汉)王符著:《潜夫论》,第 63 页。
④ (东汉)王符著:《潜夫论》,第 31~32 页。
⑤ (东汉)王符著:《潜夫论》,第 17 页。

贤则见嫉"，遇贤患难，而且朝廷任用官吏"以族举德，以位命贤"（《论荣》）。①《思贤》还云："自春秋之后，战国之制，将相权臣，必以亲家。皇后兄弟，主婿外孙，年虽童妙，未脱桎梏，由借此官职，功不加民，泽不被下而取侯，多受茅土，又不得治民效能以报百姓，虚食重禄，素餐尸位，而但事淫侈，坐作骄奢，破败而不及传世者也。"②自春秋战国以来，任人唯亲，不仅英明如武帝者如此，黑暗腐败的东汉中期更甚，贤才不遇在当时成了一种普遍的现实。王符本人因为"独耿介不同于俗，以此遂不得升进"（《王符传》），③使他以冷静目光审视现实，提出不同世俗的见解。

如何发现贤人君子呢？《论荣》云："所谓贤人君子者，非必高位厚禄富贵荣华之谓也，此则君子之所宜有，而非其所以为君子者也。所谓小人者，非必贫贱冻馁辱厄穷之谓也，此则小人之所宜处，而非其所以为小人者也。"④王符认为荣华富贵和贫贱冻馁不能作为评判贤人君子与小人的标准，贤人君子与小人的真正区别在于"志行"，而不是财富和地位，"奚以明之哉？夫桀、纣者，夏殷之君王也，崇侯、恶来，天子之三公也，而犹不免于小人者，以其心行恶也。伯夷、叔齐，饿夫也，傅说胥靡，而井伯虞虏也，然世犹以为君子者，以为志节美也"（《论荣》）。⑤"志节美"与"心行恶"，才是贤人君子与小人的根本区别。他因此说："君子未必富贵，小人未必贫贱。"（《论荣》）⑥ "苟得其人，不患贫贱；苟得其材，不嫌名迹。"（《本政》）⑦可见，王符坚决认为要不拘一格地选人、用人。

王符认为管理者识得真贤的办法是考核。《考绩》云："凡南面之务，莫急于知贤；知贤之近途，莫急于考功。功诚考则治乱暴而明，善恶信则直贤不得障蔽，使佞巧不得窜其奸矣。"⑧君主管理国家必须依靠一套有能力的管理班子，各级官吏政绩如何，是否尽职，关系到民众的生计乃至国家的稳定，王符称为"南面之务"。"南面之务"最急切的是知贤，知贤的最佳途径是考核各级

---

①⑤⑥　（东汉）王符著：《潜夫论》，第 14 页。
②　（东汉）王符著：《潜夫论》，第 34～35 页。
③　（南朝·宋）范晔撰：《后汉书》，中华书局 1965 年版，第 1630 页。
④　（东汉）王符著：《潜夫论》，第 13～14 页。
⑦　（东汉）王符著：《潜夫论》，第 38 页。
⑧　（东汉）王符著：《潜夫论》，第 26 页。

官吏；考核的内容首先是"利民"和"进贤"，"君子任职则思利民，达上则思进贤"（《忠贵》）。① 如白起、蒙恬、息夫、董贤之辈，未"利民""进贤"，"虽见贵于时君，然上不顺天心，下不得民意，故卒泣血号咷，以辱终也"（《忠贵》）。② 其次要看官吏是否忠于职守，是否做到"各居其职，以责其效"（《考绩》）。③ 即看他们是否履行自身职责，是否尽心尽职管理各项事务。这一点比较重要，"是故世主不循考功而思太平，此犹欲舍规矩而为方圆，无舟楫而欲济大水，虽或云纵，然不知循其虑度之易且速也"（《考绩》）。④ 再次，要设立奖惩制度，表彰绩效好的官吏，惩处奸佞无为之徒。对于"好德"、"尚贤"、"有功"者，"则加之赏"；对没有作为的奸佞之徒，则"黜爵"、"黜地"、"爵土"，"附下罔上者死，附上罔下者刑，与闻国政而无益于民者斥，在上位而不能进贤者逐"（《考绩》）。⑤ 在此基础上，"别贤愚而获多士，成教化而安民氓"（《考绩》），⑥ 选拔出贤能之士，委以重任，协助国君管理民众。最后，王符还认为对于官吏要做到"各以所宜，量材授任"（《实贡》），⑦ "是故选贤贡士，必考核其清素，据实而言，其有小疵，勿强衣饰，以壮虚声。一能之士，各贡所长，出处默语，勿强相兼。"（《实贡》）⑧ 要知人善任，根据不同人才的特点优长，把他们安排在合适的岗位上，做到"智者弃其所短而采其所长，以致其功，明君用士亦犹是也。物有所宜，不废其材，况于人乎？"（《实贡》）⑨ 这些主张，实际是挑战任人唯亲、官吏世袭的用人制度。

四、边疆管理

东汉时期，汉羌之间时有战事，双方延续冲突长达五六十年。在民族矛盾和阶级矛盾复杂交错的情况下，面对长驱直入的入侵者，东汉中期的最高管理当局表现得软弱无能、举棋不定、束手无策。安帝永初四年（公元110年），

---

① （东汉）王符著：《潜夫论》，第45页。
② （东汉）王符著：《潜夫论》，第46页。
③④ （东汉）王符著：《潜夫论》，第30页。
⑤⑥ （东汉）王符著：《潜夫论》，第29页。
⑦ （东汉）王符著：《潜夫论》，第67页。
⑧ （东汉）王符著：《潜夫论》，第66～67页。
⑨ （东汉）王符著：《潜夫论》，第66页。

"羌胡反乱，残破并、凉，大将军邓骘以军役方费，事不相赡，欲弃凉州，并力北边"（《虞诩传》），① 邓骘提出放弃凉州，于是，"（永初四年）三月，南单于降。先零羌寇褒中，汉中太守郑勤战殁。徙金城郡都襄武"（《安帝纪》）。② 第二年，"二月丁卯，诏省减郡国贡献太官口食，先零羌寇河东，遂至河内。诏陇西徙襄武，安定徙美阳，北地徙池阳，上郡徙衙"。如此频繁地强迫边郡民众弃边内迁的妥协政策，不仅助长了入侵者的猖狂肆虐，也给民众带来了极大痛苦。

王符身居安定郡临泾（今甘肃镇原），亲身经历了羌族叛乱，耳闻目睹羌族奴隶主贵族的侵略和汉族大地主弃边掳掠，也曾数度被迫背井离乡迁入内地。因此，他对统治者弃边内迁，致使羌族奴隶主贵族长驱直入，掳劫边地，祸及中原的民众感受深切。他根据当时实际情况，在《潜夫论》中的《劝将》、《救边》、《边议》、《实边》诸篇，提出了一系列救边、实边及边疆管理的意见和具体措施。

首先，面对羌族军队的不断侵扰掠夺，王符认为应当选用善战之将，积极防御。《边议》云："自古有战，非乃今也。"③《劝将》亦云："兵之设也久矣。涉历五代，以迄于今，国未尝不以德昌而以兵强也。"④ 但是，东汉中期，将帅腐败无能。《劝将》云："今兵巧之械，盈乎府库，孙、吴之言，耵乎将耳，然诸将用之，进战则兵败，退守则城亡。是何也哉？曰：彼此之情，不闻乎主上，胜负之数，不明乎将心，士卒进无利而自退无畏，此所以然也。"⑤ "历察其败，无他故焉，皆将不明于变势，而士不劝于死敌也。"（《劝将》）⑥ 因此，《劝将》接着云："诸有寇之郡，太守令长不可以不晓兵……夫世有非常之人，然后定非常之事，必道非常之失，然后见。是故选诸有兵之长吏，宜踔跞豪厚，越取幽奇，材明权变，任将帅者。"⑦ 不仅如此，要积极防御。《救边》

---

① （南朝·宋）范晔撰：《后汉书》，中华书局1965年版，第1186页。
② （南朝·宋）范晔撰：《后汉书》，中华书局1965年版，第215页。
③ （东汉）王符著：《潜夫论》，第114页。
④ （东汉）王符著：《潜夫论》，第102页。
⑤ （东汉）王符著：《潜夫论》，第102~103页。
⑥ （东汉）王符著：《潜夫论》，第104页。
⑦ （东汉）王符著：《潜夫论》，第105~107页。

云："今苟以己无惨怛冤痛，故端坐相仍，又不明修守御之备，陶陶闲澹，卧委天职……不一命大将以扫丑虏，而州稍稍兴役，连连不已。若排帷障风，探沙拥河，无所能御，徒自尽尔。今数州屯兵十余万人，皆廪食县官，岁数百万斛，又有月直。但此人耗，不可胜供，而反惮暂出之费，甚非计也。"①

其次，实边垦荒，建设边防。王符认为应该迁移内地民众至边郡开垦荒地，发展生产。一是因为羌敌来犯，政府强令边郡民众迁入内地，但他们不愿内徙："且夫士重迁，恋慕坟墓，贤不肖之所同也。民之于徙，甚于伏法。伏法不过家一人死尔。诸亡失财货，夺土远移，不习风俗，不便水土，类多灭门，少能还者。代马望北，狐死首丘，边民谨顿，尤恶内留。虽知祸大，犹愿守其绪业，死其本处，诚不欲去之极。"（《实边》）② 二是因为边境人稀地广，许多土地没有垦殖；而中原人口稠密，地不足耕，实边垦荒可以解决这一问题："夫土地者，民之本也，诚不可久荒以开敌心……今边郡千里，地各有两县，户财置数百，而太守周回万里，空无人民，美田弃而莫垦发；中州内郡，规地拓境，不能半边，而口户百万，田亩一全，人众地荒，无所容足，此亦偏枯躄痱之类也。"（《实边》）③

但不是边郡人口越多越好，有一个最优化的限度，即"土地人民必相称也"（《实边》）。④ 这一思想极具卓见。东汉中期以后，随着地主豪族势力的扩大，土地进一步向豪门地主手中集中，许多民众被迫离开自己耕种的土地，有的沦为奴仆，有的转化为手工业者，有的变为流民，而受外患侵夺的边郡民众更加悲惨，他们"亡失财货，夺土远移，不习风俗，不便水土，类多灭门，少能还者……民既夺土失业，又遭蝗旱饥匮，逐道东走，流离分散，幽、冀、兖、豫、荆、扬、蜀、汉，饥饿死亡，复失太半。边地遂以丘荒，至今无人"（《实边》）。⑤ 这使王符认识到，实边垦荒如果不限制大地主官僚和世家豪门的土地兼并掠夺，那么充实边疆、发展生产、保境安民等仍会落空。"土地人民必相称也"，王符将土地、人民两个社会生产的基本要素相提并论，提出二者

---

① （东汉）王符著：《潜夫论》，第110～112页。
②⑤ （东汉）王符著：《潜夫论》，第118～119页。
③ （东汉）王符著：《潜夫论》，第119～120页。
④ （东汉）王符著：《潜夫论》，第120页。

必须"相称"的思想,即他认识到耕者必须有其田,劳动者必须和土地紧密结合起来,才更有利于发展生产和稳定社会。这一思想影响深远。

最后,与实边相应的配套措施。实边之后,就是要有效治理边疆,对此,王符提出了一整套配套的措施。一是随着农业人口迁徙实边的要有相应的手工业者和各种生产资料,"百工制器,咸填其边,散之兼倍,岂有私哉?乃所以固其内尔"(《实边》)。①二是在边郡实行选举之法,选拔官吏进行有效管理,"今诚宜权时令边郡举孝一人,廉吏世举一人,益置明经百石一人,内郡人将妻子来占着,五岁以上,与居民同均,皆得选举"(《实边》)。②三是对于"耕边入谷"者应当拜爵赐禄,奖励对实边有贡献者,"又募运民耕边入谷,远郡千斛,近郡二千斛,拜爵五大夫。可不欲爵者,使食倍贾于内郡"。这样,"君子小人各有所利,则虽欲令无往,弗能止也。此均苦乐,平徭役,充边境,安中国之要术也"(《实边》)。③

第三节

崔寔的管理思想

东汉中期,君主昏弱,外戚宦官交替专权,政治黑暗腐败,专制权力对士人的打击渐趋加强,土地兼并更加严重,阶级矛盾更加尖锐,东汉王朝正走上一条危亡之路。有着优良家学传统,长期出入于官场,深刻洞悉社会现实的崔寔,以敏锐的眼光,准确认识到当时的社会弊端,认真分析复杂的社会矛盾,提出了改善管理的方法,以挽救国家的危亡之势。

一、君须明,臣须贤

崔寔总结了历史上治乱的经验教训,认为社会混乱的根本原因是君主昏庸无能。《政论》云:"凡天下之所以不治者,常由世主承平日久,俗渐弊而不寤,政浸衰而不改,习乱安危,逸不自睹。或荒耽嗜欲,不恤万机;或耳蔽箴

---

① （东汉）王符著：《潜夫论》，第121页。
②③ （东汉）王符著：《潜夫论》，第122页。

诲，厌伪忽真；或犹豫歧路，莫适所从；或见信之佐，括囊守禄；或疏远之臣，言以贱废。是以王纲纵驰于上，智士郁伊于下。悲夫！且守文之君，继陵迟之绪，譬诸乘弊车矣。"① 他列举了昏君荒耽嗜欲、独断专行、刚愎自用、偏听偏信等行为，语含批评。其用意是为了劝诫君主，使他们省悟，勉于自励成为明君。

昏君管理之下，官僚贵族贪赃枉法、地主豪强巧取豪夺，崔寔对此强烈批评。《政论》云："今官之接民，甚多违理，苟解面前，不顾先哲。作使百工，及从民市，辄设计加以诱来之，器成之后，更不与直。老弱冻饿，痛号道路，守关告哀，终不见省。历年累岁，乃才给之，又云逋直，请十与三。此逋直岂物主之罪邪？不自咎责，反复灭之，冤抑酷痛，足感和气……是以百姓创艾，咸以官为忌讳，遁逃鼠窜，莫肯应募。"② 官吏们依仗权势，对民众巧取豪夺，敲诈勒索，不顾民众死活，"犯王法以聚敛"，造成尖锐的官民矛盾；民众"咸以官为忌讳"，见到官员"遁逃鼠窜"。他痛斥这些官吏是"聚敛之臣"、"贪人败类"，其行为是"割胫以肥头，不知胫弱亦将颠仆也"（《政论》），这样更进一步激化社会矛盾。加之当时地主豪强带头形成的奢侈之风，"今使列肆卖僭功，商贾鬻僭服，百工作淫器，民见可欲，不能不买，贾人之列，户蹈僭侈矣"（《政论》），致使社会风气更加败坏。

君庸臣贪是社会祸乱之源，这是崔寔对当时混乱的社会现实深入考察后得出的基本结论，也是他提出一系列管理思想的出发点。他提出要重塑君臣形象，构建和谐的君臣关系。《政论》开篇云："自尧、舜之帝，汤、武之王，皆赖明哲之佐，博物之臣。故皋陶陈谟而唐、虞以兴，伊、箕作训而殷、周用隆。及继体之君，欲立中兴之功者，曷尝不赖贤哲之谋乎！"③ 他认为君臣之间，就是明君掌权，贤臣辅佐，君臣和睦，团结协作，明君、贤臣相互依存、缺一不可；明君依靠贤臣辅佐，尧、舜、汤、武等明君圣主，若无皋陶、伊、箕等贤臣辅助，就难成伟业；实现"中兴之功"的君主，也都依赖贤哲辅佐。因此，明君和贤臣相互依赖，离开贤臣，明君将步履艰难；离开明君，贤臣将

---

①③ （清）严可均校辑：《全上古三代秦汉三国六朝文》（第一册），中华书局1958年版，第722页。

② （清）严可均校辑：《全上古三代秦汉三国六朝文》（第一册），中华书局1958年版，第724页。

一事无成。为此，崔寔提出了一个理想的君臣模式："国有常君，君有定臣，上下相安，政如一家……故能君臣和睦，百姓康乐。"(《政论》)①崔寔强调君主专制政体的管理秩序，一方面要求管理要以君主为核心，君主要具有崇高的德才；另一方面认为管理在以君主为核心的前提下贤臣辅政，远斥奸臣。他把君与臣视为国家管理的两个主要因素，缺一则会出现管理混乱的局面。这一管理思想针对外戚和宦官专权，其他官员遭受排斥打击的现象而提出的，非常具有现实意义。

那么，如何辨贤呢？崔寔认为由于官僚集团内部的倾轧，"中伤贞良"，许多贤才遭受排挤，加之贤士大多"心平行洁"，不肯亲媚主上，为"州郡侧目，以为负折"，而"巧文猾吏"则却屡屡重用，从而阻塞了贤才升迁之路。他认为要改变这种状况必须从君主做起：首先，君主要慎别贤佞。《政论》云："向使贤不肖相去，如泰山之与蚁垤，策谋得失相觉，如日月之与萤火，虽顽嚚之人，犹能察焉。常患贤佞难别，是非倒纷，始相去如毫厘，而祸福差以千里，故圣君明主其犹慎之。"②防止鱼龙混杂，埋没贤才。其次，君主要把用贤落实到行动上。《政论》云："斯贾生之所以排于绛、灌，吊屈子以摅其愤者也。夫以文帝之明，贾生之贤，绛、灌之忠，而有此患，况其余哉！况其余哉！且世主莫不愿得尼、轲之伦以为辅佐，卒然获之，未必珍也世主莫不愿得尼、轲之伦以为辅佐，卒然获之，未必珍也。"因此，要真正辨贤，发挥贤才的作用，必须定期考评，对政绩显著者表奖提拔；而处罚聚敛枉法者。《政论》云："人主莫不欲豹、产之臣，然西门豹治邺一年，民欲杀之；子产相郑，初亦见诅，三载之后，德化乃洽。今长吏下车百日，无他异观，则州郡睥睨，待以恶意，满岁寂漠，便见驱逐。正使豹、产复在，方见怨谊，应时奔驰，何缘得成易歌之勋，垂不朽之名者哉！"③认为考评官吏是一件复杂的、长期性的工作，不能因一时小事就随意调免，对"凡庸之士"和"仲尼之圣"都如此。管理尤其是地方行政管理，都不可能在短时期内有重要建树，如果官员因此就被调离或罢免，不仅未给他们施展才华的机会，也影响了官员队伍的稳定。

---

①③　(清)严可均校辑：《全上古三代秦汉三国六朝文》(第一册)，中华书局1958年版，第725页。

②　(清)严可均校辑：《全上古三代秦汉三国六朝文》(第一册)，中华书局1958年版，第723页。

二、农业为主，经营多样

东汉中期，严重的土地兼并造成极端的贫富分化，"富者田连阡陌，贫者亡立锥之地"（《食货志》）。① 为了缓和当时农业社会的各种矛盾，崔寔提出必须重视农业，《政论》、《四民月令》体现了他的重农思想。为了发展农业，崔寔承袭了董仲舒限民名田塞并兼之路的思想。《政论》云："古有移人通财，以赡蒸黎。今青、徐、兖、冀，人稠土狭，不足相供，而三辅左右，及凉、幽州内附近郡，皆土旷人稀，厥田宜稼，悉不肯垦发。小人之情，安土重迁，宁就饥馁，无适乐土之虑。故人之为言瞑也，谓瞑瞑无所知，犹群羊聚畜，须主者牧养处置，置之茂草则肥泽繁息，置之硗卤则零丁耗减。是以景帝六年诏郡国，令人得去硗狭就宽肥。至武帝遂徙关东贫人于陇西、北地、西河、上郡、会稽，凡七十二万五千口，后加徙猾吏于关内。今宜复遵故事，徙贫人不能自业者于宽地，此亦开草辟土振人之术也。"② 崔寔认为要解决严重的土地兼并，应该组织移民，青、徐、兖、冀等州人稠土狭，应将该地区的农民迁移到三辅左右及凉、幽州等土旷人稀的地区去，这样既可以解决青、徐、兖、冀等州人稠土狭的问题，又为地广人稀的三辅与凉、幽州等地区的经济发展提供了劳动力。崔寔"开草辟土振人之术"，就是开辟地广人稀地区的荒地，增加农田，鼓励移民，以此来调剂人口密度，以缓和东汉地主阶级的统治危机。

为了进一步解决民众的生存和发展问题，《四民月令》提出以农为主，农村发展多种经营。自给自足的农村自然经济，生产的主要目的是更好地满足农民自身的生活需要。因此，农村不仅要以农业生产为主，还要发展副业、手工业、商业。《四民月令》关于生产和经营的主要内容有：按照时令气候安排耕、种、收获粮食、油料、蔬菜；养蚕、纺绩、织染、漂练、裁制、浣洗、改制等女红；食品加工及酿造；修治住宅及农田水利工程；收采野生植物，主要是药材，并配制法药；保存收藏家中大小各项用具；粜籴等，体现了以农业、副业、小手工业为主，商业为辅，来管理、维持农村家庭生活的思想。

---

① （东汉）班固撰：《汉书》，中华书局1962年版，第1137页。
② （清）严可均校辑：《全上古三代秦汉三国六朝文》（第一册），中华书局1958年版，第726~727页。

《四民月令》中提出的农村发展以农业为主、多种经营的思想,不仅是两汉以来农村社会经济发展的要求,也体现了在当时的农村自然经济情况下,农业必须占据主导地位,但也要有手工业、商业经营作为补充,才能维持农村生活的正常进行。

三、政因时变,重禄防贪

首先,崔寔认为面对不断发展变化的时势,管理者要因时而变,根据实际情况及时调整管理策略,制定出适应形势发展的新方案,因循死守祖宗成法是没有出路的。《政论》云:"守文之君,继陵迟之绪,譬诸乘弊车矣。当求巧工,使辑治之,折则接之,缓则楔之,补琢换易,可复为新。新新不已,用之无穷。若遂不治,因而乘之,摧拉捌裂,亦无可奈何矣。"① 他把君主管理国家比喻为一辆车,要使这辆车长久的运转如初,就必须不断进行维修保养;如果车子已经破损,却未修补更新,就可能"摧拉捌裂"了。

他认为每个朝代都有着不同于其他朝代的特殊情况,不能照搬前人留下来的管理经验,必须面对现实革故鼎新。《政论》云:"且济时拯世之术,岂必体尧蹈舜然后乃治哉?期于补绽决坏,枝柱邪倾,随形裁割,取时君所能行,要措斯世于安宁之域而已。故圣人执权,遭时定制,步骤之差,各有云施。"② 尧舜管理的经验历来被后人遵奉,而崔寔则挑战这一传统思想,认为管理国家不应拘泥于尧舜之道,应当根据自己所处时代的实际情况,"随形裁割"、"遭时定制"、推陈出新,社会才能不断进步。《政论》还云:"圣人能与世推移,而俗士苦不知变,以为结绳之约,可复理乱秦之绪,《干戚》之舞,足以解平城之围。夫熊经鸟伸,虽延历之术,非伤寒之理;呼吸吐纳,虽度纪之道,非续骨之膏。盖为国之道,有似理身,平则致养,疾则攻焉。"③ 他批评习古不化的思想,斥责为俗士之论,认为用古人的方法来解决今人遇到的问题是愚蠢的,管理思想应当因时而变,与时推迁。他鄙视因循守旧、顽固不化的俗士,"俗人拘文牵古,不达权制,奇玮所闻,简忽所见,策不见珍,计不见信。夫

---

①② (清)严可均校辑:《全上古三代秦汉三国六朝文》(第一册),中华书局1958年版,第722页。

③ (清)严可均校辑:《全上古三代秦汉三国六朝文》(第一册),中华书局1958年版,第723页。

人既不知善之为头善，又将不知不善之为不善，乌足与论国家之大事哉！"①政因时变的思想表现了崔寔对当时陈腐的国家管理政策的强烈不满，希望改革创新的精神。

其次，为了加强吏治，崔寔认为要增加官员俸禄，改善官吏待遇。《政论》云："昔明王之统黎元，盖济其欲而为之节度者也。凡人情之所通好，则恕已而足之；因民有乐生之性，故分禄以颐其士，制庐井以养其萌，然后上下交足，厥心乃静。人非食不活，衣食虽然后可教以礼义，威以刑罚。苟其不足，慈亲不能畜其子，况君能捡其臣乎……今所使分威权、御民人、理狱讼、干府得，皆群臣之所为，而其俸禄甚薄，仰不足以养父母，俯不足以活妻子。父母者，性所爱也。妻子者，性所亲也。所爱所亲，方将冻馁，虽冒刃求利，尚犹不避，况可令临财御众乎！是所谓渴马守水，饿犬护肉，欲其不侵，亦不几矣。夫事有不疑，势有不然，盖此之类，虽时有素富骨清者，未能百一，不可为天下通率。圣王知其如此，故重其禄以防其贪欲，使之取足于奉，不与百姓争利。"②崔寔认为当时官吏的贪污原因是俸禄太低，不能赡养父母妻子，被迫"冒刃求利"、以权谋私，反映了东汉一般官吏俸禄低少而贪污盛行的实际情况。他认为增俸的目的一是可以整肃吏治，"重其禄以防其贪"；二是可以改善官民之间的关系，"不与民争利"。认为如果官吏俸禄够高，就不会"侵鱼百姓"，若有发生就有理由严惩了。《政论》还通过汉宣帝的诏书列举了数个低俸亡国的例子："昔周之衰也，大夫无禄，诗人刺之。暴秦之政，始建薄奉。亡新之乱，不与吏除。三亡之失，异世同术。我无所鉴，夏后及商。覆车之轨，宜以为戒。"③高薪养廉，其愿望是好的，有利于减少官吏侵夺百姓和缓和社会矛盾，也有利于稳定官僚队伍。但是，封建地主阶级专制下官吏腐败是专制制度本身带来的问题，增加俸禄、改善待遇实际上于事无补。

四、以德治平，以法理乱

在国家管理关于德与法的关系问题上，崔寔根据当时的社会现实，提出德

---

① （清）严可均校辑：《全上古三代秦汉三国六朝文》（第一册），中华书局1958年版，第722页。
② （清）严可均校辑：《全上古三代秦汉三国六朝文》（第一册），中华书局1958年版，第725～726页。
③ （清）严可均校辑：《全上古三代秦汉三国六朝文》（第一册），中华书局1958年版，第726页。

法兼容的思想。《政论》云："盖为国之道，有似理身，平则致养，疾则攻焉。夫刑罚者，治乱之药石也；德教者，兴平之粱肉也。夫以德教除残，是以粱肉理疾也；以刑罚理平，是以药石供养也。"①认为国家管理同修身养性一样，不同情况需采取不同的措施；德教与刑罚的作用不同，要根据实际情况有所变通，社会太平当以德教为主，世道衰乱则以刑罚为主。《潜夫论》还云："夫人之情，莫不乐富贵荣华，美服而饰，铿锵眩耀，芬芳嘉味者也。昼则思之，夜则梦焉。唯斯之务，无须臾不存于心，犹急水之归下，下川之赴睿。不厚为之制度，则皆侯服王食，僭至尊，逾天制矣。是故先王之御世也，必明法度以闭民欲，崇堤防以御水害。法度替而民散乱，堤防堕而水泛溢。"②崔寔从人性的弱点、人的欲望出发，认为人人都喜好"富贵荣华，美服而饰，铿锵眩耀，芬芳嘉味"，如果不限制这些欲望，就会出现僭越制度的情况，危害社会稳定。崔寔把人们膨胀的欲望看成是产生恶性的原动力，如果不加限制就会破坏社会秩序。因此，须"明法度以闭民欲"，"闭民欲"就是限制人们的欲望，达到规范人们行为的目的。尤其是在他生活的东汉中期，由于法制隳堕、政衰习乱，当以法治为主以救弊政，《政论》列举了汉宣帝严刑峻法而海内肃清的例子加以说明："今既不能纯法八世，故宜参以霸政，则宜重赏深罚以御之，明著法术以检之。自非上德，严以则理，宽之则乱。何以明其然也？近孝宣皇帝明于君人之道，审于为政之理，故严刑峻法，破奸轨之胆，海内肃清，天下密如。喜瑞并集，屡获丰年。"③

法令制度如果遭到破坏就会产生三大祸患：一是僭越奢侈。"今使列肆卖侈功，商贾鬻僭服，百工作淫器，民见可欲，不能不买，贾人之列，户蹈僭侈矣。故王政一倾，普天率土，莫不奢僭者，非家至人告，乃时势驱之使然。此则天下之患一也。"这些由豪门贵族引领的奢侈之风，会导致"下僭其上，尊卑无别"，破坏社会等级秩序。二是冲击农业，伤害国民赖以生存的根本，致使民穷国危。"且世奢服僭，则无用之器贵，本务之业贱矣。农桑勤而利薄，工商逸而入厚，故农夫辍耒而雕镂，工女投杼而刺绣。躬耕者少，末作者众，生土虽皆垦义，而地功不致，苟无力穑，焉得有年？财郁蓄而不尽出，百姓穷

---

①②③ （清）严可均校辑：《全上古三代秦汉三国六朝文》（第一册），中华书局1958年版，第723页。

匮而为奸宄，是以仓廪空而囹圄实，一谷不登，则饥馁流死。上下俱匮，无以相济。国以民为根，民以谷为命命尽则根拔，根拔则本颠。此最国家之毒忧，可为热心者也。斯则天下之患二也。"三是败坏社会风气，激化社会矛盾。法度毁败带来的奢靡之风，"豪民"生则"舆服无限"，死则"高坟大寝"；官僚地主贪欲无治，必然残酷剥削民众，民众则"穷厄既迫，迫为盗贼"，"是以天戚戚，人汲汲，外溺奢风，内忧穷竭，故在位者则犯王法以聚敛，愚民则冒罪戮以为健，俗之坏败，乃至于斯。此天下之患三也。"[1]崔寔认为解决"三患"的最好办法就是加强法治："塞其源以绝其末，深其刑而重其罚"，从而稳定社会秩序。

崔寔清醒地看到东汉中期危机四伏的现实，揭露了当时国家管理中的严重腐败。他提出的补时救世的管理措施虽然未被统治者采纳，却被后来的思想家不断发展完善，今天依然值得关注。

---

[1] （清）严可均校辑：《全上古三代秦汉三国六朝文》（第一册），中华书局1958年版，第723~724页。

第七章 东汉后期的管理思想

东汉后期一般指灵帝和献帝在位期间的 50 余年。但是，献帝刘协 9 岁被董卓于公元 189 年立为帝后，公元 196 年又遭曹操挟持，直至被曹丕废黜，一直为傀儡。事实上，自公元 208 年赤壁之战后已进入三国时期。所以，东汉后期应该是从灵帝即位至赤壁之战的 40 年时间。

东汉后期，灵帝昏庸荒淫，沉湎酒色，卖官鬻爵，政治上腐败至极，宦官集团对政治的垄断达到前所未有的地步，阶级矛盾白炽化。在管理思想方面，灵帝、献帝无可称道之处，一些政论家依然探寻着治国理政的良方，其中，荀悦、仲长统可谓其中的代表。

■ 第一节
东汉后期管理思想概述

东汉后期，宦官集团垄断了国家权力。宦官政治作为专制主义政体、皇权的腐朽、宦官的变态心理共同作用的产物，是中国地主阶级政治中的毒瘤，他们营私结党、卖官鬻爵、鱼肉民众、穷凶极恶。宦官管理下的东汉政权处于崩溃的边缘。本节先论述东汉后期管理思想的发展，然后介绍本时期管理思想方面的代表人物，最后概括本时期管理思想的特点。

一、东汉后期管理思想的发展

从东汉中期开始，外戚、宦官轮流当政。宦官当权，不仅同外戚集团产生了严重的矛盾，一些世族豪门及其他文人也强烈不满。他们不仅鄙视宦官出身污贱、不学无术，不屑于在他们手下为官，更痛恨宦官攫取、侵占了他们的既得利益。最主要的是因为宦官的亲属抢占了大量的地方官职，影响了地主阶级各阶层读书人的出仕之路，他们因此强烈仇恨宦官。一些世族豪门、士人与外戚集团也有矛盾，对外戚用人唯亲表示不满。同时，这些人看到外戚与宦官走马灯似的交替专权，对地主阶级政权的稳定不利。因此，宦官、外戚、世族豪门、士人之间的矛盾错综复杂。

桓帝时宦官势力膨胀，激起了朝廷内外官僚和士人的强烈不满，出现了以豪族大官僚李膺、陈蕃为首领，京师太学生和郡国学校生徒参加的反对宦官的斗争。先是司隶校尉李膺逮捕了大宦官张让的弟弟张朔并将其处死，之后又捕杀了与宦官勾结的卜者张成的儿子。宦官集团于是趁机指使张成的弟子控告李膺等人，说他们营私结党、讪谤朝廷。桓帝屈于宦官的压力，逮捕了李膺等200余人。后虽由窦皇后之父窦武出面营救，其中大部分人被赦免，但遭到终生禁锢。这就是东汉后期的第一次党锢之祸。不久，桓帝死，灵帝即位，窦武重新起用李膺等人，重用陈蕃等人，密谋诛杀宦官。灵帝建宁二年（公元169年），宦官集团先发制人，收捕窦武。窦武举兵反抗，兵败自杀。宦官集团于是大肆逮捕党人，杀死李膺、虞放、杜密、范滂等100余人，禁锢、迁徙数百人。这就是东汉后期的第二次党锢之祸。从此，国家权力完全被宦官控制。

在宦官集团垄断国家权力的情况下，灵帝成了宦官的掌中玩物，灵帝经常说中常侍张让是他的父亲，另一中常侍赵忠是他的母亲，国家管理更加腐败不堪。灵帝为了聚敛钱财公开卖官，并规定了从中央到地方各种文武官职的价格，造成了做官靠贿赂的腐败局面。灵帝和宦官集团穷奢极欲，残酷剥削百姓，赋役更重。地主、商人也趁机搜刮。在东汉政权和地主阶级的剥削下，人民陷于极端困苦的境地，农民和地主阶级的矛盾更加激化，生产关系严重地阻碍了生产力的发展。

面对东汉后期危亡的管理局面，一些思想家、政论家在对现实的批判中进行反思，提出了一些挽救危亡局面的管理思想。

二、东汉后期管理思想的代表人物

东汉后期管理思想的主要代表人物有荀悦和仲长统。

第七章　东汉后期的管理思想

（一）荀悦

荀悦（公元148～209年），字仲豫，颍川颍阴（今河南许昌）人，东汉后期政论家、史学家。自幼聪颖好学，阅读过目不忘，12岁便能讲解《春秋》。灵帝时宦官专权，荀悦隐居不出。献帝时，初被辟举为镇东将军曹操府供事，不久迁黄门侍郎，与荀彧和孔融侍讲宫中，为献帝所赏识，累迁秘书监、侍中等职。东汉末年，政归曹操，献帝成为傀儡。荀悦谋无所用，乃作《申鉴》，其辩论通达政体，认为为政管理之术，先去"四患"（伪、私、放、奢），再崇"五政"（兴农桑以养其生，审好恶以正其俗，宣文教以章其化，立武备以秉其威，明赏罚以统其法），深为献帝嘉赏。献帝以《汉书》文繁难懂，命荀悦用编年体改写。荀悦于是依《左传》体裁写成《汉纪》（为与东晋袁宏《后汉纪》区别，又称《前汉纪》）30篇。其目的是究"天人之际，事物之宜"，从历史事实中学会明确认识自然现象和人类社会，以及应付一切事物发展变化的方法；不仅供献帝看，也可以给其他统治者治国理政提供借鉴。时人称其"辞约事详，论辨多美"。另著有《崇德》、《正论》及诸论数十篇。

（二）仲长统

仲长统（公元179～220年），字公理，山阳高平（今山东金乡西北）人，东汉末年政论家、哲学家。自幼聪颖好学，博览群书，长于文辞。20余岁时便游学青、徐、并、冀州之间。才华过人，性情卓异豪爽，洒脱不拘，不矜小节，默语无常，时人称为狂生。凡州郡召他为官，皆称疾不就。献帝时，尚书令荀彧举荐其为尚书郎，之后曾参与曹操军事，但未得到曹操重用，不久便又回任尚书郎。其思想集中体现在《昌言》中。在汉末大动乱的背景下成长起来的仲长统，年轻时就目睹民生凋敝、战火纷飞的社会现状，在《昌言》中提出一些治国理政的思想方法。他十分重视考察历史经验和现实生活，注重"人事"，否定"天命"、"上帝"的主宰作用；他对社会危机的根源也提出了自己的见解，认为统治地位和被统治地位的形成和划分并不是永恒不变的，而是变化发展的，主要原因就是统治者享乐腐化和对民众的压迫剥削；他还认为管理上采取何种措施，要依据现实社会的实际情况，对时代有利和对现实生活有效的就必须坚持。

三、东汉后期管理思想的特点

东汉后期，民不堪命，生计危殆，以荀悦和仲长统为代表的政论家提出国家管理首先要重民养民，其次要法教兼用的指导思想。

首先，重民养民。在荀悦的管理思想中，"重民"思想显得极为重要。荀悦长期生活在下层，了解民众疾苦，其本人少年时期就"家贫无书"（《荀悦传》）[①] 黄巾起义给了他思想很大的冲击。他认为民众作为国家的根本，提出"民作基"的观点（《申鉴》）。[②] 他还云："昔者圣王之有天下，非所以自为，所以为民也。不得专其权利，与天下同之，唯义而已，无所私焉。封建诸侯，各世其位，欲使亲民如子，爱国如家。"（《前汉纪》）[③] 并把"恤民"作为五政之一。《申鉴》还云："故在上者，先丰民财以定其志。帝耕籍田，后桑蚕宫。国无游民，野无荒业，财不虚用，力不妄加，以周民事，是谓养生。"[④] 认为为了国家的长治久安，必须重民养民，以民众的利益为重。他所说的"先丰民财，以定其志"，认为应该先满足民众的物质要求，把人们的经济生活作为思想意识的基础，也较有见地。

仲长统也认为国家管理应该务在重民，君主应该"和万邦，蕃黎民"，"知稼穑之艰难者，亲民事而布惠利"（《昌言》）。[⑤] 在农业作为基本的和最重要的产业的时代，他认为重民养民主要体现为重农，他在《齐民要术序》多次言及管理者要重农以养民，"丛林之下，为仓庾之坻，鱼鳖之堀，为耕稼之场者，此君长所用心也。是以太公封而斥卤播嘉谷，郑白成而关中无饥年。盖食鱼鳖而数泽之形可见，观草木而肥坟之势可知"，"稼穑不修，桑果不茂，畜产不肥，鞭之可也。柂落不完，垣墙不平，埽除不净，笞之可也。此督课之方也。且天子亲耕，皇后亲蚕，况夫田父，而怀窳惰乎！"[⑥]

---

① （南朝·宋）范晔撰：《后汉书》，中华书局1965年版，第2058页。
② （东汉）荀悦著：《申鉴》，见《诸子集成》（第八册），第1页，中华书局2006年。本著所引《申鉴》语句，皆出自《诸子集成》本，下文同。
③ （东汉）荀悦著：《前汉纪》，吉林出版集团有限责任公司2005年版，第48页。
④ （东汉）荀悦著：《申鉴》，第1页。
⑤ （清）严可均校辑：《全上古三代秦汉三国六朝文》（第一册），中华书局1958年版，第948页。
⑥ （清）严可均校辑：《全上古三代秦汉三国六朝文》（第一册），中华书局1958年版，第956页。

第七章 东汉后期的管理思想

其次，德刑并用。荀悦认为道德教化和刑罚都是管理国家的重要方法。《申鉴》云："君子以情用，小人以刑用。荣辱者，赏罚之精华也。故礼教荣辱以加君子，化其情也；桎梏鞭朴以加小人，治其刑也。君子不犯辱，况于刑乎？小人不忌刑，况于辱乎？若夫中人之伦，则刑礼兼焉。教化之废，推中人而坠于小人之域；教化之行，引中人而纳于君子之途，是谓章化。"① 礼教荣辱即道德教化是适用于君子的；桎梏鞭朴各种刑罚是适用于小人的；中人之伦则需要刑礼兼用，即道德教化和刑罚兼用。在德与罚的关系上，荀悦认为二者是相辅相成，缺一不可的。《前汉纪》云："夫德刑并行，天地常道也。先王之道，上教化而下刑法，右文德而左武功，此其义也。或先教化，或先刑法，所遇然也。拨乱抑疆，则先刑法；扶弱绥新，则先教化；安平之世，则刑教并用。"②

仲长统在总结历史经验的基础上，认为要维护封建统治的正常秩序，也必须礼法兼用、德刑并举。《昌言》云："情无所止，礼为之俭；欲无所齐，法为之防，越礼宜贬，逾法宜刑，先王之所以纪纲人物也。若不制此二者，人情之纵横驰骋，谁能度其所极者哉！"③ 他认为如果不规范和限制人们的情欲，任由"人情之纵横驰骋"，就可能使社会秩序混乱，所以必须礼法并用，即德教和刑罚并用来限制人们的情欲，保障社会的稳定。在德教与刑罚的关系上，仲长统认为一般情况下是德教为主，刑罚为辅，互为补充。《昌言》云："德教者，人君之常任也，而刑罚为之佐助焉。古之圣帝明王，所以能亲百姓、训五品、和万邦、蕃黎民、召天地之嘉应、降鬼神之吉灵者，寔德是为，而非刑之攸致也。至于革命之期运，非征伐用兵，则不能定其业；奸宄之成群，非严刑峻法，则不能破其党。时势不同，所用之数亦宜异也。"④ 德教与刑罚二者要根据时势不同而有所选择。

---

① （东汉）荀悦著：《申鉴》，第2~3页。
② （东汉）荀悦著：《前汉纪》，吉林出版集团有限责任公司2005年版，第222页。
③ （清）严可均校辑：《全上古三代秦汉三国六朝文》（第一册），中华书局1958年版，第953页。
④ （清）严可均校辑：《全上古三代秦汉三国六朝文》（第一册），中华书局1958年版，第948页。

第二节

荀悦的管理思想

因为国家管理直接针对社会各项事务,所以必须随时关注社会对管理措施的反映,以便正确认识和及时修正正在实行的政策措施。对此,荀悦《申鉴》认为应"察九风以定纲常","九风"即"一曰治,二曰衰,三曰弱,四曰乖,五曰乱,六曰荒,七曰叛,八曰危,九曰亡"。①"九风"反映了社会不同的政治状况,是管理效果的反映,"察九风"是完善管理措施的保证。可见,荀悦的管理思想包含诸多层面。他认为如果以他提出的管理思想为指导,就可以达到"不肃而治,垂拱揖逊而海内平矣"的局面。②

一、以道为纲

《申鉴》云:"立天之道,曰阴与阳;立地之道,曰柔与刚;立人之道,曰仁与义。阴阳以统其精气,刚柔以品其群形,仁义以经其事业,是为道也。故凡政之大经,法教而已矣。"③《前汉纪》又云:"然则王者所为,必则于天道。天道之大者在于阴阳,阳为德,阴为刑,刑德不失而岁功成。"④认为管理者的行为必须以"道"为总则,"道"是国家管理的总纲。

首先,法教为先。《申鉴》云:"凡政之大经,法教而已矣。教者,阳之化也;法者,阴之符也。仁也者,慈此者也;义也者,宜此者也;礼也者,履此者也;信也者,守此者也;智也者,知此者也。"⑤认为法与教是为政治管理的"二端","二端"渊源于"道",道有阳刚阴柔,故为政亦有二端。此二端从正反两个方面来实现国家管理的目的,相互统一、相互补充。《申鉴》还云:"先哲王之政,一曰承天,二曰正身,三曰任贤,四曰恤民,五曰明制,六曰立

---

① (东汉)荀悦著:《申鉴》,第4页。
② (东汉)荀悦著:《申鉴》,第3页。
③⑤ (东汉)荀悦著:《申鉴》,第1页。
④ (东汉)荀悦著:《前汉纪》,吉林出版集团有限责任公司2005年版,第102页。

业。承天惟允，正身惟常，任贤惟固，恤民惟勤，明制惟典，立业惟敦，是谓政体也。"① 承天、正身、任贤、恤民、明制、立业，这六个方面构成国家政治生活和国家管理的主要内容，要实现国家大治，必须致力于这六个环节。在这六个环节中，"承天"就是以道为纲；"正身"就是管理好自身；"任贤"就是任用贤能；"恤民"就是体恤、爱养民众；"明制"就是建立明确的各种制度；"立业"就是要建立功勋，这六个环节是国家在制定政策时必须考虑的。此外，荀悦提出了"政体"概念，此处当然不同于现代政体的概念，但已涉及了国家政治活动和管理过程的几个主要环节。

其次，屏四患，崇五政。有关国家管理的事情很多，当如何处理，《申鉴》云："致治之术，先屏四患，乃崇五政。一曰伪，二曰私，三曰放，四曰奢。伪乱俗，私坏法，放越轨，奢败制，四者不除，则政末由行矣。俗乱则道荒，虽天地不得保其性矣；法坏则世倾，虽人主不得守其度矣；轨越则礼亡，虽圣人不得全其道矣；制败则欲肆，虽四表不能充其求矣，是谓四患。兴农桑以养其生，审好恶以正其俗，宣文教以章其化，立武备以秉其威，明赏罚以统其法，是谓五政。"② "四患"是指伪、私、放、奢，"伪乱俗，私坏法，放越轨，奢败制。四者不除，则政末由行矣"，四患表现为品行、生活和行为方面的败坏，直接影响国家管理，终会导致"道荒"、"世倾"、"礼亡"和"欲肆"。所以，不除四患，就不能致太平。"五政"是指农桑、好恶、文教、武备和赏罚，包含经济、政治、文化、军事和法律等方面的内容，也是国家管理的基本内容。五政之中，农桑是第一项要务，表明荀悦的重农思想。只有屏四患和崇五政，国家才能大治。

再次，察九风以定国常。《申鉴》云："惟察九风以定国常，一曰治，二曰衰，三曰弱，四曰乖，五曰乱，六曰荒，七曰叛，八曰危，九曰亡。君臣亲而有礼，百僚和而不同，让而不争，勤而不怨，无事惟职是司，此治国之风也。礼俗不一，位职不重，小臣逸嫉，庶人作议，此衰国之风也。君好让，臣好逸，士好游，民好流，此弱国之风也。君臣争明，朝廷争功，士大夫争名，庶人争利，此乖国之风也。上多欲，下多端，法不定，政多门，此乱国之风也。

---

① （东汉）荀悦著：《申鉴》，第1页。
② （东汉）荀悦著：《申鉴》，第2页。

以佗为博，以伉为高，以滥为通，遵礼谓之劬，守法谓之固，此荒国之风也。以苛为密，以利为公，以割下为能，以附上为忠，此叛国之风也。上下相疏，内外相蒙，小臣争宠，大臣争权，此危国之风也。上不访，下不谏，妇言用，私政行，此亡国之风也。故上必察乎国风也。"① "九风"是治、衰、弱、乖、乱、荒、叛、危、亡，是国家从总体上表现出来的九种社会政治状态。在"九风"中，荀悦推崇"治国之风"，余者虽表现有所不同，皆不可取。从他对"九风"的概括看，他把管理的着眼点主要放在统治阶级的自我完善上，每一种国家风气都涉及君臣问题，也部分地关系到民众。总体上，他认为君臣百官作为管理阶层先要注重自身建设，是具有积极意义的。

最后，恤十难以任贤能。荀悦认为管理要注重选贤任能，他列举了选用人才的"十难"："一曰不知，二曰不进，三曰不任，四曰不终，五曰以小怨弃大德，六曰以小过黜大功，七曰以小失掩大美，八曰以讦奸伤忠正，九曰以邪说乱正度，十曰以谗嫉废贤能，是谓十难。十难不除，则贤臣不用；用臣不贤，则国非其国也。"② "十难"主要是用人制度上存在的主要问题。在宦官专权的东汉后期，"十难"反映了贤能之士遭受冷落排挤的现实状况。他认为不改革当时的用人制度，不选贤授能，国家就没有出路。

二、君臣民一体

荀悦认为君、臣、民是国家政治结构中的三个基本要素，虽然有各自不同的地位和特点，但在国家管理过程中构成相互制约的一个系统。《申鉴》云："天下国家一体也，君为元首，臣为股肱，民为手足。下有忧民，则上不尽乐；下有饥民，则上不备膳；下有寒民，则上不具服。徒跣而垂旒，非礼也。故足寒伤心，民寒伤国。"③ 认为君主在国家管理中处于领袖地位，臣下和民众处于被支配的地位；国君应当为解决民众忧愁饥寒而服务。荀悦首先肯定了君主和大臣的管理地位，认为如果没有君臣这些管理者，国家就会混乱。《申鉴》

---

① （东汉）荀悦著：《申鉴》，第4页。
② （东汉）荀悦著：《申鉴》，第3页。
③ （东汉）荀悦著：《申鉴》，第5页。

第七章 东汉后期的管理思想

云："非天地不生物，非君臣不成治。首之者天地也，统之者君臣也哉。"① 君臣共同管理国家是天经地义的。他还认为，在以君主为首领的管理体系中，君明臣贤是最理想的模式；不仅君主不要操纵一切，臣下也不要违君专权，要构建君主臣辅的和谐关系。但是，臣下不是单纯服从君主，而要发挥应有的辅助作用，坚决执行君主的正确决策，对君主的过失要纠偏补正。《申鉴》云："人臣之义，不曰吾君能矣，不我须也，言无补也，而不尽忠；不曰吾君不能矣，不我识也，言无益也，而不尽忠。必竭其诚，明其道，尽其义，斯已而已矣。不已，则奉身以退，臣道也。故君臣有异无乖，有怨无憾，有屈无辱。"他反对君主的绝对权威，认为忠臣不是那些言听计从的人，而是能为君主出谋划策、纠偏补正的人。因此，他认为，"人臣有三罪：一曰导非，二曰阿失，三曰尸宠。以非引上谓之导，从上之非谓之阿，见非不言谓之尸。导臣诛，阿臣刑，尸臣绌。进忠有三术：一曰防，二曰救，三曰戒。先其未然谓之防，发而止之谓之救，行而责之谓之戒。防为上，救次之，戒为下。下不钳口，上不塞耳，则可有闻矣。有钳之钳，犹可解也；无钳之钳，难矣哉！有塞之塞，犹可除也；无塞之塞，其甚矣夫。"（《申鉴》）② 认为臣下对君主的过错采取放任的态度是罪恶的，对这些导非之臣、阿失之臣、尸宠之臣必须予以诛黜。同时，他还认为臣下责任，即"进忠三术"，是能够帮助君主避免、制止和纠正过失。可见，对君主来说，臣下不仅仅是供其支配的，他们对君主还有监督制约作用，臣下应该弥补君主的不足。但是，臣下如何处理好道和君的关系呢，尤其是在道与君发生矛盾时，处理起来就难了。在这种情况下，荀悦认为臣下应该从道不从君："违上顺道，谓之忠臣；违道顺上，谓之谀臣。忠所以为上也，谀所以自为也；忠臣安于心，谀臣安于身。故在上者，必察夫违顺，审乎所为，慎乎所安。"（《申鉴》）③ 认为忠臣"违上顺道"有利于君主管理国家，是"为上也"；而谀臣"违道顺上"则是为了个人利益，是"自为也"。

君臣关系重要，君民关系亦极为重要。《申鉴》云："天作道，皇作极，臣

---

① （东汉）荀悦著：《申鉴》，第19页。
② （东汉）荀悦著：《申鉴》，第21页。
③ （东汉）荀悦著：《申鉴》，第22页。

作辅，民作基。"① 民众是国家的基础，没有了民众，就无所谓君主了。那么，君主应该如何对待民众呢？《申鉴》云："下有忧民，则上不尽乐；下有饥民，则上不备膳；下有寒民，则上不具服。徒跣而垂旒，非礼也。故足寒伤心，民寒伤国。"认为民众的处境直接关系到君主和国家，君主要以仁爱之心待民，把重民与国家稳定联系起来。因此，他认为民与国是一体的。《申鉴》云："人主承天命以养民者也，民存则社稷存，民亡则社稷亡。故重民者，所以重社稷而承天命也。"② 认为君主保证社稷长存，就必须重民爱民；"爱民如子"及"爱民如身"还算不上"仁之至"，真正"仁之至"是落实民为邦本，落实"民存则社稷存"的思想。这样，民众也就会尊君："君以至美之道道民，民以至美之物养君。君降其惠，民升其功，此无往不复，相报之义也。"③ 这是一种充满理想色彩的君民关系，也道出了民养君的事实。荀悦重民养民的思想主要是为了获取民众的支持，缓和阶级矛盾，维护封建地主阶级专政。

三、修明法度，德刑并用

荀悦认为，法度是管理的根本要素。《前汉纪》云："先王立政，以制为本。三正五行，服色历数，承天之制，经国序民。列官布职，疆理品类；辩方定物，人伦之度。自上已下，降杀有序。上有常制，则政不颇；下有常制，则民不二。官无淫度则事不悖，民无淫制则业不废。"④ 荀悦认为，只有建立明确的制度才能有效管理，国家法令制度必须"有常"，即立法司法具有稳定性，行政法规和民事法规都要"有常"，不可朝令夕改。要使法令有常，管理者必须信守"不任不爱"、"惟公是从"的原则(《申鉴》)，⑤ "谨权量，审法度"(《前汉纪》)，⑥ 厉行公心，堵塞私欲。制定和执行明确的法令制度直接关系到国家的治乱兴衰，管理者必须屏四患（伪、私、放、奢）、明赏罚、察实情、定常制，真正发挥国家法令惩恶劝善的作用，使"虚伪之行不得设，诬罔之辞不得行，有罪恶者无侥幸，无罪过者不忧惧，请谒无所行，货赂无所用"(《前

---

① （东汉）荀悦著：《申鉴》，第1页。
② （东汉）荀悦著：《申鉴》，第20页。
③ （东汉）荀悦著：《申鉴》，第5页。
④⑥ （东汉）荀悦著：《前汉纪》，吉林出版集团有限责任公司2005年版，第60页。
⑤ （东汉）荀悦著：《申鉴》，第19页。

汉纪》）。① 在执法方面，要依法行事，根据事实情况维护法律的尊严。《申鉴》云："投百金于前，白刃加其身，虽巨跖弗敢掇也。善立法者若兹，则终身不掇矣，故跖可使与伯夷同功。"② 执法做到内外不二、公私不怨，才能够有效地制约人们的越轨行为。

荀悦认为德化与刑罚是管理的重要方法。《申鉴》云："君子以情用，小人以刑用。荣辱者，赏罚之精华也。故礼教荣辱以加君子，化其情也；桎梏鞭朴以加小人，治其刑也。君子不犯辱，况于刑乎；小人不忌刑，况于辱乎。若夫中人之伦，则刑礼兼焉。"③ "教者，阳之化也；法者，阴之符也。"④ 德教和法治二者相辅相成，缺一不可。《前汉纪》云："夫德刑并行，天地常道也。先王之道，上教化而下刑法，右文德而左武功，此其义也。或先教化，或先刑法，所遇然也。拨乱抑彊，则先刑法；扶弱绥新，则先教化；安平之世，则刑教并用。大乱无教，大治无刑。乱之无教，势不行也；治之无刑，时不用也。教初必简，刑始必略，则其渐也。教化之隆，莫不兴行，然后责备。刑法之定，莫不避罪，然后求密。未可以备，谓之虐教；未可以密，谓之峻刑。虐教伤化，峻刑害民，君子弗由也。设必违之教，不量民力之未能，是陷民于恶也，故谓之伤化。设必犯之法，不度民情之不堪，是陷民于罪也，故谓之害民。"⑤ 认为要根据现实的需要选用德化与刑罚，"扶弱绥新"之世，先行教化，先德化而后刑罚；而在动乱之世，先刑罚而后德教；在治平之世，德教和刑罚并用。可见，荀悦未将刑罚作为德教的辅助手段，而是同等看待。在制定德教或法律条款时，起初要简略，然后根据现实需要逐步完善，避免虐法和峻刑伤化害民。荀悦还将施行德化、刑罚和人性联系起来，认为人性无所谓善恶，而是随客观环境的变化而形成："性虽善，待教而成；性虽恶，待法而消……于是教扶其善，法抑其恶。"（《申鉴》）⑥

荀悦关注现实政治，并提出了一系列的管理思想和策略。由于东汉末年权

---

① （东汉）荀悦著：《前汉纪》，吉林出版集团有限责任公司2005年版，第93页。
② （东汉）荀悦著：《申鉴》，第6页。
③ （东汉）荀悦著：《申鉴》，第2~3页。
④ （东汉）荀悦著：《申鉴》，第1页。
⑤ （东汉）荀悦著：《前汉纪》，吉林出版集团有限责任公司2005年版，第222~223页。
⑥ （东汉）荀悦著：《申鉴》，第27页。

移曹氏，献帝成为傀儡，他的救弊之策在当时基本上没有付诸实践，但却为后来的管理者所借鉴。

第三节

仲长统的管理思想

仲长统作为一位身处衰世的政论家和思想家，他的管理思想是在对社会现实的反思、批判中提出来的。其《昌言》一书原已亡佚，仅范晔《后汉书·仲长统传》、《群书治要》、《意林》等书中保存了若干段文字，表达了其一系列政治主张和管理思想。

一、强化集权

东汉后期，尤其是献帝时期，宦官专权，皇权衰微，军阀混战，社会动荡，民不聊生。面对这样的社会现实，仲长统提出了强化中央集权的管理思想。他认为要改变混乱的社会现状，实现国家稳定，必须强化中央集权，做到"政不分于外戚之家，权不入于宦竖之门"（《昌言》）。[①] 他认为实现这一目标的关键在于加强君主的权威。在地主阶级专制社会中，权力是一切政治问题和管理问题的核心，权力的归属和分割直接影响到国家管理。因此，他认为加强中央集权是国家管理的首要问题。

首先，仲长统认为加强中央集权，必须革除外戚宦官专权。他深入地考察历史和现实，分析了东汉后期外戚和宦官专权的原因，认为外戚和宦官主要是依托君权而蚕食君权，才逐渐掌控国家权力，随着他们权势的发展，君权被不断分割、削弱，最终君主成了他们的傀儡。在外戚宦官实现专权过程中，君主决策无法实现，君主权威受到削弱，给封建中央管理的统一带来严重的冲击和灾难。《昌言》云："权移外戚之家，宠被近习之竖，亲其党类，用其私人，内充京师，外布列郡，颠倒贤愚，贸易选举，疲驽守境，贪残牧

[①] （清）严可均校辑：《全上古三代秦汉三国六朝文》（第一册），中华书局1958年版，第948页。

民，挠扰百姓，忿怒四夷，招致乖叛，乱离斯瘼。怨气并作，阴阳失和，三光亏缺，怪异数至，虫螟食稼，水旱为灾，此皆戚宦之臣所致然也。"① 尤其是灵帝时期，宦官专权达到鼎盛，"灵皇帝登自解犊，以继孝桓。中常侍曹节侯览等，造为维纲，帝终不寤，宠之日隆，唯其所言，无求不得。凡贪淫放纵，僭凌横恣，挠乱内外，螫噬民化，隆自顺、桓之时，盛极孝灵之世，前后五十馀年，天下亦何缘得不破坏邪？"② 因此，要避免这些弊端，使国家各项事务正常运行必须加强君权。他告诫统治者不要给外戚宦官专权的机会，把他们与国家权力分离开来。《昌言》云："母后之党，左右之人，有此至亲之势，故其贵任万世。常然之败，无世而无之，莫之斯鉴，亦可痛矣……夫使为政者，不当与之婚姻；婚姻者，不当使之为政也。"③他告诫统治者，外戚当权未有不败的；同时，皇室不应当与执政贵族结亲。仲长统反对外戚宦官专权，希望加强君权来革除外戚宦官专权有一定的可行性。但是，东汉后期，外戚宦官已经长期专制朝政，他们的势力盘根错节，根深蒂固，要想改变这种现状是极为困难的。

其次，他认为要加强中央集权必须废除分封制。汉初施行分封制，让一些诸侯独霸一方，种下了分裂割据的祸根。仲长统认为这是政治管理的失策。《昌言》云："汉之初兴，分王子弟，委之以士民之命，假之以杀生之权。于是骄逸自恣，志意无厌。鱼肉百姓，以盈其欲；报蒸骨血，以快其情。上有篡叛不轨之奸，下有暴乱残贼之害。虽藉新属之恩，盖源流形势使之然也。降爵削土，稍稍割夺，卒至于坐食俸禄而已。然其洿秽之行，淫昏之罪，犹尚多焉。故浅其根本，轻其恩义，犹尚假一日之尊，收士民之用。况专之于国，擅之于嗣，岂可鞭笞叱诧，而使唯我所为者乎？"④ 由于封建诸侯权力太大，给中央集权带来威胁；即便削夺了他们的大部分权力，但中央要对其进行完全管理，还是十分困难的。因此，为了维护中央权威必须彻底废弃分封制。

---

①③ （清）严可均校辑：《全上古三代秦汉三国六朝文》（第一册），中华书局1958年版，第951页。
② （清）严可均校辑：《全上古三代秦汉三国六朝文》（第一册），中华书局1958年版，第952页。
④ （清）严可均校辑：《全上古三代秦汉三国六朝文》（第一册），中华书局1958年版，第949页。

除此之外，要进一步加强中央集权，最有效的是完善中央集权的政体，从中央到地方各级官僚机构都要建立集权体制，使权力结构一体化。《昌言》云："夫任一人则政专，任数人则相倚。政专则和谐，相倚则违戾。和谐则太平之所兴也，违戾则荒乱之所起也。"① 权力分散导致互相推诿，集权就可以避免推诿事件的发生。但是，光武帝有鉴于三公权力过重与君权发生矛盾，设立了尚书台，分割了三公的权力，后来就出现了东汉后期的外戚宦官专权。因此，仲长统建议恢复丞相制，统一中央决策权与执行权。《昌言》云："春秋之时，诸侯明德者，皆一卿为政。爰及战国，亦皆然也。秦兼天下，则置丞相，而贰之以御史大夫。自高帝逮于孝成，因而不改，多终其身。汉之隆盛，是惟在焉……光武皇帝愠数世之失权，忿强臣之窃命，矫枉过直，政不任下，虽置三公，事归台阁。自此以来，三公之职，备员而已；然政有不理，犹加谴责。而权移外戚之家，宠被近习之竖，亲其党类，用其私人，内充京师，外布列郡，颠倒贤愚，贸易选举……"② 因此，他认为要改变上述弊端，"未若置丞相自总之"，恢复相权；"若委三公，则宜分任责成"。这样既加强中央集权，又避免外戚宦官专权。他认为恢复相权，并不是要限制君权，而是要巩固君权。恢复相权可以杜绝权力纠纷，防止政出多门，保证政令的制定和执行的一致性。出于对东汉后期外戚宦官专权混乱政局的强烈不满，仲长统提出恢复相权的主张，注意到相权与君权的一致性，但是忽视了两者的矛盾性。汉代相权的削弱实际是相权与君权矛盾的结果。

二、富国兴邦

仲长统认为，在经济上增强国家实力，富国兴邦是国家管理的重要方面。因为这样不仅可以提高政府的执政能力，还可以巩固政权，稳定社会秩序。

首先，增加国家蓄积是富国的重要手段。国库储蓄可以备不时之需。《昌言》云："夫人待君子然后化理，国待蓄积乃无忧患……蓄积诚多，则兵寇水旱之灾不足苦也……天灾流行，开仓库以禀贷，不亦仁乎？"③ 储积充足，天

---

①② （清）严可均校辑：《全上古三代秦汉三国六朝文》（第一册），中华书局1958年版，第951页。

③ （清）严可均校辑：《全上古三代秦汉三国六朝文》（第一册），中华书局1958年版，第950页。

灾、战乱之年，便可开仓振贷，解民之急。因为如果不能保障最基本的生活条件，一些民众就会铤而走险。那么，怎样增加蓄积呢？首要的是发展农业和手工业，"急农桑以丰委积"（《昌言》），①增加社会财富。但是，国家财富来源于民众，不能横征暴敛，应当取之有道。《昌言》云："蓄积非横赋敛以取优饶者也。"认为征敛要在保证民众衣食有余的前提下进行。

其次，可以适当提高赋税标准。他认为赋税是国家的重要财源，税率也不能过低，轻税会使国家的财政紧张，国力衰弱。《昌言》云："不循古法，规为轻税，及至一方有警，一面被灾，未逮三年，校计窘短，坐视战士之蔬食，立望饿殍之满道，如之何为君行此政也？"②所以他不赞同汉初曾实行过的"三十税一"，要求恢复"十一税"："二十税一，名之曰貊，况三十税一乎？夫薄吏禄以丰军用，缘于秦征诸侯，续以四夷，汉承其业，遂不改更，危国乱家，此之由也。今田无常主，民无常居，吏食日禀，班禄未定。可为法制，画一定科，租税十一，更赋如旧。"如果按照"租税十一"的标准，"一岁之间，则有数年之储，虽兴非法之役，恣奢侈之欲，广爱幸之赐，犹未能尽也"（《昌言》）。③他虽然也考虑到民众的承受力，却完全从封建地主阶级国家的利益出发，未脱离阶级的局限性。

最后，必须限制土地兼并。他认为自从井田制废除后，豪强势力强大起来，他们在政治上争国权，在经济上争国利，成为妨碍国家统一管理的障碍。《昌言》云："井田之变，豪人货殖，馆舍布于州郡，田亩连于方国。身无半通青纶之命，而窃三辰龙章之服；不为编户一伍之长，而有千室名邑之役。荣乐过于封君，势力侔于守令。财赂自营，犯法不坐。刺客死士，为之投命。至使弱力少智之子，被穿帷败，寄死不敛，冤枉穷困，不敢自理。"④他认为，"虽亦由网禁疏阔，盖分田无限使之然也"，即"分田无限"是豪强势力增大的原因。因此，他认为必须限制土地兼并，"限夫田以断并兼"（《昌言》），⑤从经济上去除豪强势力做大的基础。他还认识到豪强地主兼并土地，发展势力，必然

---

①④⑤　（清）严可均校辑：《全上古三代秦汉三国六朝文》（第一册），中华书局1958年版，第950页。

②③　（清）严可均校辑：《全上古三代秦汉三国六朝文》（第一册），中华书局1958年版，第951页。

会与国家争利争权。《昌言》云："今欲张太平之纪纲，立至化之基趾，齐民财之峰寡，正风欲之奢俭，非井田实莫由也。"①他把政治管理问题的基础放在经济问题上，识见颇高。

三、德刑并举

仲长统认为必须采用德刑并举、礼法兼用的方略，才能维护封建地主阶级专制的正常秩序。《昌言》云："情无所止，礼为之俭；欲无所齐，法为之防，越礼宜贬，逾法宜刑，先王之所以纪纲人物也。若不制此二者，人情之纵横驰骋，谁能度其所极者哉！"②他认为"恶"产生于人的情欲，如果不对之规范限制，任"人情之纵横驰骋"，势必破坏社会的正常秩序。礼与法、德教与刑罚就是限制人的情欲的社会规范。

仲长统还认为德教与刑罚两者相互补充，不可偏废。虽然一般情况下是德教为主，刑罚为辅，所谓"德教者，人君之常任也，而刑罚为之佐助焉"（《昌言》）。③但是，"至于革命之期运，非征伐用兵，则不能定其业；奸宄之成群，非严刑峻法，则不能破其党"，在特殊时期，应当严刑峻法，因为"时势不同，所用之数亦宜异也"（《昌言》）。④因此，德教与刑罚应根据实际需要有所变通。在施行德教与刑罚的过程中，应该先德教后刑罚。《昌言》云："开道涂焉，起堤防焉，舍我涂而不由，逾提防而横行，逆我政者也。诰之而知罪，可使悔过于后矣；诰之而不知罪，明刑之所取者也。教有道，禁不义，而身以先之，令德者也；身不能先，而聪略能行之，严明者也。忠仁为上，勤以守之，其成虽迟，君子之德也。"⑤他认为应该先行教化，后用刑罚，两者配合运用。《昌言》还云："教化以礼义为宗，礼义以典籍为本……故制不足，则引之无所至；礼无等，则用之不可依；法无常，则网罗当道路；教不明，则士民无所信。引之无所至，则难以致治；用之不可依，则无所取正；网罗当道路，则不可得而避；士民无所信，则其志不知所定，非治理之道也。"⑥他认为要有效地实施德教和刑罚，必须制定一套系统的礼法典章作为准则。同时，所制定的礼法应简

---

①③④⑤⑥　（清）严可均校辑：《全上古三代秦汉三国六朝文》（第一册），中华书局1958年版，第950页。

②　（清）严可均校辑：《全上古三代秦汉三国六朝文》（第一册），中华书局1958年版，第953页。

明清楚,要易知易行,不要朝令夕改;君主还要以至公至仁之心、以身作则来推行,"诚令方来之作,礼简而易用,仪省而易行,法明而易知,教约而易从。篇章既著,勿复刊劂;仪故既定,勿复变易。而人主临之以至公,行之以至仁,壹德于恒久,先之用己身"(《昌言》)。①

要依法行政、依法管理,法律的完备极为重要。但是,仲长统认为自汉初废除肉刑以后,刑罚与罪行不相适宜。"肉刑之废,轻重无品,下死则得髡钳,下髡钳则得缔笞。死者不可复生,而髡者无伤于人。髡不足以惩中罪,安得不至于死哉!夫鸡狗之攘窃,男女之淫奔,酒醴之赂遗,谬误之伤害,皆非值于死者也。杀之则甚重,髡之则甚轻。不制中刑以称其罪,则法令安得不参差,杀生安得不过谬乎?今患刑轻之不足以惩恶,则假臧货以成罪,托疾病以讳杀。科条无所准,名实不相应,恐非帝王之通法,圣人之良制也。或曰:过刑恶人,可也;过刑善人,岂可复哉?曰:若前政以来,未曾枉害善人者,则有罪不死也,是为忍于杀人也,而不忍于刑人也。"(《昌言》)② 尤其是缺少中等处罚的刑律,使量刑不准:一是量刑过重,不该处死的被处死;二是量刑过轻,该重判的未重判。他认为应该恢复"肉刑"以解决"杀之则甚重,髡之则甚轻"的问题,"今令五刑有品,轻重有数,科条有序,名实有正,非杀人逆乱鸟兽之行甚重者,皆勿杀。嗣周氏之秘典,续吕侯之祥刑,此又宜复之善者也"(《昌言》)。③ 如此,有完备的刑律就可以对罪犯处以适当的刑罚了。

四、选贤任能

与其他政论家颇有相通之处,仲长统亦认为建设一支德才兼备的官员队伍,不仅是国家管理的重要内容,还可以更有效地管理国家。《昌言》云:"君子用法制而至于化,小人用法制而至于乱。均是一法制也,或以之化,或以之乱,行之不同也。苟使豺狼牧羊豚,盗跖主征税,国家昏乱,吏人放肆,则恶

---

① (清)严可均校辑:《全上古三代秦汉三国六朝文》(第一册),中华书局1958年版,第948页。
②③ (清)严可均校辑:《全上古三代秦汉三国六朝文》(第一册),中华书局1958年版,第950页。

复论损益之间哉！夫人待君子然后化理，国待蓄积乃无忧患。"① 他把管理国家的官员看成是治国的关键因素。

那么，如何选拔一批德才兼备的官员呢？他认为要在全国范围内广泛选拔，通过从地方基层自下而上的方式进行，"向者天下户过千万，除其老弱，但户一丁壮，则千万人也。遗漏既多，又蛮夷戎狄居汉地者尚不在焉。丁壮十人之中，必有堪为其什伍之长，推什长以上，则百万人也。又什取之，则佐史之才已十万人也。又十取之，则可使在政理之位者万人也。以筋力用者谓之人，人求丁壮；以才智用者谓之士，士贵耆老。充此制以用天下之人，犹将有储，何嫌乎不足也？故物有不求，未有无物之岁也；士有不用，未有少士之世也。夫如此，而后可以用天性，究人理，兴顿废，属断绝，网罗遗漏，拱押天人矣"（《昌言》）。② 把全国范围内包括普通民众都纳入了选用范围，逐层推选，这样才会有充足的人才资源。与此相应，他反对东汉后期只看重虚名的选拔方式，"今反谓薄屋者为高，藿食者为清，既失天地之性，又开虚伪之名，使小智居大位，庶绩不咸熙，未必不由此也。得拘洁而失才能，非立功之实也。以廉举而以贪去，非士君子之志也"（《昌言》）。③

选拔人才之后是量才录用。《昌言》云："一伍之长，才足以长一伍者也；一国之君，才足以君一国者也；天下之王，才足以王天下者也。"④ 要才称其位，胜任其职。《昌言》还云："论道必求高明之士，干事必使良能之人，非独三太三少可与言也。凡在列位者，皆宜及焉。故士不与其言，何以知其术之浅深？不试之事，何以知其能之高下？与群臣言议者，又非但用观彼之志行，察彼之才能也。"⑤ 认为用人要根据人才的特长，扬长避短；当然，管理者对被任用的人要深入了解，看他们是否有真实才能，是否有高尚的志行，等，以便适时升降，"善者早登，否者早去"，"下土无壅滞之士，国朝无专贵之人"（《昌言》），⑥ 不仅保持官员队伍的活力，也使人尽其才，保证国家各级管理高效运行。

---

① ② ④ ⑥ （清）严可均校辑：《全上古三代秦汉三国六朝文》（第一册），中华书局1958年版，第950页。

③ （清）严可均校辑：《全上古三代秦汉三国六朝文》（第一册），中华书局1958年版，第950~951页。

⑤ （清）严可均校辑：《全上古三代秦汉三国六朝文》（第一册），中华书局1958年版，第954页。

有了稳定的官员队伍，还要保障他们的物质待遇，避免官员贪赃枉法。《昌言》云："夫选用必取善士。善士富者少而贫者多，禄不足以供养，安能不少营私门乎？从而罪之，是设机置阱以待天下之君子也。"[1] 增加律禄可以在一定程度上维护官员的廉洁，但仲长统把官员牟取私利的原因归结为俸禄不足，则纯粹是为地主阶级知识分子代言。

---

[1] （清）严可均校辑：《全上古三代秦汉三国六朝文》（第一册），中华书局1958年版，第951页。

参考文献

[1]（西汉）司马迁撰：《史记》，中华书局1959年版。

[2]（东汉）班固撰：《汉书》，中华书局1962年版。

[3]（南朝·宋）范晔撰：《后汉书》，中华书局1965年版。

[4]（西晋）陈寿撰：《三国志》，中华书局1959年版。

[5]（北宋）司马光撰：《资治通鉴》，中华书局1956年版。

[6]（清）赵翼著：《廿二史札记校正》，中华书局1984年版。

[7] 吕思勉著：《秦汉史》，上海古籍出版社2005年版。

[8] 周振甫译注：《周易译注》，中华书局1991年版。

[9] 陈鼓应著：《老子注释及评介》，中华书局1984年版。

[10] 杨伯峻译注：《论语译注》，中华书局1980年版。

[11] 杨伯峻译注：《孟子译注》，中华书局1960年版。

[12] 陈鼓应注译：《庄子今译今注》，中华书局1983年版。

[13] 梁启雄著：《荀子简释》，中华书局1983年版。

[14]（清）孙希旦著：《礼记集解》，中华书局1989年版。

[15]（清）戴望著：《管子校正》，中华书局《诸子集成》本。

[16]（清）钱熙祚校：《慎子》，中华书局《诸子集成》本。

[17]（清）王先慎著：《韩非子集解》，中华书局《诸子集成》本。

[18]（东汉）高诱注：《吕氏春秋》，中华书局《诸子集成》本。

[19]（西汉）陆贾著：《新语》，中华书局《诸子集成》本。

[20]（东汉）高诱注：《淮南子》，中华书局《诸子集成》本。

[21]（西汉）桓宽著：《盐铁论》，中华书局《诸子集成》本。

[22]（东汉）王符著：《潜夫论》，中华书局《诸子集成》本。

[23]（东汉）荀悦著：《申鉴》，中华书局《诸子集成》本。

[24]（东汉）荀悦著：《前汉纪》，吉林出版集团有限责任公司2005年版。

[25] 吴云、李春台校注：《贾谊集校注》，天津古籍出版社2010年版。

[26]（清）苏舆撰：《春秋繁露义证》，中华书局1992年版。

[27]（清）陈立撰：《白虎通义证》，中华书局1994年版。

[28] 楼宇烈校释：《王弼集校释》，中华书局1980年版。

[29]（清）严可均校辑：《全上古三代秦汉三国六朝文》，中华书局1958年版。

[30] 苏东水著：《东方管理》，山西经济出版社2003年版。

[31] 胡寄窗著：《中国经济思想史》（上、中、下），上海人民出版社，上、中册1978年版，下册1981年版。

[32] 何炼成著：《中国经济管理思想史》，复旦大学出版社1990年版。

[33] 吴照云主编：《中国管理思想史》，高等教育出版社2010年版。

[34] 方宝璋著：《宋代经济管理思想与当代经济管理》，中国言实出版社2008年版。

[35] 赵靖著：《中国经济思想通史》，北京大学出版社1997年版。

[36] 叶世昌著：《古代中国经济思想史》，复旦大学出版社2003年版。

[37] 孙文学、刘佐主编：《中国赋税思想史》，中国财政经济出版社2005年版。

[38] 刘泽华著：《中国古代政治思想史》，南开大学出版社2001年版。

[39] 张分田著：《民本思想与中国古代政治思想》，南开大学出版社2009年版。

[40] 陶希圣著：《中国政治思想史》，中国大百科全书出版社2009年版。

[41] 徐复观著：《两汉思想史》，华东师范大学出版社2002年版。

[42] 金春峰著：《汉代思想史》，中国社会科学出版社2006年版。

[43] 葛兆光著：《中国思想史》，复旦大学出版社2009年版。

[44] 孙培青主编：《中国教育管理史》，人民教育出版社1996年版。

[45] 张文昌、于维英编著：《东西方管理思想史》，清华大学出版社2007年版。

[46] 陆进、孙晔著：《中国传统管理思想概论》，中国书籍出版社2008年版。

[47] 周远成著：《和谐境界与人才发展：大成管理学研究》，中央文献出版社2007年版。

后 记

谨承江西财经大学副校长、博士后导师吴照云教授的分配，我担任了"秦汉国家管理思想"专题的研究和撰写任务。虽然多年从事中国古代文学研究，亦兼摄中国古代思想领域，但中国古代管理思想研究属于多学科交叉的综合研究，做起来颇有难度，故受命以来，焚膏继晷，夙夜忧惶，忘寝与食。经过约一整年的检阅思索，本书终于如此呈现在读者面前。

在撰写过程中，我立足深入、准确地阐释秦汉著名政治家、政论家和思想家的管理思想，并厘清在本时期有重要影响的儒家、道家、法家等诸家思想在理论探讨和管理实践中的此消彼长，发展变迁。当代中国在政治、经济、社会文化事业建设等方面都取得了举世瞩目的成就，但具体管理实践中也出现了一些不可忽视的弊端，如少部分领域权力过度集中，未充分发挥基层的智慧；以权谋私，有法不依，集团腐败；片面追求绩效，并未真正贯彻以人为本，未真正落实"权为民所用，情为民所系，利为民所谋"；为打造形象工程，破坏环境，铺张浪费甚至造假；等等。秦汉管理思想中的仁民爱物，以人为本；无为而治，国家垄断适当，发挥基层和民营的创造力；改革和整顿吏治，加强监督；修明法度，公正执法等思想，都可以为解决当代管理的弊端提供有价值的参考和启示。在上述思想的指导下，我完成了该著的撰写，因此，本书兼顾了学术研究的现实性。

本书的完成，首先要感谢江西财经大学副校长吴照云教授。吴校长作为中国管理学界的著名学者，大力倡扬和光大东方管理思想，为中国管理思想国际化做出了重要贡献。在他的策划、倡导和感召下，实力雄厚的江西财经大学中国管理思想研究团队取得了重大实绩。作为该研究团队的一员，我在撰写本书的过程中，多次得到他的垂询。他为本书的撰写专门召开了两次团队成员的讨论会，从研究专题和书名的确定，撰写提纲的修订，章节的区划等方面都做出了具有决定意义的指导。不仅如此，他还以学术研讨为导引，指导我们如何做人做事，如何有序高效地开展工作。

其次，要感谢江西财经大学副校长、博士生导师易剑东教授和江西财经大学经济史首席教授、博士生导师方宝璋老师。易副校长作为学界著名的体育人文学者，拙著完成后提请他指正，他提出了一些重要的修改建议，如可增加秦汉体育管理思想的内容，少数语句的进一步锤炼等。方教授作为中国财经管理学界的知名学者，在极为繁忙的工作中抽空为本著撰写序言，还提出了一些具有建设性的修改意见，如秦汉管理思想当代启示的论述可进一步提升，注释的规范性等。我自然尽力完善，但因研究资料缺失和个人水平的原因，余下的只能期待在未来的研究中充实。

再次，感谢本研究团队的师友们，柳振群、王玉琦、钟尉、谢闽、刘爱军、余焕新、汪光华、周书俊、刑小明、熊云波、余长春、刘克春、曹文峰、程璐等人，他们或参加本著撰写提纲体例的讨论，并提出了宝贵的建议，或提供一些重要的资料和信息，或提供其他方面的帮助，都为本著的完成做出了不可或缺的贡献。

最后，感谢我爱人胡雪琴女士，她分担了不少家务，使我能有相对比较充裕的时间完成撰写。没有她的大力支持，我肯定不能按时完成任务。

龚贤

于江西财经大学枫林园寓居